E-Book inside

Mit dem Kauf dieses Buchs erhalten Sie das zugehörige E-Book gratis. Sie können dabei aus drei Dateiformaten wählen: EPUB (gängiges Format für E-Reader und Tablets), PDF (für PC und Laptop) oder MOBI (für den Amazon Kindle). So kommen Sie an Ihr kostenloses E-Book:

Rufen Sie im Internet diese Website auf:
↗ http://www.junfermann.de/ebook-inside

Geben Sie den unten stehenden Code in das dafür vorgesehene Feld ein und klicken Sie → Code einlösen. Nach Eingabe Ihrer E-Mail-Adresse und Auswahl des E-Book-Formats erhalten Sie sofort einen Download-Link für das gewünschte E-Book an Ihre E-Mail-Adresse.

Bitte beachten Sie, dass der Code für Sie personalisiert wird und nur einmal gültig ist. Die Datei müssen Sie zunächst auf Ihrem Computer speichern, bevor Sie sie auf ein mobiles Endgerät überspielen können.

1YUMJCR1

Rebekkah LaDyne

Stressresilienz

Mind-Body-Reset: Übungen für Körper und Geist

www.junfermann.de

blogweise.junfermann.de

www.facebook.com/junfermann

twitter.com/junfermann

www.youtube.com/user/Junfermann

www.instagram.com/junfermannverlag

REBEKKAH LADYNE

STRESSRESILIENZ

MIND-BODY-RESET: ÜBUNGEN FÜR KÖRPER UND GEIST

Aus dem Englischen von
Claudia Seele-Nyima

Mit einem Vorwort von Kathy L. Kain

Junfermann Verlag
Paderborn
2022

Copyright | © der deutschen Ausgabe: Junfermann Verlag, Paderborn 2022

Translated from the English: *The Mind-Body Stress Reset. Somatic Practices to Reduce Overwhelm and Increase Well-Being*
First published by: New Harbinger Publications, Inc.

Coverbild | © froodmat / Photocase

Übersetzung | Claudia Seele-Nyima

Covergestaltung / Reihenentwurf | JUNFERMANN Druck & Service GmbH & Co. KG, Paderborn

Satz & Layout | JUNFERMANN Druck & Service GmbH & Co. KG, Paderborn

Bibliografische Information der Deutschen Nationalbibliothek | Die Deutsche Nationalbibliothek verzeichnet diese Publikation in der Deutschen Nationalbibliografie; detaillierte bibliografische Daten sind im Internet über http://dnb.d-nb.de abrufbar.

ISBN 978-3-7495-0258-5
Dieses Buch erscheint parallel als E-Book.
ISBN 978-3-7495-0259-2 (EPUB), 978-3-7495-0261-5 (PDF),
ISBN 978-3-7495-0260-8 (EPUB für Kindle).

Inhalt

Vorwort

Stress ist universal. Irgendwann im Leben sind wir fast alle irgendeiner Form von Stress ausgesetzt. Glücklicherweise erholen sich die meisten von diesen Erfahrungen. Für manche wird Stress jedoch zu einem eher beständigen Begleiter – sie erholen sich *nicht* von ihren Stresserfahrungen. Es ist besorgniserregend, dass der Prozentsatz derjenigen, die in diese zweite Kategorie fallen, wächst. Wie Rebekkah in ihrer Einleitung zu diesem Buch feststellt, können wir mit Fug und Recht sagen: Stress ist eine Epidemie, die nicht besser, sondern schlimmer wird.

Extremer oder chronischer Stress kann sich verheerend auf unsere Fähigkeit auswirken, so in der Welt zu sein, wie wir es gern wären. Er kann unsere Kreativität, unser Interesse an Beziehungen zu anderen und die Fähigkeit, unsere Körperreaktionen zu steuern, zunichtemachen. Er kann auch zu einer Vielzahl von körperlichen und emotionalen Symptomen beitragen.

Stress betrifft nicht nur den Geist. Er ist zutiefst somatisch, das heißt, er beeinflusst uns physiologisch auf vielfältige Weise, und zwar so, dass es nach unserem Empfinden nicht unserer bewussten Kontrolle unterliegt. Stress erzeugt tief verwurzelte somatische „Gewohnheiten“, die sich mit der Zeit nur noch sehr schwer ändern lassen – eine Art automatisches Reaktionssystem, das beeinflusst, wie wir auf unsere Umwelt reagieren, ja sogar, wie wir uns selbst wahrnehmen. Dieses Stressreaktionssystem kann zu unserem Standardsystem werden und oft Reaktionen hervorrufen, bevor uns bewusst ist, was überhaupt vor sich geht. Der Geist folgt dann den somatischen Reaktionen, er leitet sie nicht.

Ein frustrierender Aspekt liegt darin, dass uns auf kognitiver Ebene oft bewusst ist, dass es dieses Stresssystem gibt und wodurch es getriggert wird. Wir durchschauen es also recht gut und gelangen dennoch durch *Denken* nicht aus diesem System hinaus. Vielleicht wissen wir sogar, was sich ändern muss, haben aber nicht die geringste Ahnung, wie wir diese Veränderung praktisch umsetzen können. Nach meiner Erfahrung, die auf der Arbeit mit Tausenden unterschiedlich stressbelasteten Menschen beruht, erfordert wahre Veränderung eine Methode, die nicht etwa versucht, den Körper auszuschalten oder zu unterdrücken, sondern die unser somatisches Selbst mit einbezieht.

Der Ansatz des *Mind-Body Stress Reset* – sinngemäß etwa, Körper und Geist bei Stress „resetten“, sie also gewissermaßen wieder auf gesunde „Werkseinstellungen“ zurücksetzen – bietet ein Instrumentarium, um genau das zu erreichen. Er gibt uns einen klaren Leitfaden, wie wir Veränderungen in unseren Stressreaktionen im

Körper verankern – verkörpern – können. Mithilfe der einfachen, unkomplizierten Methode, die in diesem Buch vorgestellt wird, können wir die somatischen Hilfsmittel und Methoden erlernen, die uns helfen, den Übergang von chronischem Stress zu verkörperter Resilienz zu vollziehen. Alle hier vorgestellten Methoden stehen uns rund um die Uhr zur Verfügung. Wir brauchen keinen speziellen Ort aufzusuchen, um sie anzuwenden, können in unserem eigenen Tempo arbeiten und durch unsere Übungspraxis echte Veränderungen in unseren somatischen Reaktionen herbeiführen.

Wir haben es hier mit einem jener seltenen Bücher zu tun, das sehr viel besser ist, als es sein müsste. Allein die Beschreibung eines sehr wirksamen Verfahrens zum Stressabbau – der Methoden des *Mind-Body Stress Reset* – hätte es zu einem sehr nützlichen Buch gemacht, durchaus wert, geschrieben zu werden. Aber Rebekkah ist sehr viel weiter gegangen. Sie fügt leicht nachvollziehbare Informationen hinzu über den wissenschaftlichen Hintergrund, der unsere Stressreaktionen erklärt, und darüber, wie wir diese Reaktionen verändern und eine größere Stressresilienz aufbauen können. Mithilfe anschaulicher Geschichten verdeutlicht sie, wie sich Symptome extremen und chronischen Stresses äußern können und wie es gelingt, diese Symptome erfolgreich zu verändern. Sehr hilfreich sind auch die Informationen darüber, wie man vom Stress zur Resilienz gelangt – sie bilden eine ausgezeichnete Richtschnur, wie der Weg zur Resilienz aussehen und sich anfühlen kann. Wir erhalten zudem Hinweise, um besser einschätzen zu können: Wann benötigen wir professionelle Hilfe zur Bewältigung unserer Stresssymptome und wann kommen wir mit großer Wahrscheinlichkeit auch allein weiter?

Und das ist nur der erste Schritt auf dem Weg zum Wohlbefinden. Nachdem sie uns umfassend mit den Grundlagen vertraut gemacht hat, stellt Rebekkah ein gut strukturiertes praktisches „Toolkit", ein Set an Werkzeugen, zur Verfügung, mit denen wir die Veränderung Schritt für Schritt angehen können. Die Methoden sind klar formuliert und gut recherchiert; sie beruhen auf ihrer Erfahrung – in der Selbstanwendung und der Arbeit mit Klient*innen.

Als weiteren Bonus bietet Rebekkah Übungen zum Aufbau somatischer Fähigkeiten an. In regelmäßigen Abständen lädt sie uns ein, dass wir uns einen Moment Zeit nehmen und genau dann spüren, wie wir eine bessere somatische Beziehung zu uns selbst erreichen, unsere Reaktionen wahrnehmen und unser somatisches Gewahrsein einsetzen können, um Veränderungen in unseren Stresssystemen zu unterstützen.

Immer wieder lässt uns dieses Buch die wunderbare Erfahrung machen, dass wir denken: *Da haben wir wirklich ein Juwel – etwas, das ich zwar nicht erwartet hätte, das aber einfach perfekt ist!* Es ist eine Freude, ein so wunderbar komponiertes

Buch zu lesen, das nicht nur denjenigen hilft, die selbst mit Stress zu kämpfen haben, sondern auch Fachleuten, die ihren Klient*innen in diesem Veränderungsprozess beistehen.

Für diejenigen, die unter den Nebenwirkungen von extremem oder chronischem Stress zu leiden haben, ist dies ein Buch voller Hoffnung. Sie werden Erfolgsberichte über Menschen lesen, die sich deutlich von ihren Stresssymptomen erholt haben, und sie werden wirksame Methoden kennenlernen, um diesen Weg selbst zu beschreiten. Und für Fachleute wird das Buch zu einer unschätzbaren Quelle für die Arbeit mit Klient*innen oder Patient*innen, deren Stresssymptome sich durch tägliche somatische Übungen zum Aufbau von Stressresilienz verbessern können.

Ich wünsche Ihnen alles Gute für Ihren Heilungsweg.

Kathy L. Kain, PhD

1. Von extremem Stress zur Beruhigung

Dies ist ein Buch über die Auswirkungen von Stress auf unseren Geist *und unseren Körper* und darüber, was wir tun können, um uns von diesen Auswirkungen zu erholen. Viele Menschen suchen dringend ein neues Verfahren zur Stressreduktion, denn mit ihren bisherigen Versuchen konnten sie ihre Belastung nicht ausreichend abbauen. Das vorliegende Buch verfolgt einen neuen, einen somatischen Ansatz. Darum beginnen wir mit dem Körper und wenden uns erst später der Sphäre des Denkens zu.

Lesen Sie nun die folgenden Hinweise durch und versuchen Sie es dann mit der Übung.

Beim Körper beginnen

Machen Sie es sich einmal so bequem wie möglich, gleich hier, wo auch immer Sie sind. Egal ob Sie sitzen, stehen oder liegen: Haben Sie die Möglichkeit, es sich noch ein *bisschen* gemütlicher zu machen? Kein Druck, keine Erwartung, nur eine Einladung.

Was geschieht, wenn Sie die Stellen spüren, an denen Ihr Körper mit der Oberfläche, die Sie berühren, in Kontakt ist? Wo werden Sie gestützt oder gehalten? Vielleicht durch eine Couch, ein Bett, den Boden? Können Sie zulassen, dass diese Oberfläche Sie *noch ein bisschen* mehr hält, sodass Sie nicht ganz so viel selbst tun müssen? Können Sie die einfache Unterstützung empfangen, die an der jeweiligen Stelle zur Verfügung steht, und die Füße, Hüfte oder den Rücken in diese Stütze einsinken lassen? Spüren Sie, ob es Anspannung in Bereichen Ihres Körpers gibt, die eigentlich nicht angespannt sein müssten. Können Sie einen dieser Bereiche einladen, *etwas* lockerer, weicher zu werden? Und können Ihre entspannteren Bereiche die weniger entspannten Bereiche innerlich stützen?

Zu guter Letzt: Wie wäre es, Ihren Atem einzuladen, die Lunge zu füllen? Sie brauchen gar nichts aktiv zu bewirken; lassen Sie einfach Raum entstehen, damit das Atmen von allein geschehen kann. Können Sie nur für einen Moment mit Ihrer entspannten Atmung zur Ruhe kommen?

Spüren Sie jetzt diesen Moment, so wie er ist und so wie Sie hier und jetzt sind. Ich freue mich wirklich, dass Sie hierhergefunden haben und nun dieses Buch in der Hand halten. Dann lassen Sie uns mit der Erkundung der Stressresilienz beginnen.

1.1 Es gibt kein Leben ohne Stress

Egal, ob ein einzelnes großes Ereignis Sie unter Stress gesetzt hat oder ob Sie jahrelang Tag für Tag Stress angestaut haben: Sie könnten Stressreste in sich tragen, die Sie möglicherweise in Ihrem Alltag beeinträchtigen. Vielleicht diktiert Ihr Stress Ihnen, wie Sie sich bei der Arbeit, zu Hause, mit der Familie und mit Freunden fühlen, wie Sie denken und handeln.

Stress ist erwiesenermaßen ein großes Problem, dem viele von uns ausgesetzt sind. Zum Zeitpunkt, da ich dies schreibe, geben 78 Prozent der Erwachsenen in den USA an, dass ihnen Stress zu schaffen macht, und davon leiden 24 Prozent laut eigenen Angaben sogar unter *extremem* Stress. Jüngsten Umfragen zufolge haben mehr als vierzig Millionen Erwachsene Angst – also Stress in anderem Gewand. Stress und Angst sind beides Formen der Stressreaktivität. Hinzu kommt, dass wir generell immer gestresster werden. Erhebungen zeigen, dass jede nachfolgende Generation angibt, einem *höheren* Grad an Stress ausgesetzt zu sein als die vorhergehende. Von der „reifen" Generation über die Baby-Boomer und die Generation X bis hin zu den Millennials hat jede Generation stärker mit Überwältigung, Sorge und Angst zu tun als die vorhergehende.

In Bezug auf Stress entwickeln wir uns offenbar nicht weiter, sondern zurück – als wäre Stress eine Epidemie oder, noch wahrscheinlicher, eine Pandemie. Ihre Symptome kommen in allen Formen und Größen daher. Das Gefühl, hilflos in einem Zustand der Überwältigung, des Stresses und der Angst festzustecken, hält uns nachts wach, beeinträchtigt Verdauung und Ausscheidung, verursacht Kopf- und Gelenkschmerzen, untergräbt unsere Beziehungen, lenkt uns von der Arbeit ab und schädigt sogar unser Immunsystem auf verheerende Weise, sodass wir krank werden. Dieser Stress macht uns auch ängstlich: ängstlich bei der Arbeit, ängstlich, wenn wir nicht bei der Arbeit sind; ängstlich zu Hause, ängstlich, wenn wir nicht zu Hause sind; ängstlich, wenn wir unter Menschen sind, ängstlich, wenn wir allein sind; ängstlich, ängstlich, ängstlich. Die Häufigkeit, mit der wir Stress *erleben* und uns entsprechend verhalten, erzeugt leider etwas, das man als tiefe Stressprägungen oder Stress-Imprints bezeichnen könnte. Diese Prägungen sind wie Landkarten, an denen sich unser unter Stress gesetztes Body-Mind-System orientiert, und die zu tiefen Unsicherheiten und Ängsten in Bezug auf unzählige Lebensaspekte führen können.

Finden Sie's heraus: Zeigt sich in Ihrem Leben Stress?

Ordnen Sie jedem Lebensbereich eine Zahl auf einer Skala von eins bis zehn zu. Eins steht für eine sehr geringe, zehn für eine extrem starke Belastung.

Wann und wo fühlen Sie sich gestresst?	
_____ Bei der Arbeit?	_____ Zu Hause?
_____ Unter Leuten?	_____ Wenn Sie allein sind?
_____ In einer Liebesbeziehung?	_____ Nach dem Ende einer Beziehung?
_____ Unter Freund*innen?	_____ In der Familie?
_____ Auf einer weiten Reise?	_____ In Ihrer Heimatstadt/ Ihrem Heimatort?
_____ Durch einen schnellen, ereignisreichen Lebensstil?	_____ Durch einen langsamen, ruhigen Lebensrhythmus?
_____ Im Zusammenhang mit Ihrer (physischen, geistigen, emotionalen) Gesundheit?	_____ Im Zusammenhang mit Selbstfürsorge (Bewegung, Ernährung, Zeit für mich selbst ...)?
_____ Mit Arbeitskolleg*innen?	_____ Mit Vorgesetzten?
_____ Wenn es um Geldangelegenheiten geht?	_____ Wenn es um Ihre physische Sicherheit geht?
_____ Angesichts der Vergangenheit?	_____ Angesichts der Zukunft?
_____ Sonstiges	_____ Sonstiges

1.2 Liegt es nur an mir oder ist es (teilweise) erblich?

Stress hat tatsächlich evolutionäre Wurzeln. Mit aller Zuneigung möchte ich feststellen: Wir sind die Nachkommen der hyperwachsamsten, ängstlichsten und am stärksten gestressten Menschen aller Zeiten. Damals in grauer Vorzeit war es nämlich so, dass Menschen, die beim Anblick eines schönen Sonnenuntergangs relaxten, statt die Umgebung eifrig (oder neurotisch) nach Gefahren abzuscannen, später nicht zu Abend aßen, sondern selbst zum Abendessen wurden.

Unsere Vorfahren – zumindest diejenigen, die überlebt haben – mussten unglaublich auf der Hut vor möglichen Bedrohungen sein und stets Ausschau halten nach dem, was als Nächstes auf sie zukam; immer wieder aufs Neue wiederholten und probten sie Situationen, um das Furchtbare zu überleben, das bestimmt gleich eintreten würde (und – Sie ahnen es schon – Hyperwachsame gingen *natürlich* davon aus, dass der Untergang unmittelbar bevorstand). Sie müssen auch viel Zeit damit verbracht haben, schlimme Ereignisse hinterher noch einmal durchzuspielen, um sie beim nächsten Mal zu vermeiden. Dieses genetische Erbe sorgt für ein Gehirn, das in puncto Überleben äußerst versiert und sehr gut darin ist, in Stressreaktivität zu verfallen. Schließlich haben wir unsere Stressreaktionen seit Abertausenden von Jahren bis zum Gehtnichtmehr vorab geprobt und hinterher erneut durchgespielt.

Verstehen Sie mich nicht falsch. Ich bin enorm dankbar dafür, dass unsere Vorfahren so hyperwachsam waren. Doch damit haben sie uns eine schwere Bürde hinterlassen, eine starke Veranlagung zu Stressreaktivität in Gemeinschaft mit ihren Freundinnen: Überwältigung und Angst. Veranschaulicht man diese Veranlagung anhand des Bildes von Stresspfaden im Body-Mind, könnte das etwa so aussehen: Nach Jahren der Evolution und durch unseren derzeitigen Alltagsstress sind unsere Stressreaktivitätsbahnen wie gut ausgebaute Autobahnen, mit blinkenden „Einfahrt-hier-“Schildern an den Auffahrten.

Uns regelmäßig Gestressten sind diese Stress-Autobahnen wohlvertraut – so sehr, dass wir mit Leichtigkeit immer wieder zu ihnen zurückkehren. Man kommt schnell voran; sie sind effizient und sogar ein wenig aufregend, doch die Mautgebühren für die Reise sind sehr, sehr hoch. Währenddessen sind die Stresserholungsrouten – ich nenne sie *Resilienzpfade* – zu etwas wie lehmigen, steinigen Hinterlandwegen geworden. Ungenutzte Resilienzpfade sind wie unebene, mit Geröll und Felsbrocken übersäte gewundene Trampelpfade, schwer zu finden und nur unter Mühen begehbar.

Mithilfe des Rüstzeugs aus diesem Buch können Sie lernen, Ihre Resilienzpfade zu nutzen, bis sie eben und mühelos zu finden sind. Mit der Zeit und bei regelmäßiger Anwendung haben auch Ihre Resilienzpfade schließlich leuchtende „Einfahrt-hier“-Schilder und sind bequem zu nutzen. Wenn es Ihnen lieber ist, können Sie sich die

Pfade auch als Waldwege vorstellen. Egal ob Stadtstraße oder Waldweg: Ausschlaggebend ist die leichte Zugänglichkeit.

1.3 Ich selbst habe das durchgemacht

Glauben Sie mir: Ich weiß, wie das ist. Aus meinen dunkelsten Stunden kommt dieses Buch aufrichtig von mir zu Ihnen, wenn Sie in Ihren dunklen Stunden sind. Ich bin fest davon überzeugt, dass die vorgestellten Methoden Ihnen helfen werden. Immerhin haben sie mir geholfen ... und das will etwas heißen, denn ich war wirklich gestresst. Ich erinnere mich, dass ich schon im Alter von sieben oder acht Jahren körperlich, auf einer viszeralen Ebene, auf Stress reagierte: Gewöhnlich spürte ich meinen schmerzenden Rücken, wenn die Sorgen wegen meiner Schulleistungen wuchsen. Ebenfalls war mir sehr bewusst, wie stark mein Herz klopfte, wenn Mobber*innen mich zur Zielscheibe ihrer Quälereien machten. Und ich erinnere mich gut an das Engegefühl in der Brust, wenn ich die Gespräche am Esstisch als beschämend, spöttisch oder gemein empfand.

Als Erwachsene vertraute ich auf Yoga und Achtsamkeitsmeditation; sie gehörten zu den Mitteln meiner Wahl, um dem Stress standhalten zu können. Diese Praktiken, die ich im Privatleben anwandte und über zwanzig Jahre lang auch beruflich lehrte, halfen mir, einen Teil meiner Stresssymptome zu lindern. Linderung erfuhr ich auch durch Erkenntnisse, die mir durch meine regelmäßige Gesprächstherapie zuteilwurden. All das war so lange hilfreich, bis mein Stresslevel wieder deutlich anstieg. Irgendwann war er so hoch, dass keines dieser bislang so bewährten Hilfsmittel auch nur eine Delle in das feste Stahlkorsett aus Angst, körperlichen Schmerzen und Stressaktivierung schlagen konnte.

All die Jahre war mein Stress im Hintergrund da, doch ich definierte mich nicht über ihn. Doch dann begann der Stress, mich zu definieren. Es gab einige besonders harte Jahre, in deren Verlauf sich extreme Stressreaktionen in immer mehr Bereiche meines Lebens einschlichen. Warum nur beschleunigte sich alles dermaßen? In vielerlei Hinsicht lag es an den Ereignissen, die auf mich einstürmten. Doch sie waren es nicht allein. Im Wesentlichen lag es daran, dass mein Body-Mind-System völlig entgleiste, außer Rand und Band geriet und ich keine Ahnung hatte, wie ich aus diesem Zustand zu einer entspannten Ruhe zurückfinden konnte. Wie bei so vielen Betroffenen war auch mein damaliger extremer Stress nicht allein eine Folge aktueller Geschehnisse in meinem Alltag. Er war auch das Ergebnis von jahrzehntelang angestautem unverarbeitetem Stress.

Tatsächlich war ich mit einer Reihe von gewaltigen Veränderungen und Herausforderungen konfrontiert – ein Boden, in dem sich Stressprägungen perfekt verwurzeln konnten. Als Erstes ließ ich nach zehn Jahren eine fest etablierte Karriere einfach „sausen", packte zusammen und zog an einen mir völlig unbekannten Ort, an dem ich fremd war. Nach jeder meiner zwei Schwangerschaften trafen mich postpartale Ängste mit der Wucht einer Abrissbirne. Und dann die erstaunlich komplexe Aufgabe, zu lernen, für ein Kind da zu sein – was *viel* aus meiner eigenen Kindheit zutage förderte, die kein reines Honiglecken war (eigentlich gab es viel zu wenig Honig). Und dann kehrte ich wieder in die *traditionelle* Arbeitswelt zurück (ich sage traditionell, weil Kinder großzuziehen tatsächlich *Arbeit* ist: Kleine Menschen zu füttern, anzuziehen, ihnen etwas beizubringen und was sonst noch dazugehört, um sie aufzuziehen – das ist wahrlich kein Ausflug ins Wellness-Center!). Meine neue Stelle zeichnete sich leider durch eine extrem toxische Arbeitsumgebung aus. Jeden Tag hatte ich das Gefühl, mich den Wölfen zum Fraß vorzuwerfen – extrem wilden, gemeinen Wölfen. Und das war dann der Tropfen, der das Fass zum Überlaufen brachte! Es traf mich wie aus heiterem Himmel, es war schrecklich. Mit diesen Entwicklungen und der bereits vorhandenen Last – Stressreste und Stressprägungen aus über vierzig Jahren – wurden normale alltägliche Dinge unsagbar schwer.

Mit Angst zu leben, wurde zu meinem neuen Normalzustand. Ich gewöhnte mich an Panikattacken im Lebensmittelgeschäft und in Restaurants, an Angstschweiß auf Cocktailpartys und bei beruflichen Präsentationen, an plötzliches Zittern und Herzklopfen, wenn ich einfach nur zu Hause saß, und ich versuchte herauszufinden, wie ich mit meiner Stressreaktivität und meiner Angst umgehen sollte. All das passierte regelmäßig – und es war lediglich die Reaktion meines Body-Mind auf den ganz normalen Alltag! Mehr schlecht als recht hangelte ich mich durch viele stressauslösende Situationen hindurch, die im Grunde ganz alltägliche Stressoren waren. Natürlich gab es auch extrem belastende Ereignisse, bei denen meine Reaktivität durch die Decke schoss: Beide Kinder verunfallten schwer (zum Glück zu verschiedenen Zeiten), während der großen Finanzkrise drohte der Verlust unseres Haupteinkommens, mein Schwiegervater starb … Wenn die Alltags-Stressreaktivität auf einer Skala von eins bis zehn bereits bei acht liegt, bleibt nicht mehr viel Luft nach oben für wirklich schwierige Zeiten. In echten Notsituationen erlitt ich deshalb entweder Panikattacken oder einen Shutdown (siehe Seite 25) – ein völliges Abschalten. Mein ganzer Körper wurde von Panik erfasst und auf das Schlimmste überwältigt. Manchmal fühlte es sich an, als wäre ich mit dem Finger in die Steckdose geraten, manchmal empfand ich mich völlig von mir selbst und meinem Leben abgekoppelt. Insgesamt gesehen hielt mich mein Body-Mind-System die meiste Zeit in einem Zustand außerordentlicher Angst.

Finden Sie's heraus: Wie fühlt sich Stress in Ihrem Körper an?

Ordnen Sie jeder körperlichen Reaktion eine Zahl auf einer Skala von eins bis zehn zu – 1 = sehr schwach, 10 extrem stark

Herzklopfen 1 2 3 4 5 6 7 8 9 10	Zittern 1 2 3 4 5 6 7 8 9 10	Schwitzen 1 2 3 4 5 6 7 8 9 10
Verspannungen 1 2 3 4 5 6 7 8 9 10	Zähneknirschen 1 2 3 4 5 6 7 8 9 10	Kribbeln 1 2 3 4 5 6 7 8 9 10
Körperhitze 1 2 3 4 5 6 7 8 9 10	Unruhe 1 2 3 4 5 6 7 8 9 10	Magenschmerzen 1 2 3 4 5 6 7 8 9 10
Schmerzen in der Brust 1 2 3 4 5 6 7 8 9 10	Kalte Gliedmaßen 1 2 3 4 5 6 7 8 9 10	Taubheit 1 2 3 4 5 6 7 8 9 10
Darmbeschwerden 1 2 3 4 5 6 7 8 9 10	Sonstiges ____________ 1 2 3 4 5 6 7 8 9 10	Sonstiges ____________ 1 2 3 4 5 6 7 8 9 10

1.4 Ein wissenschaftlich untermauerter Ansatz

Dieses Buch basiert nicht auf Ahnungen oder Vermutungen. Es beruht auf fundierten wissenschaftlichen Daten, verlässlichen Forschungen, Expert*innenempfehlungen, aktuellen bewährten Methoden und meinen eigenen Untersuchungen unter Verwendung des Mind-Body-Verfahrens. Ich nenne das von mir entwickelte Verfahren Mind-Body-Reset (MBR). Diesen Namen habe ich gewählt, weil MBR Sie tatsächlich *resetten* – auf Ihren Grundzustand zurücksetzen – kann. Als Grundzustand bezeichnet man das Gefühl, in Ruhe zu sein, und das ist für Menschen, die *nicht* auf der Stress-Autobahn feststecken, ruhevoll und erholsam. (Wenn Sie jetzt denken, „Was soll das sein, ruhevoll?", dann lesen Sie weiter!)

Der MBR-Ansatz stärkt Ihre Fähigkeit, sich von Stress zu erholen, und steigert erwiesenermaßen Ihre Resilienz. Die Empfindungen, die Sie in der vorhergehenden Übung identifiziert haben, werden nachlassen, wenn Sie die in diesem Buch beschriebenen Hilfsmittel und Methoden anwenden. Bei jedem Hilfsmittel, das Sie lernen, lässt sich auf der Grundlage aktueller wissenschaftlicher Studien erklären, wie und warum es funktioniert. Wenn Sie, wie ich, wissenschaftliche Zusammenhänge mögen, werden Sie Spaß an diesen Abschnitten haben. Falls Sie aber lieber direkt in das praktische Rüstzeug eintauchen, ist auch das gut. Denn es ist die unmittelbare Erfahrung mit diesen Werkzeugen, die sich am einschneidendsten auf Ihre Stressreaktivität auswirkt. Lesen Sie also entweder die Forschungsergebnisse und beschäftigen Sie sich erst anschließend mit den Übungen oder gehen Sie direkt zu den Übungen und überspringen Sie die Forschung. Aber überspringen Sie nicht die Übungen! Wenn Ihr Körper nicht die *Erfahrung* macht, wie resilient er ist, wird sich nicht viel ändern, egal wie gut Sie die wissenschaftlichen Ergebnisse auf Verstandesebene nachvollziehen können. (Glauben Sie mir, ich habe es versucht.)

Jedes Mal, wenn wir auf den Resilienzstraßen unterwegs sind, bilden sich in unserem gesamten Resilienznetzwerk ähnliche physiologische und neurologische Pfade *stärker* aus (sie werden gebahnt) und sie verbinden sich stärker wechselseitig miteinander. Wenn wir unsere Stress-Autobahnen weniger nutzen, lässt ihre Bahnung *stärker nach* und sie sind in unserem Stressnetzwerk *weniger* miteinander verbunden. Sie brauchen keine Straßenarbeiter anzuheuern, denn über die benötigte Frauen- oder Männerpower verfügen Sie bereits – genau hier, in Ihrem Body-Mind-System.

Ich habe die wissenschaftliche Literatur durchforstet und bei wegweisenden Expert*innen studiert und jetzt ist es mir eine Freude, einen Ansatz an Sie weiterzugeben, der im Körper verankert ist. Die fundierten Hilfsmittel und Methoden in diesem Buch helfen uns allen, mit unseren evolutionären Anlagen zu arbeiten und unser gegenwärtiges Dilemma – dass wir in Stress-, Überwältigungs- und Angstzuständen festgefahren sind –, anzugehen. Die Pfade der Stressreaktivität sind bei uns inzwischen so ausgetreten bzw. eingefahren, dass es für unser Body-Mind-System am einfachsten geworden ist, diese Bahnen der Überwältigung und Angst zu wählen. Die Hilfsmittel und Methoden in den Kapiteln 4 bis 7 werden Ihnen zu einer Umleitung verhelfen: weg von der Stressreaktivität und hin zur Stressresilienz und Stressbewältigung.

1.5 In den Körper hinein

Es mag für Sie, meine lieben Stress-Leidensgenoss*innen, offensichtlich sein, dass wir Stress sowohl *im Körper* als auch *im Geist* erleben. Doch als ich so ausgiebig nach Linderung suchte, fand ich erstmal nichts dazu. Deshalb hier die große Neuigkeit: Wenn wir uns wirklich von unserem Stress befreien wollen, müssen wir ihn sowohl *im Körper* als auch *im Geist* auflösen. Experten wie Peter Levine, Bessel van der Kolk, Stephen Porges und Robert Sapolsky weisen immer wieder darauf hin, dass wir uns nicht allein auf unseren Kopf verlassen dürfen.

Kurz zusammengefasst: Levine hat den bahnbrechenden therapeutischen Ansatz des *Somatic Experiencing* entwickelt und ihn als Marke schützen lassen. Der Ansatz wird weltweit gelehrt und praktiziert und Levine hat mehr als zehn Bücher über somatische Selbstregulation verfasst und entwickelt weiterhin bewährte Vorgehensweisen zur Trauma- und Stressbewältigung. Bessel van der Kolk gründete das Traumazentrum in Massachusetts, verfasste mehr als 150 wissenschaftliche Artikel über Trauma und somatische Regulation sowie den Bestseller *Verkörperter Schrecken. Traumaspuren in Gehirn, Geist und Körper und wie man sie heilen kann*. Porges entwickelte die bahnbrechende Polyvagal-Theorie, die untermauert, dass unser Körper und Geist in ihrem Bestreben nach Regulation untrennbar miteinander verbunden sind; er verfasste Dutzende Artikel zum Thema Regulation und ist ein angesehener Wissenschaftler der Indiana University. Sapolsky, Professor an der Stanford University, verfasste zahlreiche wissenschaftliche Artikel und mehrere Bücher, darunter *Warum Zebras keine Migräne kriegen* (1998), in dem er u. a. definiert, wie Stress unser gesamtes Body-Mind-System beeinflusst und krank macht. Er ist als assoziiertes Mitglied eines Forschungsteams an den National Museums of Kenia tätig. (Wow, da haben wir ein paar beeindruckende Leute!)

Die großartigen Arbeiten dieser Forscher und Lehrer bilden die Grundlage der wissenschaftlichen Erkenntnisse, die ich Ihnen in diesem Buch vorstellen möchte. Ihre Untersuchungen zeigen: Wenn der Stresslevel außergewöhnlich hoch ist, brauchen wir ein Instrumentarium jenseits dessen, was unser Verstand bietet. Drauf werde ich in den folgenden Kapiteln näher eingehen. Ich werde zeigen, dass unser Körper einen effektiveren Zugang zu unseren Stressresilienzbahnen bietet als der Geist. Im Zustand hoher Stressbelastung müssen wir nämlich weitergehen, als uns aus diesem Zustand „herausdenken“ zu wollen. Wir müssen uns vielmehr mit dem Teil von uns beschäftigen, der sich unterhalb des Halses befindet und 97 Prozent unserer Gesamtheit ausmacht: mit unserem Körper.

1.6 Ein somatischer Ansatz – was ist das?

Ein somatischer Ansatz nutzt im Wesentlichen die Weisheit des Körpers, der Geist spielt dabei eine untergeordnete Rolle. Wir werden einen solchen somatischen Ansatz nutzen, um uns davon zu erholen, wie unser Körper Stress, Ängste und Überwältigung ausagiert. Das ist die wesentliche Grundlage für alle MBR-Mittel und -Methoden. Wie ich bereits gesagt habe, *denken* wir nicht nur an Stress und Angst, wir *fühlen* beides auch. Herz, Lunge und Darm kommunizieren unbewusst mit den Armen, Beinen, Augen und Ohren, und zwar regelmäßig den ganzen Tag lang. Das alles ist Teil eines komplexen Systems, das dazu dient, Gefahren einzuschätzen und uns vor Schaden zu bewahren, bevor wir überhaupt anfangen, die ganze Situation zu durchdenken. Das System ist auch dann aktiv, wenn wir überhaupt nicht darauf achten oder darüber nachdenken. Es handelt sich hier um Ihr erstaunliches Nervensystem, das wir im nächsten Kapitel noch viel detaillierter anschauen werden.

Wenn Ihr Körper Sicherheit registriert, ist dieses System eine gut geölte Maschinerie, ein glücklicher Ort, eine Umgebung, die für Zufriedenheit sorgt. Sie werden wahrscheinlich ein Gefühl der Entspannung oder Weite in der Brust haben. Atmen ist leicht und die Atemzüge sind tief. Der Bauch tut fröhlich seine Arbeit – verdauen, Nährstoffe extrahieren und den Rest problemlos ausscheiden. Mehr noch, die Augen funktionieren gut und sehen die Umgebung genau; der Mund ist angenehm feucht und das Essen schmeckt gut; die Körpertemperatur ist gleichmäßig, angenehm und passt sich angemessen an die aktuelle Umgebung an; die Muskeln sind entspannt und nur so stark angespannt, wie es erforderlich ist. Mit einem Wort: Wenn dieses System einschätzt, dass Sicherheit herrscht, fühlen Sie sich *gut.*

Hyperaktivierung

Wenn der Körper eine Bedrohung registriert, greift dieses System als Ersthelfer ein. Die eben erwähnten Betriebsmodi schalten sich alle ab oder stellen sich um, während der Körper versucht, sich sofort in eine effiziente Kampfmaschine zu verwandeln. Wir atmen unregelmäßig, oft schnell und flach (Wird Ihnen manchmal schwindelig?); wir entleeren unseren Darm oder er verschließt sich (Gibt es jemanden hier mit Durchfall oder Verstopfung?); der Mund wird trocken (Plötzlicher Durst?); unter den Armen, Händen oder im Rücken sammelt sich Schweiß (Schweißflecken?); vielleicht pressen wir den Kiefer zusammen, die Kehle wird eng, wir spannen die Schultern, das Gesäß oder die Oberschenkel an (Chronische Schmerzen?). Wir begeben uns auf eine Adrenalin-Achterbahnfahrt. Diese Reaktionen sind Teil des Kampf-oder-Flucht-Modus unseres Überlebenssystems, den man auch als einen Zustand der Hyperaktivierung beschreiben kann. Aktivierung schaltet das System an, damit es funktionsfähig und einsatzbereit ist. Der Kampf-oder-Flucht-Modus bedeutet: Einsatzbereit. Jetzt. Unmittelbar.

Hypoaktivierung

Was hochsteigt, muss natürlich auch wieder herunterkommen. Vielleicht sind wir für längere Zeit in einem Zustand des kompletten Hochfahrens – eine Form von Kampf oder Flucht – oder wir sind ganz heruntergefahren – eine Form des „Einfrierens" bzw. Erstarrens oder des Shutdowns. Erstarren oder Shutdown kehren die oben beschriebenen Prozesse um: Wir atmen zu langsam oder nicht oft genug; wir frieren, weil wir nicht genügend Körperwärme produzieren; die Muskeln erschlaffen und wenden zu wenig Energie oder Anstrengung auf. Ob Erstarren oder Shutdown ist von außen betrachtet nicht immer klar einzuordnen. Einerseits kann die Reaktion dadurch gekennzeichnet sein, dass man innerlich wie abgeschottet ist, weggetreten, unfähig, dem Geschehen um einen herum zu folgen, lethargisch, gefühllos, wie betäubt. Das wird als *Hypoaktivierung* bezeichnet. Man hat nicht genug Elan, kaum genug, um auch nur den Tag durchzustehen. Dieser Zustand kann aber auch mit all der Aktivierung, all der Alarmbereitschaft einhergehen, die für die *Hyper*aktivierung beschrieben wurde (Herzklopfen, Muskelanspannung, wachsames Abscannen der Umgebung). Hier wird sie jedoch stark unter Verschluss gehalten, in einer äußeren Reglosigkeit, die innerlich alles andere als ruhig ist. Oftmals liegt direkt unter der Oberfläche des statuenhaften Zustands der Hypoaktivierung die *Hyper*aktivierung. Erstarrung und Shutdown sind Bewältigungsmechanismen, auf die der Körper automatisch zurückgreift, wenn der Stress zu überwältigend ist oder zu lange anhält. Und auch dann, wenn er so plötzlich eintritt, dass wir ihn nicht mehr auf andere Weise verarbeiten können. Eine vereinfachte Unterscheidung zwischen Erstarrung und Shutdown könnte sein: Erstarrung = nicht bereit; Shutdown = nicht hier.

Finden Sie's heraus: Neige ich zu Hyper- oder Hypoaktivierung?

Kreisen Sie in jeder Spalte die Reaktion ein, die Sie von sich selbst kennen. Zählen Sie dann pro Spalte die eingekreisten Begriffe zusammen.

Hyperaktivierung	Hypoaktivierung
Sehr schnell	Erstarrt
Aggressiv	Passiv
Ruhelos	Lethargisch
Schnell im Sprechen und Reagieren	Langsam und schweigsam in sich gekehrt
Zu stark auf etwas fokussiert	unfähig, mich zu fokussieren
Schwitzend	Klamm oder frierend
Gesamtpunktzahl:	**Gesamtpunktzahl:**

Ist Ihre Punktzahl bei Hyper- oder Hypoaktivierung höher? Oder sind Sie in Bezug auf diese beiden Reaktionsweisen ziemlich ausgeglichen? Wenn Sie die Symptome Ihrer Aktivierung kennen und wissen, ob Sie zu Hyper- oder Hypoaktivierung neigen, kann Ihnen das helfen zu erkennen, wann in Ihrem Körper eine Stressaktivierung abläuft. Und die Aktivierung zu erkennen, ist der erste Schritt, um sie zu beruhigen.

Eine weitere Option

Wenn wir fortwährend die Höhen und Tiefen der Hyper- und Hypoaktivierung durchlaufen, kommen wir selten in den Genuss des Mittelwegs *zwischen* allem und nichts. Durch einen somatischen Ansatz kann unsere automatische Körperreaktion lernen, dass es andere Optionen gibt als die der Hyper- und Hypoaktivierung. Wahrscheinlich wissen wir nur zu gut, dass wir über eine stark ausgeprägte Fähigkeit verfügen, in Hyperaktivierung – den Kampf-/Flucht-Modus – und in Hypoaktivierung – die Erstarrungs-/Shutdown-Reaktion – zu verfallen. Doch zwischen diesen beiden Extremen gibt es noch ein ganzes Spektrum an Reaktionen, einen Modus der funktionalen Aktivierung. Wie im Märchen von Goldlöckchen und den drei Bären geht es auch in der *funktionalen* Aktivierung um „nicht zu viel und nicht zu wenig". Mit somatischer Regulation finden wir einen Aktivierungsbereich, den unser Mind-Body-System als genau richtig empfindet.

1.7 Funktionale Aktivierung

Aktivierung ist nichts Schlechtes, bedeutet sie doch auch, dass wir Einsatz zeigen. Laut Levine finden wir mit der funktionalen Aktivierung zurück zu unserer grundlegenden Lebendigkeit, Güte und Stärke. Im Zustand der funktionalen Aktivierung können wir in Erscheinung treten; wir sind aufmerksam und einsatzbereit, ganz da. Es ist ein bewusster und doch ruhiger Zustand. Mit der funktionalen Aktivierung sind Sie *anderen gegenüber aufmerksam zugewandt, präsent, bereit.*

Die funktionale Aktivierung ist ein verkörperter und kein rein geistiger Zustand. Deshalb wird bei einem somatischen Ansatz der Körper in den Prozess miteinbezogen, in dessen Verlauf die Fähigkeit zur funktionalen Aktivierung gefunden, wiederaufgegriffen und aufgebaut wird. Im Zuge einer somatischen Regulation lehren wir den Körper, wie er weitgehend selbstständig Zugang zu diesem Zustand findet. Im Alltag können wir nicht permanent gedanklich eine Checkliste durchgehen, um aufmerksam zugewandt, präsent und bereit zu sein. In einem Zustand der funktionalen Aktivierung haben wir aus einem verkörperten Zustand heraus, der auf einem *gespürten Wissen* des Präsentseins, der Sicherheit und der Gelassenheit beruht, Zugang zu unserem wachen und dennoch ruhigen Bewusstsein.

Mit der somatischen Regulation müssen wir gar nicht erst versuchen, mithilfe des Denkens unseren Herzschlag zu verlangsamen, zu einer leichteren Verdauung zu gelangen oder die Schweißproduktion zu verringern. Diese Funktionen lassen sich in der Regel ohnehin nicht sehr erfolgreich durch Gedanken steuern. Das ist Aufgabe des Körpers. Über Millionen Jahre hinweg haben wir uns dahin entwickelt, dass in unserem Körper eine fein abgestimmte automatische Reaktion abläuft. Mit der somatischen Regulation arbeiten wir also in Übereinstimmung mit der Evolution. Wir nutzen den Körper zur Heilung des Körpers. In diesem Prozess „resettet" sich der gesamte Mind-Body, von einem gestressten, überwältigten Zustand zurück auf einen Grundzustand der wachen Aufmerksamkeit und Ruhe. Und im Zentrum unserer Erfahrung steht das Gefühl: Wir sind hier, wir sind in Sicherheit, wir sind in Ordnung.

1.8 Was ist Selbstregulation?

Selbstregulation ist der Prozess, sich geschickt zwischen den zuvor beschriebenen drei Zuständen zu bewegen und sich nötigenfalls von extremen Zuständen zu erholen. Wir alle verfallen zeitweise in Hyper- oder Hypoaktivierung. Manchmal brauchen wir diese extremen Zustände. Das Problem ist jedoch die *Gewohnheit,* als erste Reaktion in solche Zustände zu verfallen, sich folglich auf sie zu verlassen und dann in ihnen festzustecken. Hyper- und Hypoaktivierung können in unserem System zu derart ausgetretenen Pfaden werden, dass wir diese Ausnahme- und Notfallzustände regelmäßig und alltäglich nutzen. Dass es keine gute Art zu leben ist, im Ausnahmezustand zu frühstücken, zur Arbeit zu gehen, Freund*innen zu treffen oder Textnachrichten zu beantworten, muss ich Ihnen wahrscheinlich nicht erst sagen.

Selbstregulation ist die Fähigkeit, Körper und Gehirn zu nutzen, um aus Hyper- und Hypoaktivierungszuständen herauszukommen. Wenn wir uns wieder selbst regulieren können, müssen wir nicht mehr so leben, als lauere hinter jeder Ecke Gefahr. Unser Body-Mind-System gewinnt seine Flexibilität zurück, seine Gesundheit und die Fähigkeit, mit Stress und Ähnlichem umzugehen. Selbstregulation ist eine Fähigkeit, die viele von uns lernen müssen. In diesem Buch erfahren Sie, den Körper als Zugangstor nutzen.

Flexible Reaktivität

Ein gesundes Body-Mind-System kann auf *angemessene* Weise in einen Zustand *notwendiger* Reaktivität übergehen und diesen Zustand anschließend wieder verlassen. Wir streben nicht danach, fortwährend entspannt zu sein – ein solcher Zustand entspricht nicht immer dem, was im Leben von uns gefordert wird. Wenn ich am Bordstein stehe und gerade die Straße überqueren will, aber plötzlich merke, dass ein riesiger Lastwagen auf meine Kreuzung zubrettert, dann will ich sofort in den Hyperaktivierungs- oder Fluchtmodus wechseln und wegspringen. Ich *will* einen Adrenalinschub; mein Puls *soll* sich beschleunigen und meine Körpertemperatur steigen; meine Beinmuskeln *sollen* sich stärker anspannen; mein Sichtfeld *soll* sich verengen und nur den Lastwagen im Blick behalten; ich *will* ausschließlich Informationen hören, die für das Ausweichen relevant sind. Das alles ist erforderlich, angemessen und notwendig. Juhu, ein gut funktionierendes Nervensystem! Es hat zuverlässig eine automatische Reaktion hervorgerufen und mich angemessen in einen Zustand der Hyperaktivierung versetzt. Wer hat in einer lebensgefährlichen Situation schon Zeit, eine Checkliste durchzugehen?

Wenn wir uns jedoch von diesem Vorfall nicht erholen und in der Hyperaktivierung stecken bleiben, kann es passieren, dass wir von dem Vorfall an der Kreuzung in unsere erste Begegnung des Tages gehen – immer noch in sehr hoher Alarmbereitschaft, immer noch in einem Zustand der Hyperaktivierung. Vielleicht schreien wir einen Kollegen an, der einen Vorschlag von uns infrage stellt, oder springen beim Klingeln des Telefons beinahe durch die Decke.

Kann unser System die hohe Alarmbereitschaft nicht aufrechterhalten, oft aufgrund von Erschöpfung wegen Überlastung oder Überwältigung, dann könnten wir in einen Zustand der Hypoaktivierung geraten. Es gelingt uns vielleicht, dem Lastwagen auszuweichen, doch der ganze Vorfall spielt sich ab wie in einem Traum. Dann gehen wir in einem „abgeschotteten" Zustand zur nächsten Aufgabe des Tages über. Wir bemerken kaum, dass eine Freundin mit uns spricht, und vergessen, die drei wichtigen E-Mails zu verschicken, an denen wir am Vortag noch mit Begeisterung gearbeitet haben.

Unflexible Reaktivität

Unflexible Reaktivität mündet geradewegs in einem Zustand intensiver Stressreaktivität, unabhängig von der Situation. Wenn Sie schon einmal einen Raum mit lauter fremden Menschen betreten oder ein Flugzeug bestiegen haben, zur Arbeit oder zu einem Date gegangen sind und währenddessen eine automatische Reaktion hatten, die der des Beinahe-von-einem-Lkw-überfahren-Werdens ähnelt, dann sind die kommenden Mind-Body-Methoden genau das Richtige für Sie. Unflexible Reaktivität bedeutet auch: Sie bleiben in Ihrer Stressreaktivität stecken und kehren nicht, sobald der Stress aufhört, zur funktionalen Aktivierung zurück. Nehmen wir an, sie hatten morgens fast einen Unfall, weil ein anderer Fahrer aggressiv in Ihre Fahrspur eingeschert ist, und Ihnen fällt auf, dass Sie den ganzen Vormittag bei jeder plötzlichen Bewegung zusammenzucken oder nachmittags in jedem Gespräch Ihr Gegenüber anfauchen, dann sind Sie in Ihrer Reaktionsfähigkeit steckengeblieben. Nach einer extremen oder lang andauernden Stressbelastung braucht unser System etwas Hilfe, um sich an die Resilienzstraßen zu erinnern und flexibel zu reagieren.

Stressauslöser

Einfach ausgedrückt sind Stressauslöser Dinge in Ihrem Leben, die Ihr System jeweils in die Hyper- oder Hypoaktivierung (Kampf / Flucht und Erstarren / Shutdown) versetzen. Möglicherweise hat sich Ihr Body-Mind-System daran gewöhnt, angesichts eines Stressauslösers Stressreaktivität zu zeigen. Wie schon erwähnt, könnte Ihr Körper außerordentlich gut in Stressreaktivität sein, was sich in vielen verschiedenen Situationen als Hyper- und Hyporeaktivität äußern kann. Vielleicht verfallen Sie in den Kampf- / Flucht- oder Erstarrungs- / Shutdown-Modus, wenn Sie wegen eines Staus zu spät kommen, wenn Ihr Vorgesetzter Sie beurteilt oder Sie Streit mit Mitgliedern Ihrer Familie haben. Vielleicht auch dann, wenn sich eines Ihrer Kinder alles andere als kooperativ zeigt oder wenn Sie mit plötzlichen Veränderungen konfrontiert werden wie Krankheit oder Verlust.

Es gibt eine breite Palette von Symptomen. Stressreaktivität tritt in allen Formen und Größen auf und kann sich in vielen Lebensbereichen zeigen. Es ist wichtig, dass Sie Ihre Trigger kennen und wissen, wie Ihr System auf Stress reagiert. Wenn Sie Ihre Symptome in den Beschreibungen hier nicht wiederfinden, ermutige ich Sie, beim Lesen Ihre eigenen Erfahrungen hinzuzufügen. MBR vermittelt Fähigkeiten, besser mit Stressauslösern umzugehen. Wir können nicht *alle* Trigger aus dem Weg räumen, selbst wenn wir es versuchen. Also lernen wir hier, besser mit ihnen zurechtzukommen (und vielleicht räumen wir dabei auch einige wirklich unnötige Auslöser aus dem Weg).

Probieren Sie's aus: Stressauslöser wahrnehmen

Achten Sie in den nächsten ein bis zwei Wochen einmal darauf, was Ihre Stressauslöser sein könnten. Finden Sie heraus, ob bestimmte Situationen wiederholt Stressreaktionen auslösen. Situationen, die immer wieder Stressreaktivität hervorrufen, könnten Ihre Stressauslöser sein.

Sie brauchen nicht zu verstehen, warum. Erkunden Sie einfach die Muster.

Es ist hilfreich zu erkennen, wann Sie Stressempfindungen haben, und darauf zu achten, was gerade dann geschieht. Ist es laut dort, wo Sie sind? Ist es hektisch? Fühlen Sie sich allein? Stehen Sie unter Druck? Ist Ihre Zeit zu unstrukturiert? Haben Sie das Gefühl, nicht gesehen zu werden? So könnte Ihnen beispielsweise auffallen, dass Sie jedes Mal in Hyperaktivierung verfallen, wenn Sie einen Vortrag halten müssen. Oder Sie finden sich jedes Mal, wenn Sie zu einem neuen Reiseziel unterwegs sind, in einem Zustand der Hypoaktivierung wieder.

Wenn Sie eine Tendenz zur Hyper- oder Hypoaktivierung ausgemacht haben, können Sie nach Anzeichen für eine dieser beiden Tendenzen Ausschau halten. Sie können auch die Tabelle der Empfindungen, die Sie schon angekreuzt haben, noch einmal ansehen, um sich in Erinnerung zu rufen, welche Empfindungen für Sie mit Stress einhergehen.

Die Anzeichen zu erkennen, kann etwas Übung erfordern. Normalerweise ist uns Stress nicht bewusst. Diese leichte Dissoziation ist das Ergebnis einer tausendjährigen Evolution.

Es ist wichtig, dass Sie mit sanfter Neugierde an Ihre Stressauslöser herangehen – nicht, dass Sie wegen Ihrer Gestresstheit in Stress geraten. Können Sie diese Woche freundlich und unterstützend mehr über Ihre Auslöser in Erfahrung bringen?

Jedes Mal, nachdem Sie einen Auslöser bemerkt haben, nehmen Sie sich einige Momente, um von diesem Trigger zurückzukehren. Für Ihre Resilienz ist das sehr förderlich. Gehen Sie erneut die Schritte der Übung „Beim Körper beginnen" (Seite 13) durch: spüren, wie der Körper zur Ruhe kommt, Empfindungen der Lockerung und des Gestütztwerdens zu spüren, wo auch immer Sie gerade sind – all das kann vorerst helfen. In späteren Kapiteln werden Sie einige weitere Hilfsmittel kennenlernen, um wieder vom Stress zum Grundzustand *zurückzukehren.*

1.9 Körper und Geist gemeinsam

Wie Bessel van der Kolk schreibt, bleiben die Spuren unserer Erfahrungen im Körper eingespeichert. Der Körper zeichnet Stressreaktionen auf und erinnert sich auf einer viszeralen Ebene daran, während der Verstand die Geschichte mit Worten und mentalen Bildern erzählt. Körpererinnerungen stelle ich mir als ein Kind vor, das in der Klasse aufzeigt, weil es Hilfe braucht und ruft: „Bin ich jetzt dran, damit ich etwas Unterstützung bekomme? Und eine Lösung?" Genau darum bitten Körpersymptome.

Beim Durcharbeiten dieses Buches werden Sie über Ihre stressbehafteten Ereignisse und Erinnerungen nachdenken, vielleicht etwas darüber schreiben oder auch sprechen. Dann werden Sie die beschriebenen Fertigkeiten anwenden, um die Erinnerung, die gerade den Finger hebt, aufzurufen und helfen, sie zu beruhigen. Wir werden Sprache verwenden, denn so kommunizieren wir, aber wir werden auch immer wieder auf den Körper zurückkommen und auf die unausgesprochenen Botschaften, die er uns übermittelt. Unterhalb der Oberfläche erinnert sich der Körper und wartet auf eine Gelegenheit, das, was verletzt wurde, zu heilen.

Zum Handeln aufgerufen

Als es mir allmählich immer besser ging – ich konnte mich regulieren, flexibler reagieren und fühlte mich häufiger okay als nicht okay – fragte ich mich immer wieder: Warum sind Methoden und Ansätze, die dazu beitragen, sich von geistigem *und* körperlichem Stress zu erholen, so schwer zu finden? Als die Entspannung wirklich in meinen Körper einzusinken begann, hätte ich am liebsten von allen Dächern ausgerufen: „Alle, die ihr mit dem von Angst und extremem Stress verursachten tief greifenden Schmerz lebt: Es gibt unglaublich befreiende Hilfsmittel! Ihr müsst euch nicht mehr mit leidvollen Symptomen herumquälen. Ihr müsst euch nicht damit zu begnügen, einfach nur über die Runden zu kommen. Ihr könnt wirklich leben!"

Dieses Buch ist mein sprichwörtlicher Ruf von den Dächern. Wir alle wissen, wie wir in einen Zustand der Stressreaktivität geraten – evolutionäre Instinkte übernehmen die Führung und weisen den Weg. Was wir hier und heute, entwickeln müssen, sind Fähigkeiten, um aus diesen eingefahrenen Stressreaktionswegen wieder herauszukommen. Mit der Geist- *und* Körperregulation verfügen wir über unglaubliche Hilfsmittel und Methoden, um Stress, Angst und Überwältigung hinter uns zu lassen und zurückzukommen. Nicht nur in Ihren Kopf, sondern auch in Ihren Körper. Herzlich willkommen zu Ihrer Gesundung. Was Sie nun erwartet, ist Leichtigkeit.

2. Stressresilienz: Mögliche Fallstricke

Leider ist nicht jeder therapeutische Ansatz hilfreich und vermittelt Ihnen das *Gefühl*, dass in Ihrem Inneren alles in Ordnung ist. Mit Ansätzen, die sich zu sehr auf den (betriebsamen) Geist stützen, machen Sie möglicherweise nicht immer die besten Fortschritte. Damit wirklich ein Gefühl des Wohlbefindens und der Sicherheit aufkommt, sind Ansätze, die Sie auf Distanz zu Ihrem Körper und viel zu weit oben in Ihrem Kopf halten, für den Anfang *nicht* die erste Wahl. Wenn wir oben feststecken, untergraben wir damit u. U. unsere körperlich verankerte Klugheit, denn es ist schwer, unsere Körperintelligenz wahrzunehmen, solange ihre Äußerungen von unserem unablässigen geistigen Geplapper untermalt werden. Chöre von *könnte, hätte* und *wenn* sind nicht gerade leise. Wenn wir versuchen, uns durch *Denken* besser zu *fühlen,* führt uns der geschäftige Geist nicht weg vom Stress, sondern zu ihm hin.

Oh, der geschäftige Geist

In einem Stresszustand ist das geistige Geplapper nicht nur eine lästige Geräuschkulisse, sondern unser gestresstes Hirn kann wahrlich schreckliche Geschichten fabrizieren. So stellte die Autorin Anne Lamott, sich selbst beobachtend, freimütig fest: „Mein Geist ist wie ein unsicheres Stadtviertel, das ich nach Möglichkeit nicht allein betrete.“ Deshalb gehen auch Sie bitte nicht ohne Ihren Körper. Wenn Sie ihn mitnehmen, sind Sie in Ihrem Geist nicht allein; die restlichen 97 Prozent von Ihnen sind dann auch dort!

Sehen wir uns einmal im Überblick an, welche Stadtviertel des Kopfes wir besser meiden sollten und steuern wir dann einige sichere Bezirke des Körpers an.

2.1 Worüber man nicht gern spricht

Auf der Suche nach Befreiung von meinem extremen Stress und meinen Ängsten erwiesen sich einige der Bewältigungsstrategien unerwarteterweise als Hindernisse, als eine von vornherein schlechte Wahl, weil sie sehr kopflastig waren. Bei meinem extremen Stress wurden sie für meinen Körper sogar recht bald zu einem echten Problem. Mit derartigen Problemen geht man nicht gerade

> Wenn Stress extrem ist, *fühlen* Sie ihn, genauso wie Ihre Angst, im Körper; Sie *denken* beides nicht nur im Kopf.

begeistert hausieren, denn auf den ersten Blick scheint es, als sei niemand sonst davon betroffen. Wenn sich keine Linderung einstellen will, tauchen oft Fragen auf wie: „Was stimmt nicht mit mir?“ Eben diese Frage veranlasste mich, weiterzusuchen. Und bei der Suche nach einer ehrlichen Antwort musste ich mutig der Wahrheit ins Gesicht sehen: Einige sehr beliebte und anerkannte, mir besonders empfohlene Ansätze und Methoden halfen *mir* nicht. Und kaum sprach ich mit anderen darüber, merkte ich, dass es nicht nur mir so ging. Komisch, allein dies so zu benennen, war mir schon schwergefallen. Wenn ich es klar betrachte, weiß ich: Natürlich sind wir alle einzigartig und natürlich sollten wir alle die Verfahren, die für uns individuell am besten funktionieren, sorgfältig auswählen. Trotzdem brauchte ich Ermutigung. Und die fand ich bei der Wissenschaftlerin und Autorin Brené Brown.

„Wir können über Mut, Liebe und Mitgefühl reden, bis wir wie ein ganzer Laden von Spruchkarten klingen, aber solange wir nicht bereit sind, ehrlich über das zu sprechen, was uns im Weg steht, werden wir uns nie ändern – nie und nimmer“, sagte Brené Brown (2010) eindringlich (über meine Kopfhörer in ihrem Hörbuch) zu mir, während ich mitten in meiner wissenschaftlichen Recherche steckte. Ihre Worte waren erhellend für das, was ich bei mir selbst, bei Kolleg*innen, Klient*innen *und* in der wissenschaftlichen Literatur fand. Die Fakten und Ergebnisse zeigten immer wieder, dass das Nervensystem auf viele unterschiedliche Weisen in einer Art Autopilot stecken bleiben und uns direkt *zurück* ins Land des Stresses, der Angst und der Überwältigung befördern kann – genau an den Ort, an dem wir *nicht* sein wollen. Dementsprechend wichtig ist es, dass Sie Ihren einzigartigen Heilungsweg für Ihr einzigartiges System finden und das erfordert Selbstbewusstsein, Selbstmitgefühl und vielleicht sogar Mut.

2.2 Nicht jedes Werkzeug eignet sich für jede Aufgabe

Man greift nicht zu einem Pömpel, wenn man eigentlich einen Hammer braucht. Mittel und Methoden auszuwählen, kann kompliziert sein – manche sind laut, manche leise; manche graben wie ein Bagger, manche wie eine Blumenkelle; manche sind schnell und intensiv, manche gehen langsam und sanft an die Sache heran. Bei extremen Stressprägungen ist weniger mehr – und mehr ist … zu viel.

„Weniger“ ist jeder Ansatz, der das System beruhigt, nach dem Motto „immer sachte“. „Mehr“ ist jeder Ansatz, der das System fortwährend in Aufruhr versetzt, der sich aufreibend, unberechenbar-brisant oder streng anfühlt und das Potenzial hat, die Dinge hochzuschaukeln und zur „Explosion“ zu bringen. Viele Ansätze können uns zu schnell, zu tief oder zu häufig in unseren Stress hineinziehen – und manche zu schnelle, zu tiefgreifende oder zu oft gemachte Erfahrungen, auch vermeintlich hilfreiche, erweisen sich als getarnte Stressoren. Wenn das Werkzeug Stress *erzeugt*, ist es womöglich nicht das am besten geeignete. Ich könnte nun auf viele verschiedene Hilfsmittel oder Methoden zur Stressreduktion hinweisen, die potenziell „zu viel" sein könnten, doch in den folgenden Abschnitten möchte ich mich auf zwei verbreitete und weithin empfohlene Ansätze beschränken: Achtsamkeitsmeditation und die Expositionstherapie.

Heilungsansätze legen oft den Schwerpunkt entweder auf den Geist oder auf den Körper, oder sie werden von einer dieser beiden „Instanzen" bestimmt bzw. „angetrieben". Der Schwerpunkt ist wie der Motor eines Zuges, der diesen in die richtige oder die falsche Richtung bewegt. Wenn es um extremen Stress geht, gelangen vom Denken „angetriebene" Ansätze jedoch oft nicht an ihr Ziel, das der Selbstregulation und funktionalen Aktivierung; es herrscht unterwegs zu viel ablenkender, aufwühlender Hintergrundlärm. Im Gegensatz dazu führen uns vom Körper angetriebene Züge *tatsächlich* oft ans Ziel der Erholung – in Kapitel 3 werde ich näher darauf eingehen. Hauptsächlich aus diesem Grund können Achtsamkeitsmeditation und Expositionstherapien potenzielle Gefahren sein, die Sie auf Ihrem Weg zur Heilung meiden sollten.

> Erfahrungen, die zu schnell passieren, zu tiefgreifend sind oder zu oft wiederholt werden, können selbst zu Stressfaktoren werden – sogar dann, wenn sie eigentlich als heilende Erfahrungen gedacht sind.

Paradoxerweise begann ich mein Aufbaustudium, um zu einem tieferen Verständnis darüber zu gelangen, wie Achtsamkeit und Meditation Ängste und extremen Stress verringern können. Doch je mehr ich mich mit der Forschungsliteratur befasste, umso stärker musste ich meinen ursprünglichen Fokus von der Achtsamkeit hin zur „Körperlichkeit" verlagern. Die aktuelle Forschung zeigt weiterhin, dass, im Gegensatz zu kopfzentrierten Ansätzen, körperbasierte Methoden die am besten geeigneten Werkzeuge sind, um sich von Extremstress zu erholen.

Ehrlich gesagt war ich überrascht, dass die Mittel, auf die ich mich früher gestützt hatte, nachweislich nicht hilfreich waren. Achtsamkeit war das Werkzeug meiner Wahl gewesen. Mehr als fünfzehn Jahre lang hatte ich Achtsamkeitsmeditation praktiziert und mehr als acht Jahre auch Gruppen und Einzelpersonen darin unterrichtet. Ich unterrichtete gerade in einem der renommiertesten Meditationszentren der Welt, Spirit Rock, als sich abzeichnete: Die Meditationspraxis hatte eine deutlich negative Wirkung auf mich, sie ging gewissermaßen „nach hinten los". Mit extremem Stress und Überwältigungsgefühlen war es nicht beruhigend, mit meiner Erfahrung zu sitzen und sie zu beobachten, so wie früher. Ich konnte buchstäblich zusehen, wie ich mich von Tag zu Tag, Meditation für Meditation, immer mehr auflöste, und das machte die Dinge unaufhörlich schlimmer – viel schlimmer. Das ist sicherlich nicht bei allen Menschen so, aber wie ich festgestellt habe, ist es doch bei recht vielen der Fall. Deshalb halte ich die folgende kleine Erklärung für gerechtfertigt.

2.3 Wenn es nicht so recht vorwärts geht

Alles, was ich bis dahin zum Thema Achtsamkeit gelesen und gelernt hatte, versprach, es sei ein zuverlässiges Instrument zur Stress- und Angstlinderung. Alle Texte und Lehren über Achtsamkeit, denen ich begegnete, empfahlen mir, einfach nur geduldig zu sein, mehr loszulassen und meine Erfahrung so sein zu lassen, wie sie war. Die Lehrer*innen mit dem größten Klarblick wiesen darauf hin, dass dieser Ansatz irgendwann dazu beitragen werde, meine Angst und Überwältigungsgefühle zu verringern. Als das immer wieder scheiterte, wurde ich zunehmend ratloser. Ich fragte mich: Wo ich doch so aufrichtig und entschlossenen versuche, meine Symptome zu lindern – warum verschlimmern sie sich?

Währenddessen suchte ich eine Therapie, die mir bei meinem extremen Stresslevel half. Alle Techniken beruhten darauf, dass die Betroffenen ihrem Stress ausgesetzt wurden und Woche für Woche erzählte ich immer wieder aufs Neue von dem Stress in meiner Kindheit, von dem Stress in meinem jetzigen Leben und von dem Stress, der, so fürchtete ich, noch vor mir lag. Und wie Sie vielleicht erraten können, war ich dadurch *noch gestresster*! Der Geist verweilt zwar gern endlos in beliebig vielen leidvollen Episoden, die wir durchlebt haben, aber für unsere Körperaktivierung kann ein solches Verweilen heikel sein. Und diese heiklen Empfindungen können sich in den für das Überleben zuständigen Stresszentren des Gehirns festsetzen, sodass es sich anfühlt, als würde sich das alles immer wieder abspielen … und noch einmal.

Laut einer Definition, die ich fand, war Geduld „Leiden, ohne zu klagen“. Ja, genau das habe ich beherzigt, bis ich zu klagen und dann zu spekulieren begann: Bin ich die Einzige, die diese Erfahrung macht? Leiden andere Menschen klaglos, wenn ihre Stress- und Angstsymptome *zunehmen* – bei allem achtsamen Gewahrsein und trotz Expositionstherapie? Zuerst fragte ich – diskret –, ob meine Mitmeditierenden und Freund*innen aus der Expositionstherapie ähnliche Erfahrungen machten. Dann begann ich – tastend, vorsichtig –, andere Achtsamkeitslehrende zu befragen und meine Erfahrungen mit Personen zu besprechen, die Expositionstherapie anwandten und lehrten. Das wiederum brachte mich dazu, die Forschungsliteratur zu durchkämmen, um herauszufinden, was es mit Achtsamkeit, Expositionstherapie und extremem Stress auf sich hat. Inzwischen spreche ich es (laut) aus: Wir, die klaglos leiden, sind nicht allein. So etwas kommt häufiger vor, als ich dachte, und sicherlich viel häufiger, als darüber in den Nachrichten und Medien – beim derzeitigen Achtsamkeitshype und der Expositionstherapie als anerkanntes Nonplusultra zur Behandlung von Traumata – gesprochen oder geschrieben wird.

Das wiederholte Eintauchen in die Untiefen des Stresses funktioniert für viele von uns nicht besonders gut; es fühlt sich so an, als würden wir immer wieder aufs Neue fast ertrinken. Das ist ein enorm wichtiger Punkt für die somatische Heilung: Immer sachte vorgehen, weniger ist mehr. Ohne Boje, Floß oder Schleppleine versetzt das Eintauchen in die Gewässer des Leidens unser Body-Mind-System in Alarmstimmung. Menschen, die unter extremem Stress leiden, müssen viele Pausen einlegen, um zu atmen, sich auszuruhen und für den Moment „Inseln der Sicherheit“ zu finden – ein besonders schöner Ausdruck von Levine (1997). Die im vorliegenden Buch dargelegten somatischen Fertigkeiten bieten Ihnen genau solche Inseln: Zeit und Raum, um durchzuatmen, Ihre müden Knochen auszuruhen und etwas Linderung zu fühlen. Und diese Resilienz und Linderung sind eine *gefühlte Erfahrung*, die Ihr erstaunliches Nervensystem ermöglicht hat.

Denken Sie an zwei Dinge:

- Beim Verarbeiten extremem Stresses gilt: Was zu viel ist, ist zu viel.
- Um die Stressregulation zu steigern, kann weniger mehr sein.

Wenn Sie über längere Zeit hinweg über intensive Stresserinnerungen meditieren oder bei diesen Erinnerungen verweilen, kann das Ihre Stressgefühle verstärken. Tief in die Beschreibung von Stressereignissen einzutauchen, kann Ihren Body-Mind übermäßig der gefühlten Erinnerung aussetzen.

Probieren Sie's aus: Das sehen, was okay ist

Lesen Sie diese Anweisungen erst ganz durch und probieren Sie anschließend diese Übung aus. Greifen Sie gegebenenfalls auf die Anweisungen zurück.

Nehmen Sie sich einen Moment Zeit und schauen Sie sich einfach um. Sehen Sie in Ihrer näheren Umgebung oder bei einem Blick aus dem Fenster etwas, das Sie gern betrachten oder das Ihnen in irgendeiner Weise gefällt? Scannen Sie Ihre Umgebung ab. Vielleicht ist es der Anblick eines Baums, ein Gemälde an einer Wand, eine schöne Lichtqualität. Es kommt nicht darauf an, was Sie wählen; wichtig ist, dass Sie Ihren Blick darauf ruhen lassen. Lassen Sie Ihre Augen dieses Bild einfach aufnehmen; vielleicht wird Ihr Fokus sogar etwas weicher.

Lassen Sie Ihre Augen tun, was sie wollen; nehmen Sie sich Zeit, es besteht kein Grund zur Eile.

Können Sie Ihren Atem jetzt tiefer werden lassen? Laden Sie die Ein- und Ausatmungen ein, etwas länger zu werden. Wiederholen Sie dies einige Male.

Spüren Sie zu guter Letzt Ihren Körper in diesem Moment. Fühlen Sie sich in irgendeiner Weise leichter, und sei auch nur ein bisschen? Nehmen Sie jeden Teil von sich wahr, der sich okay oder einfach neutral anfühlt. Versuchen Sie es einfach für ein oder zwei Momente; Sie brauchen nicht länger dabei zu bleiben, als Ihnen lieb ist. Immer sachte. Weniger kann mehr sein.

2.4 Ihr wunderbares Nervensystem

Besonders wenn Sie viel extremem Stress ausgesetzt waren oder ein Trauma erlitten haben, kann es sein, dass Ihr wunderbares Nervensystem mit einigen Methoden gut und mit anderen eindeutig *nicht* gut zurechtkommt. Ihr System kann sehr empfindlich sein; hören Sie auf diese Empfindungen, denn sie sind sehr wichtig für eine Heilung auf somatischer Grundlage.

Wir alle haben in unserem Inneren etwas, das man als Empfindungs-Zentrale bezeichnen könnte. Sie ist rund um die Uhr in Betrieb und hat stets das Geschehen um uns herum im Blick, um zu regeln, wie empfindlich wir auf egal was reagieren und wie wir uns auf etwaige Ereignisse vorbereiten müssen. 24 Stunden am Tag überprüft diese Zentrale, was im Außen und im Innen passiert, um sicherzugehen, dass alles okay ist oder zumindest okay *genug*.

Hat diese Zentrale überprüft, ob alles in Ordnung ist oder nicht, wird sie zum Epizentrum Ihrer Reaktivität. Blitzschnell passt sie sich an die aktuelle Situation an und reagiert effektiv und kraftvoll. Wenn alles in Ordnung ist, schaltet dieses Epizentrum Sie sanft einen Gang herunter und Sie fahren gemächlich weiter – mit einem Gefühl der Sicherheit, des körperlichen Wohlbefindens und klar denkend. Ist *nicht* alles in Ordnung, schaltet die Zentrale schnell in einen höheren Gang und beschleunigt fast augenblicklich in den „Erledige-das"-Modus. Sie drückt so weit aufs Gaspedal, wie es nötig ist, um das Ziel zu erreichen. Und natürlich fliegen bei einer solchen Geschwindigkeit Sicherheit, Komfort und geistige Funktionsfähigkeit „aus dem Fenster" – bei uns allen, denn so sind wir alle „gebaut". Dieses *zu viel, zu schnell, zu tief* reißt unser Nervensystem geradezu weg vom sicheren, gelassenen, klaren Denken.

2.5 Ihr Nervensystem auf Autopilot

Hält der „Erledige-das"-Modus lange an, kann daraus ein Stress-Autopilot oder, anders ausgedrückt, ein Voll-im-Stress-Modus entstehen. Ist Stress ein häufiger Gast bei Ihnen, hat Ihre Zentrale vielleicht die besondere „Fähigkeit" entwickelt, erst zu beschleunigen und dann nachzudenken. Bei denjenigen, die von extremem Stress, Angst und Überwältigtsein geprägte Zeiten erlebt haben, kann die Zentrale in ihrer „Die-Dinge-sind-*nicht*-okay-genug"-Einstellung steckenbleiben. Ein Bereich, in dem alles „okay" ist, wandelt sich dann zu einer Art Feuerzone, wo schnell und scharf geschossen wird: leidenschaftlich und reaktiv, im Bedrohungsmodus und auf Streit aus.

Wenn Sie einmal so richtig dicke ein „Nicht-Okay" erlebt haben – weil sich entweder eine Nicht-okay-Erfahrung zu oft wiederholt hat oder es einen einzigen, aber kolossalen Alles-auf-einmal-Stressor gab –, dann ist „Nicht-Okay" bei Ihnen mehr als ein Gast. Es wird zum bedürftigen Mitbewohner, der Ihnen immer zusetzt, das zu tun, was er sagt. „Nicht-Okay" wird schließlich zu dem, was Ihr Nervensystem am besten kann und schon sind Sie unterwegs auf der Stress-Autobahn. Ihr System wird sehr gut in extremer Reaktivität – und vergessen Sie nicht: Ihre gut geölte Reaktivitätsmaschine liebt das Vertraute. Selbst wenn Ihre innere Kraft nahezu erschöpft ist und Sie das Gefühl haben, aus dem letzten Loch zu pfeifen, Ihr Nervensystem wird das Vertraute wählen. (Nach dem Motto: So wie man eines tut, tut man alles.) So, wie es gewohnt ist zu reagieren, wird Ihr System auch weiterhin reagieren. Wenn Sie viel Stress gehabt haben, wird es sich darauf einstellen. Gas geben, mit Volldampf voraus …

Aber hey, dieses System will uns doch nur helfen. Es ist bestrebt, dafür zu sorgen, dass wir auf alles vorbereitet sind, was auf uns zukommt. Nur: Mit Ruckzuck-Reaktivität und Nach-Ärger-Suchen kann sich etwas, das eigentlich in die Kategorie „okay" gehört, etwa eine Party, *anfühlen* wie etwas, das in die Kategorie „ganz und gar nicht okay" gehört – zum Beispiel, von Wölfen umzingelt sein. Ebenso kann ein Vorstellungsgespräch dieselbe Reaktion auslösen wie eine rasante Auto-Verfolgungsjagd. Oder Lebensstressoren wie angehäufte Schulden können das Gefühl hervorrufen, in einem Zimmer mit nicht genug Luft zu sein. Dem Stanford-Professor und Forscher Robert Sapolsky (2004) zufolge reagiert diese Zentrale so stetig und zuverlässig auf das Gaspedal, dass Menschen nachweislich beim öffentlichen Reden fast dieselbe physische Angstreaktion haben, als wäre auf einer dunklen Straße jemand hinter ihnen her. Das ist schon ein ziemlich heftiger Voll-im-Stress-Autopilot!

Finden Sie's heraus: Hat Ihr Nervensystem einen Autopiloten?

Lesen Sie die Liste der folgenden Stressreaktionen durch und identifizieren Sie alle, die bei Ihnen häufig auftauchen.
(Diese Liste ist sehr unvollständig; bitte verwenden Sie die Leerzeilen, um *Ihre* individuellen Reaktionen auf Stress einzutragen.)

Was bewirkt mein Nervensystem, wenn es „auf Autopilot" läuft?	
Körperlich:	Geistig:
Hitzewallungen	Rasende Gedanken
Übelkeit	Sorge
Kopfschmerzen	Ärger, Wut
Kältegefühl	Negativität
Benommenheit	Fixiert-Sein
Schwitzen	Geistig weggetreten sein
Zittern	Hypervigilanz
Verstopfung	Traurigkeit
Rücken- / Nackenschmerzen	Überstürztes Problemlösen
Ein Gefühl, weit weg zu sein	Unfähigkeit, zu denken
______________________	______________________
______________________	______________________

Ihr Körper ist Ihr Pilot

Diese Zentrale, die nichts anderes ist als Ihr zentrales Nervensystem, nenne ich gern „Okay-Zentrale", weil ihre Aufgabe letztlich darin besteht, dafür zu sorgen, dass bei uns alles okay ist – Homöostase[1] und das ganze Drum und Dran. Bei der Okay-Zentrale dreht sich alles um den Körper; Ihr Körper ist Ihr Pilot. Dieses körperzentrierte System erstreckt sich vom unteren Schädel bis zur Basis des Rumpfes. Es beginnt bei Ihrem Kleinhirn (auch primitives Gehirn genannt), dem Teil des Gehirns, der die *Körper*instinkte steuert. Dann verläuft es an Ihrem Hirnstamm hinunter, wo *Sinneseindrücke* erinnert werden, windet sich durch Ihren Hals und hat viele Satellitenzentren, die sich über Brust, Bauch, Darm und die Fortpflanzungsorgane verteilen. Es endet schließlich im Beckenbereich. Körper. Körper. Körper!

Die Okay-Zentrale steuert Ihre Herzfrequenz, den Blutdruck und die Atemtiefe. Allein diese Funktionen haben einen großen Einfluss darauf, wie gut oder schlecht es uns geht. Es ist schwierig, sich wohlzufühlen, wenn man mit klopfendem Herzen nach Luft schnappt. (Kommt Ihnen das bekannt vor?) Die Zentrale steuert auch unsere Körpertemperatur und die Schweißproduktion, was unser Sicherheitsempfinden wesentlich beeinflusst: Wir können derart voller Angst sein, dass wir schweißgebadet sind, oder so überwältigt, dass wir uns fühlen wie ein Eiszapfen. (Sorgfältiges Planen Ihrer Garderobe – ein Muss für Sie?) Die Okay-Zentrale ist auch für die Verdauung und Ausscheidung zuständig. (Knoten im Darm angesichts von Arbeitsmeetings? Durchfall oder Verstopfung vor jeder Begegnung mit Sie-wissen-schon-wem?) Auch für das Funktionieren des Gehirns spielt die Okay-Zentrale eine wichtige Rolle. Ob sie im Gleichgewicht ist oder nicht, ist maßgebend dafür, ob wir klar denken können oder nicht. Wird der nonverbale primitive Teil des Gehirns zum Conférencier der Show, gehen in den Denk-, Empathie- und komplexen Gedankenzentren unseres entwickelten Frontalhirns die Lichter aus. (Haben Sie sich schon einmal dabei ertappt, dass Sie plötzlich nicht mehr auf die einfachsten Wörter zuzugreifen konnten – und das nicht etwa in einer Fremdsprache, sondern in Ihrer Muttersprache?)

Mit dem Körper an schöne und weniger schöne Orte gelangen

Wenn Sie einen Knoten in der Magengrube haben und / oder Ihr Herz rast und / oder Ihre Nackenhaare zu Berge stehen und / oder Ihnen der Schweiß an den Seiten herabrinnt, dann fährt Ihr Nervensystem hoch. Das ist die Angstreaktion. Sie fühlen sich unwohl, sind misstrauisch und reagieren blitzschnell. Wenn eine solche Aktivierung

---

1 Unter Homöostase versteht man einen Gleichgewichtszustand eines Systems. Das System strebt ein Gleichgewicht an und reguliert sich selbst, um diesen Zustand zu erreichen bzw. zu erhalten.

einsetzt, bereitet Ihr ganzer Körper sich darauf vor, Sie zu retten! Und die Okay-Zentrale befindet dann, dass die Dinge *nicht* okay sind. Als Nächstes geht Ihr System entweder in den Flucht- oder Kampfmodus (Hyperreaktivität) oder in den Erstarrungs- / Shutdown-Modus (Hyporeaktivität) über. Fliehen oder kämpfen bedeutet, wegzulaufen, bis man in Sicherheit ist, oder um sein Leben zu kämpfen.

Erstarren oder Shutdown bewirkt, dass Sie bewegungslos werden, unfähig sind zu sprechen oder es werden wichtige Funktionen Ihres Körper-Gehirns abgeschaltet. Das passiert immer dann, wenn Ihr System einschätzt: Die Bedrohung ist so groß, dass die aktiven Optionen – fliehen oder kämpfen – nicht mehr möglich sind.

Dass wir fliehen oder kämpfen bzw. erstarren oder abschalten – all das hat sich bei uns im Lauf der Evolution aus guten Gründen entwickelt, denn es können gut angepasste, großartig und notwendige Reaktionen auf eine ernste, unmittelbare Bedrohung sein. Unsere evolutionäre Intelligenz wird in den kommenden Kapiteln noch ausführlicher behandelt. Aber: Für den Fall, dass Sie *nicht* mit einer größeren Bedrohung konfrontiert sind – vielleicht stehen Sie nur im Stau, halten einen Vortrag, bezahlen überfällige Rechnungen oder haben eine Auseinandersetzung mit Ihrem Partner –, ist eine solche Reaktivität nicht mehr hilfreich. Die Evolution ist dann keine Rettung mehr für Sie. Solche Instinkte und automatischen Reaktionen können zu einer ernsthaften Belastung werden, zur *Dysregulation* – als Ziel etwas nicht besonders Schönes und Anstrebenswertes.

Aber nur keine Angst! Zwischen „ganz oder gar nicht" gibt es einiges an Funktionen: den Zwischenmodus der *Regulation,* der sich besser als Prozess oder Erfahrung beschreiben lässt. Regulation ist körpergeleitet und eine gefühlte Erfahrung, die dennoch für klares Denken sorgt (ein hübscher Nebeneffekt!). Regulation bedeutet, Sicherheit zu *spüren,* Präsenz zu *verkörpern,* entspannt zu *sein,* und tataaa: sich mega zu *fühlen.* Das ist mit Sicherheit ein schönes Ziel.

Das Gebiet der Regulation umfasst viele verschiedene Landschaften, denen diese Elemente gemeinsam sind: situationsangemessene Reaktionen statt Herzrasen im Lebensmittelladen oder Angstschweiß im Flugzeug; das Gefühl, okay zu sein, statt sich allein, verärgert oder angegriffen zu fühlen; und Zugang zu anspruchsvollem Denken – „Ach, es war doch kein altersbedingter Abbau kognitiver Fähigkeiten!" Mit dem Instrumentarium der somatischen Regulation werden wir im Terrain des „Mega" abhängen. Wir werden die vielen Flüsse, Täler und Gipfel dieses Landes durch unsere *unmittelbar gefühlte Erfahrung* kennenlernen. Und natürlich werden wir herausfinden, wie wir, wenn wir (was uns allen häufiger passiert) einmal von diesen Orten wegbewegt wurden, wieder zu ihnen *zurück*finden können. Kleine Umwege sind zu erwarten; ebenso, wie immer wieder kopfüber in Schwierigkeiten zu geraten … aber vielleicht lassen wir das bleiben. (Wir entscheiden uns hier für schön statt für weniger schön, Leute).

2.6 Was alle tun, muss nicht immer gut sein

Wenn wir uns auf unsere Heilungsreise begeben, müssen wir bei all der alarmbereiten Reaktivität unseres Nervensystems wirklich vorsichtig vorgehen. Es ist eine Reise zur Regulation und zum Wohlbefinden. Viele Ansätze, die bei milden Stressoren gut funktionieren, sind für extreme Stressoren nicht geeignet. Und nur weil etwas derzeit populär ist, eignet es nicht unbedingt für *Ihre* Reise. Jeder Ansatz, der Sie zu schnell oder zu intensiv in Ihre Stresserinnerungen und -empfindungen *hinein*führt – und ich meine HINEIN, in Großbuchstaben, mit einem Kopfsprung eintauchen – ist fragwürdig. Tiefgreifendes somatisches Heilen setzt voraus, dass Sie vorsichtig und aufmerksam Ihren Körper fragen, welche Ansätze für Sie am besten geeignet sind, nicht Ihren Kopf. Sie sind Ihr eigenes Laboratorium und Ihre gefühlte Erfahrung ist die beste Richtschnur für die somatische Regulation. Wenn Ihr Stress nur für kurze Zeit verstärkt wird, lassen sich die Auswirkungen rückgängig machen. Deshalb sollten Ihnen alle Methoden, die Ihren Stress über längere Zeit deutlich verstärken, mehr als verdächtig sein.

Ich habe im Lauf der Jahre häufiger gehört, dass Menschen versucht haben, sich selbst davon zu überzeugen, ein eigentlich nutzloser Ansatz sei hilfreich für sie gewesen. Nur zu leicht glauben wir: Wenn wir XY machen und es treten dann unsichere, ängstliche oder sonstige schlechte Gefühle auf, sind diese auf unser eigenes Verschulden oder unsere Unzulänglichkeit zurückzuführen. Es ist sehr leicht, uns selbst die Schuld zu geben und immer stärker daran zu arbeiten, dass einige sehr empfohlene Methoden endlich auch bei uns funktionieren. Dieses Phänomen musste ich unbedingt verstehen und verbrachte Jahre damit, es zu erforschen – für Sie und für mich. Und jetzt sage ich voller Zuversicht: Es liegt weder an Ihnen noch an mir! Dieses unangenehme Gefühl, das Ihnen dieser schlecht geeignete Heilungsansatz vermittelt hat – die Bauchschmerzen oder die Schlaflosigkeit; das Ekzem oder die zunehmende Angst, über Tage, Wochen oder Monate hinweg –, bedeutet nichts anderes, als dass Sie den Stress aufs Neue durchlebt haben.

> Ein Gefühl der Entspanntheit, des Wohlbefindens und der Sicherheit – all das ist wesentlich auf dem Weg zur Erholung von extremem Stress. Es ist wichtig, dass Sie oft von diesen kleinen „Segnungen" auf der Reise begleitet werden.

Erinnern Sie sich an die automatische Reaktivität, die ich weiter oben in diesem Kapitel erläutert habe? Genau das waren die Magenschmerzen, die Schlaflosigkeit, die Ekzeme, die allgemeine Angst und so weiter. Und ein Automatismus ist, nun ja, eben automatisch – er geschieht einfach. So sind wir veranlagt. Aber um zu heilen, müssen Sie das nicht durchmachen. Schauen Sie für sich selbst, welche potenziellen Gefahren am Wegrand lauern und finden Sie dann die für Sie am besten geeignete Marschroute.

2.7 Die Werkzeuge für Ihren Koffer sorgfältig auswählen

Der erste Schritt beim sorgfältigen Auswählen besteht darin, die Wirksamkeit der Werkzeuge, die Sie derzeit in Ihrem Koffer haben, zu beurteilen und zu hinterfragen. Ist es das Richtige für Sie, mit Ihrem Stress auf dem Meditationskissen zu sitzen? Machen Sie doch einmal *vor* dem Sitzen, *währenddessen* und *danach* eine Bestandsaufnahme Ihrer speziellen Erfahrungen. Ziehen Sie daraus Ihre eigenen Schlüsse, ob es für Sie in dieser Phase Ihrer Stressbewältigung hilfreich ist. Manchmal mag es genau richtig sein, in anderen Fällen geht es vielleicht am Ziel vorbei. So erzählte mir mein Freund und Kollege, wie er auf seinen Instinkt vertraut und gespürt hatte, dass intensive Meditation in einer bestimmten Lebensphase nicht die richtige Methode für das war, was er erreichen wollte.

Mit etwa Mitte zwanzig begann Jose ein dreimonatiges stilles Meditationsretreat. Die ersten Tage vermittelten ihm schon einen Eindruck von dem, was ihn wahrscheinlich erwartete. Während der Meditationssitzungen kamen einige sehr beängstigende emotionale Erinnerungen aus seiner Vergangenheit an die Oberfläche und er hatte das Gefühl, dass es gerade zu viel für ihn sein könnte, Stunde um Stunde Teilen seiner schwierigen Geschichte ausgesetzt zu sein. Nach einigen – emotional und körperlich – sehr leidvollen Tagen ging ihm auf, dass er zu jenem Zeitpunkt keine Meditation benötigte. Was er wirklich brauchte, war ein Urlaub, etwas Entspannung und mit Freunden und der Familie zusammenzusein. Es war eine sehr schwierige Entscheidung, aber er beschloss, das Retreat zu verlassen. Zunächst zweifelte er an seinem Drang, ruhevolle Tage zu verbringen statt Tage voller intensiver Meditation, wie er es eigentlich beabsichtigt hatte. Im Nachhinein war er jedoch seinen Glückssternen dankbar dafür, dass seine Intuition sich bemerkbar gemacht und er auf sie gehört hatte. Er sagte, für ihn wäre es durchaus normal gewesen, sich selbst zum Bleiben zu drängen, ja sogar dazu zu zwingen. Doch stattdessen verließ er eine Situation, die zu einer drei Monate währenden Katastrophe hätte werden können. In jenen ersten Tagen des Retreats erhielt er einen Vorgeschmack darauf, wie es sein würde, mit seinem Stress und der Überwältigung zu sitzen, und heute ist er froh, dass er nicht länger geblieben ist. Es war nicht der richtige Zeitpunkt für ihn.

Vermutlich haben wir alle das schon erlebt: Ein Teil von uns sagt, „Diese Situation ist mir definitiv zu viel“, während ein anderer Teil versucht, uns davon zu überzeugen, dass es bestimmt funktionieren wird, wenn wir uns nur mehr Mühe geben. Glücklicherweise ist Jose nicht dem Einfluss seines inneren Tyrannen erlegen.

Manchmal ignorieren wir diese innere Führung oder das Bauchgefühl und beschwatzen uns, in eine *scheinbar* gute Richtung zu gehen. Oder wie Pu der Bär sagt: „Es wäre vielleicht eine ganz gute Idee für einen ganz anderen Tag gewesen." Ich hatte schon Meditationsschüler*innen, die sagten, sie seien bei dem Versuch, mit ihrer Erfahrung zu sitzen und zu atmen, ängstlich oder nervös gewesen oder hätten das Gefühl gehabt, dass Ameisen auf ihnen herumkrabbelten. *Oh nein,* habe ich gedacht. *Dein Body-Mind-System versucht dich zu bitten, dass du aufhörst. Es gibt sanftere Wege, dir selbst zu helfen, als dir Ansätze aufzuzwingen, die dein System nicht beruhigen.* Ich bin froh, sagen zu können, dass sich der Standpunkt, man solle „einfach weiter sitzen" wandelt – und es ist nicht nur so, dass das Blatt sich wendet, sondern Wissenschaftler*innen warnen sogar, man solle nicht erwarten, dass ein therapeutischer Ansatz bei allen wirksam ist.

Die Neurowissenschaftlerin Katherine Kerr, die an der Brown University ein Forschungslabor für Achtsamkeitsstudien leitet, bittet inständig: „Glaubt diesen Hype nicht" (Heuman 2014). Kerr zufolge preisen die Massenmedien „die Vorstellung an, dass jeder Mensch, der über ein Mindestmaß an geistigen Fähigkeiten verfügt, Achtsamkeitsmeditation praktizieren sollte ... Ich glaube nicht, dass das durch die Wissenschaft gestützt wird." Auf die Frage, auf welche Hinweise Menschen achten sollten, die Achtsamkeit als therapeutisches Mittel in Betracht ziehen und wie sie das als Wissenschaftlerin sehe, antwortete Kerr: „Jeder Mensch sollte seine eigenen konkreten Erfahrungen betrachten. Das sollte zentral sein ... Wir sollten *uns* fragen: Wie habe *ich* mich während der Meditation *gefühlt* und wie habe ich mich später am Tag *gefühlt*?"

Dem stimme ich voll und ganz zu. Nehmen wir unsere eigenen Erfahrungen, unsere *gefühlten* Erfahrungen, als Bezugspunkt. Wenn Sie zu extremer Reaktivität neigen, lässt sich Ihr System nur allzu leicht davon erfassen. Es ist dann vielleicht nicht das beste Heilmittel, sich hinzusetzen und diese Intensität achtsam zu betrachten, derartige Erinnerungen noch weiter auszuführen oder mit etwas anderem (fügen Sie hinzu, was immer es für Sie ist) auszuharren, das zu viel oder zu schnell für Sie ist oder zu häufig passiert. Ihr eigenes Gefühl der Sicherheit und Ruhe muss Ihnen den Weg weisen.

Probieren Sie's aus: In sich hineinspüren

Ist dieses Werkzeug, z. B. Meditation, unter den speziellen Umständen, mit denen Sie konfrontiert sind, das richtige?

Wie geht es Ihnen *vor, während* und *nach* der Meditation?

Bewirkt Meditieren, dass Sie sich etwas leichter und ruhiger fühlen? Falls ja, wunderbar! Fügen Sie Meditation dann Ihrem Werkzeugset hinzu.

Ruft Meditieren bei Ihnen Nervosität, Unruhe, Dissoziation, Angst oder Stress hervor? Falls ja, packen Sie Meditation nicht in Ihren Werkzeugkoffer. In diesem Buch finden Sie viele andere Mittel und Methoden, mit denen Sie arbeiten können.

In einer Untersuchung aus dem Jahr 2014 profitierten einige Studienteilnehmer von Achtsamkeit, bei anderen wirkte sich Achtsamkeit negativ aus – es war die gleiche Achtsamkeitspraxis, es waren ähnliche Beschwerden zu Beginn der Studie, aber es zeigten sich aufseiten in der Teilnehmenden ganz unterschiedliche Reaktionen auf die Methode. Es hatten sich 79 Kriegsveteranen, die unter Stress, Ängsten, chronischen Schmerzen und Depressionen litten, freiwillig gemeldet, um in einem neunwöchigen Kurs zur achtsamkeitsbasierten Stressreduktion (MBSR) in Achtsamkeitsmeditation unterrichtet zu werden (Serpa, Taylor & Tillisch 2014). Bei der Sitzmeditation wurde den Teilnehmern beigebracht, auf ihren Atem zu achten, aufkommende Gedanken einfach wahrzunehmen und dann ihre Aufmerksamkeit erneut auf den Atem zu richten. Das sind gängige Meditationsanweisungen. Die Ergebnisse der Studie zeigen, dass nur 32 von 79 Teilnehmern nach Abschluss des Kurses eine Verringerung der emotionalen Ängste erlebten. Das bedeutet, 46 Personen erfuhren keine Linderung ihrer Ängste. Bezeichnend ist auch, dass sich bei drei Probanden die Angst nach dem Kurs *verschlimmerte*. Achtsamkeit scheint kein universelles Allheilmittel sein.

Ähnliche Unterschiede hinsichtlich der hilfreichen Wirkung wurden bei Therapieformen festgestellt, die zu schnell und zu tief in die Belastungen, Traumata und Schmerzen der Klient*innen vordringen. Im Artikel „The Limits of Talk" (Wylie 2004) stellt Bessel van der Kolk fest, dass seine Patient*innen oft nicht in der Lage waren, so über ihre traumatischen Erinnerungen zu sprechen, dass es eine Wirkung hatte. Wenn er sie drängte, sich mehr zu bemühen, begannen sie „zu hyperventilieren, zu zittern, zu schreien, zu weinen, verfielen in körperliche Unruhe oder kollabierten einfach in einem Zustand der hilflosen Angst und des Schreckens". In meiner eigenen Praxis sehe ich ähnliche Auswirkungen. Eine Klientin sagte mir: „Ich bin so froh, dass ich Ihnen meine Geschichte nicht noch einmal erzählen muss. Ich bin es leid, sie zu erzählen. Wenn ich das tue, geht es mir immer wieder aufs Neue schlecht." Das ist keine wie auch immer geartete Unzulänglichkeit; es hat sich gezeigt, dass es *belastend* ist, Stressgeschichten immer wieder zu erzählen und es kann bewirken, dass wir uns im wahrsten Sinne des Wortes körperlich – biochemisch – schlecht fühlen. Das geschieht, wenn das erneute Erzählen unserer Geschichte unser Stressgedächtnis reaktiviert und dazu führt, dass wir die Erinnerung noch einmal *durchleben*. Es ist nicht nur eine Frage der Bequemlichkeit, dass wir uns nicht in Schuhe zwängen, die nicht passen – es ist *zentral* für unsere Stressresilienz.

Nicht alles passiert im Kopf, es passiert auch im Körper. Und dort müssen wir hin, unter den Hals, um die somatischen Wunden, die unser alltäglicher Kampf und Stress bei uns hinterlassen haben, tiefgehend zu heilen. Und wir müssen es sanft, beruhigend und langsam tun, sonst wird der Körper einfach aufs Neue in den Kampf hineingezogen.

In einer Studie mit Erwachsenen, die unter einer Panikstörung und exzessiven Ängsten litten, wurde untersucht, wie die Teilnehmer*innen auf die Expositionstherapie reagierten (Siegmund et al. 2011). Eine Panik- und Angstgruppe wurde mit einer gesunden Kontrollgruppe verglichen. In der Studie wurde eine Flooding-Technik verwendet, bei der die Therapeut*innen die Angst der Teilnehmer*innen „so weit wie möglich" steigerten, indem diese kontinuierlich zu angststeigernden Gedanken, Bildern, Empfindungen etc. hingeführt wurden – so lange, bis alle auf einer Skala von eins bis zehn ein Angstlevel von zehn erreicht hatten.

Die Wissenschaftler*innen fanden heraus, dass die Proband*innen aus der Panik- und Angstgruppe bei dieser Flooding-Technik signifikant mehr Angst hatten als die aus der gesunden Kontrollgruppe. Nachdem die Teilnehmer*innen bei drei verschiedenen Gelegenheiten einem Flooding ausgesetzt worden waren, wurde zudem festgestellt, dass diejenigen, die bei jeder Flooding-Sitzung ängstlich geblieben waren – deren Ängste also von Sitzung eins bis drei nicht abgenommen hatten – nicht von der Therapie profitiert hatten. Die Exposition half ihnen nicht, sich von der Angst zu erholen; ganz im Gegenteil: Sie machte ihnen Angst. Am Ende der Studie, nach acht Sitzungen der kognitiven Verhaltenstherapie und drei Flooding-Expositionen, zeigte die jeweilige Gesamtpunktzahl der Teilnehmer*innen, dass 60 Prozent der Angst, mit der sie begonnen hatten, immer noch vorhanden waren. Ein klares Beispiel dafür, wie jemand direkt ins kalte Wasser geworfen wird, ohne Rettungsleine, ohne Boje. Unserem Body-Mind-System geht es unter solchen Bedingungen nicht immer gut.

Finden Sie's heraus: Funktionieren die Methoden, auf die Sie bisher zurückgegriffen haben?

Finden Sie heraus, wie Ihr Aktivierungslevel jeweils vor, während und nach dem tiefen Eintauchen in Ihre Stresserinnerungen ist.

Bringt Ihnen dieser Ansatz – „alles zutage fördern" – Ihrem Empfinden nach Erleichterung? Wenn ja, großartig! Suchen Sie sich eine vertrauenswürdige Person, die Ihnen zuhört, und bringen Sie Ihre Erinnerungen zu Gehör.

Wenn ein zu schnelles oder zu tiefgreifendes Vorgehen noch mehr Stress hervorruft, versuchen Sie es vielleicht mit einem langsameren, behutsameren Ansatz. Weniger ist manchmal mehr. Teilen Sie mundgerechte Stücke Ihrer Geschichte mit jemandem, dem Sie vertrauen, und machen Sie dann eine Pause, in der Sie über etwas sprechen, das sich befreiend anfühlt.

Oder schreiben Sie nur den Anfang des Stressereignisses in einer Kurzfassung in Ihr Tagebuch und schreiben Sie dann Dinge auf, für die Sie dankbar sind. Verfahren Sie später ebenso mit der Mitte des Stressereignisses: Kurzfassung, gefolgt von Dankbarkeit oder Kritzeleien oder auch einer Tasse Tee. Und dann ebenso eine Kurzfassung der Endphase des Stressereignisses. Achten Sie darauf, eine Pause einzulegen, gönnen Sie Ihrem System eine Zeit der Entlastung, zum Beispiel in Form von Dankbarkeit, Herumkritzeln, Tee, In-den-Himmel-Blicken oder etwas anderem. Also: mundgerechte Stücke, nicht alles auf einmal.

Ein Plädoyer für neue Ansätze

Der Wind dreht sich allmählich: Dass expositionsbasierte Meditations- und Therapiemethoden überwältigend sein können, wird anerkannt. David Treleaven, Psychologe und Forscher auf den Gebieten Trauma und Achtsamkeit, erklärte in einem Interview: „Die Augen zu schließen und aufmerksam zu sein, kann den Stress, den jemand empfindet, sogar noch verschlimmern. Es kann zu viel sein … Man will nicht immer direkt auf das zugehen, was schwierig ist" (Stang & Treleaven 2018).

Ich will ganz bestimmt niemanden in die Pfanne hauen! Vielmehr möchte ich Sie, wenn auch Sie zu denjenigen gehören, die einen langsamen, behutsamen Ansatz brauchen, ermutigen und unterstützen. Achtsamkeitsmeditation und Expositionstherapie sind gut etabliert und für *manche Menschen manchmal* sehr effektiv. Aber eindeutig *nicht für alle*. Wenn diese tiefgreifenden Ansätze bei uns nicht funktionieren, brauchen wir uns nicht zu fragen, ob das an unserer persönlichen Unzulänglichkeit liegt – das ist nicht der Fall. Und zum Glück gibt es andere Wege, wie wir uns von Stress und Traumata erholen und wieder zum Leben zurückkehren können. Die folgenden Seiten geben Ihnen die Möglichkeit, sofort damit anzufangen.

Eine Skala von eins bis zehn

Wann ist es also hilfreich, mit unserem Stress zu meditieren oder uns mit ihm zu konfrontieren? Was die Anwendung von Achtsamkeitsmeditation oder vertiefte Gespräche angeht, so weisen Studienergebnisse darauf hin, dass das bei leichtem bis mittlerem Stress angezeigt ist. Hier kann eine Skala von eins bis zehn eine nützliche Orientierungshilfe sein. Denn mit einer solchen Skala lässt sich ganz persönlich und subjektiv messen, wo die am besten zu bewältigende Belastung liegt, wo es Zwischenstufen gibt und wo die am wenigsten zu bewältigende Belastung liegt. Eine einfache Version könnte so aussehen: eins = leichte Belastung, fünf = mittlere Belastung, zehn = extreme Belastung.

Um es zu konkretisieren: Eins kann eine schwach ausgeprägte, nicht störende Anspannung sein, leicht verstärktes Unbehagen und mangelnde innere Ruhe. Zehn kann eine unerträgliche Reaktion sein, mit Herzklopfen, verkrampftem Bauch, extremer Hitze oder Kälte, Zittern, überwältigender Furcht, Angst oder Panik. Damit liegt fünf im Bereich von unangenehm, hartnäckig, aber handhabbar.

Ich habe folgende Erfahrung gemacht: Wenn der Stresslevel einer Person durchweg zwischen eins und fünf liegt, dann können sich Meditation oder Gespräche über die Belastungen tatsächlich positiv auswirken und sogar eine signifikante Erleichterung bringen. Liegt das Stressniveau jedoch konstant zwischen fünf und zehn, ist es vielleicht am besten, sich von Praktiken fernzuhalten, die einen – oft zu schnell und viel zu stark – aus der Fassung bringen.

Probieren Sie's aus: Nehmen Sie Ihren Stresslevel wahr

Beobachten Sie im Lauf der nächsten Woche, was Sie spüren, wenn Ihr Stresslevel steigt. Geben Sie dafür die Häufigkeit und das Ausmaß Ihres Stresses auf einer Skala von eins bis zehn an: eins = sehr wenig Stress, fünf = starker, aber handhabbarer Stress, zehn = extremer Stress. Die Werte zwischen eins und fünf sowie zwischen fünf und zehn bieten weitere feinere Abstufungen zwischen sehr wenig, mittel und extrem.

- Wenn Sie sich in einer Situation befinden, die die meisten Menschen als wenig stressig einordnen würden und die auch objektiv gesehen keine Hochstresssituation ist: Wie stark *empfinden* Sie diesen Stress?
- Als wie hoch *empfinden* Sie Ihren Stresslevel in mäßig stressigen Situationen?
- Und in sehr stressigen Situationen – wie ist dann Ihr *empfundener* Stresslevel?

Haben Sie festgestellt, dass auch Kleinigkeiten Sie sehr in Stress versetzen (dass Ihr Stresslevel beispielsweise bei sieben lag)? Oder haben Sie gemerkt, dass Sie nur in Stress geraten, wenn die Umstände äußerst belastend sind, dann aber *ganz stark?* (Sind Sie zum Beispiel bei einem Stressereignis, das man auf der Skala vielleicht bei acht oder neun einordnen könnte, schnell auf einen Wert von zehn gekommen? Wären Sie gerne noch über die Zehn hinausgegangen und sind Sie vielleicht eine ganze Weile in diesem Zustand geblieben?)

Verwenden Sie die folgende Tabelle als Vorlage, um Ihre Ergebnisse in ein Tagebuch oder Notizbuch einzutragen.

Objektiv waren Sie in einer …	Situation mit wenig Stress (1 bis 3)	Situation mit mäßigem Stress (4 bis 6)	Situation mit hohem Stress (7 bis 10)
Nach Ihrem Empfinden lag Ihr Stresslevel bei:			

2.8 Tun Sie, was Sie selbst für richtig halten

Wann immer ich höre, dass jemand versucht, sein rundes Ich in ein eckiges Loch zu quetschen, möchte ich mich danebensetzen und die Person trösten. Ich würde ihr gerne helfen, dass sie nicht mehr die Notwendigkeit empfindet, das zu tun. Unsere Heilung müssen wir nicht erzwingen. Wir müssen uns nicht selbst dazu drängen, dass es uns besser gehen soll. Wir brauchen Geduld und Zeit und wir brauchen es, rund zu sein, wenn wir rund sind, und eckig zu sein, wenn wir … Sie verstehen schon. Dieses Buch bietet mehrere alternative Möglichkeiten, uns selbst zu helfen. Mehrere Möglichkeiten, rund, eckig oder was auch immer zu sein. (Und das ist nur der Anfang; auf dem Gebiet der somatischen Regulation gibt es dutzende.) Der MBR-Ansatz ist das genaue Gegenteil von „ohne Leid kein Preis". Er lautet: *Bei* Leid *kein* Preis.

Warum nicht oben im Kopf bleiben?

Ja, warum eigentlich nicht? Wie Sapolsky (2004) betont, ist das *Nachdenken über* stressige Dinge für unser gesamtes Body-Mind-System genauso aufwühlend wie tatsächlich *durchlebter* Stress – und das bedeutet: Unseren Stress achtsam zu beobachten (Meditation) oder fortwährend zu beschreiben (Expositionstherapie), kann gravierender Stress für uns sein. Für diejenigen, deren Body-Mind-System regelmäßig

Dysregulationen durchlebt, wird daraus eine einfache mathematische Gleichung: Erlebte Stressereignisse + geistige Stressereignisse = zu viele Stressereignisse. Bei zu vielen Stressaktivierungen im System kann die Dysregulation intrusiv werden, sich also immer wieder unkontrollierbar ins Bewusstsein drängen und geistig sowie emotional schwächend sein.

Bessel van der Kolk (2014) zufolge entwickeln fast alle, die extremem Stress ausgesetzt sind, einige intrusive Symptome. Sie sind wie Schatten des Stresses, der ihren Körper und Geist durchdringt. Zahlreiche Studien bestätigen: Geistige und körperliche Stresssignale, wie zum Beispiel erhöhte Herzfrequenz und Körpertemperatur, bewirken, dass intrusive Erinnerungen an zurückliegende Stressereignisse scheinbar aus dem Nichts auftauchen. Das ist eine unerwünschte Wiederholungsschleife: Stress ruft unerwünschte Stressempfindungen hervor, wie zum Beispiel Herzklopfen und Schwankungen in der Körpertemperatur; anschließend rufen Herzklopfen und Schwankungen in der Körpertemperatur wiederum intrusive Erinnerungen an Stress hervor. Und so geht der Kreislauf immer weiter! Vom Stress im Kopf zum Stress im Körper, dann vom Stress im Körper zum Stress im Kopf.

2.9 Gefahren, auf die Sie achten sollten

Werfen wir einen Blick auf vier potenzielle Gefahren, die Ihnen unbedingt bewusst sein sollten. Übergehen oder ignorieren Sie sie auf keinen Fall, denn sie sind das SOS des Body-Mind-Systems: Ihr Nervensystem versucht Ihnen mitzuteilen, dass Hilfe benötigt wird und schnellstmöglich angefordert werden sollte.

Potenzielle Gefahr 1: Der Body-Mind wird „gekapert“

Hier geht es um eine Stressschleife, die einen sehr hohen Tribut fordern und Sie erheblich beeinträchtigen kann. Stresserinnerungen können Ihr Gehirn in Beschlag nehmen und dafür sorgen, dass Sie im Stress festsitzen. Bessel van der Kolk (2014) weist darauf hin, dass von extremem Stress herrührende nicht integrierte Bilder, Empfindungen, Gedanken, Gerüche und Geräusche sich in einem Teil des Gehirns befinden, der separat von unseren integrierten Sinneseindrücken ist. Solche Stresserinnerungen siedeln sich außerhalb jener Teile des Gehirns an, die zu erkennen helfen, wo wir sind und wer wir sind. Von diesem desorientierten Stressgehirn aus erkennen wir nicht, dass eine Erinnerung, die sich uns heute als Intrusion aufdrängt, eigentlich aus der Vergangenheit stammt.

Sowohl Levine (1997, 2010) als auch van der Kolk betonen: Je mehr extremen Stress Sie erlebt haben, umso mehr ist Ihr Gehirn in der Vergangenheit gefangen und umso weniger ist es in der Lage, Fakten aus dem Hier und Jetzt wahrzunehmen. Um es noch schlimmer zu machen: Je mehr extremen Stress Sie in Ihrem System speichern, umso schneller und heftiger reagiert Ihr Gehirn auf alle Trigger, die mit Stress zu tun haben. Da während der Achtsamkeitsmeditation und bei Expositionstherapien oft Erinnerungen aufkommen und ein gestresstes Gehirn zu Stresserinnerungen hingezogen wird, können beide Methoden so wirken, als würde man den nicht integrierten Ängsten einen roten Teppich ausrollen, damit sie eindringen können. Und nachdem sie eingedrungen sind, ist es für die Stresserinnerungen leicht, uns zu kapern.

Pause

Nehmen Sie sich einen Moment Zeit, um etwas tiefer zu atmen. Neigen Sie dann Ihren Kopf langsam von einer Seite zur anderen und machen Sie bei jeder Neigung ein paar längere Atemzüge. Sanft und langsam. Keine Eile.

Als Nächstes zucken und zappeln Sie ein bisschen, vielleicht mit den Schultern, Füßen, Fingern, Zehen ... Atmen Sie dabei voll ein und aus. Spüren Sie Ihren Körper, während Sie sich bewegen. Gut so!

Potenzielle Gefahr 2: Überflutung (Flooding)

Wie die Wasser-Metapher schon veranschaulicht, kann extremer Stress ein tiefes Becken der Reaktivität in uns erzeugen. Leider können wir nur allzu leicht an der Stelle in den Pool fallen, wo das Wasser tief ist. Und wenn Stress ein Stammgast am Pool ist, schaffen wir es nicht mehr heraus. Der Begriff „psychische Überflutung" passt sehr gut zu der Metapher der tiefen Seite des Pools. Bei psychischer Überflutung denke ich an die Erfahrung, versehentlich ins Wasser des Stressgedächtnisses zu fallen und sowohl emotional als auch körperlich in Erfahrungen aus der Vergangenheit getaucht zu werden. Dieses schmerzliche Überflutetwerden führt leicht zu einer Wiederholungsschleife von mentalem Stress zu körperlichem Stress und so weiter.

Überflutung und Stress-Neuverknüpfung: Beim Thema Überflutung müssen wir uns nicht nur der Stress-Wiederholungsschleife bewusst sein. Es können dann auch die intrusiven Erinnerungen aus unserer Vergangenheit das überlagern, was im gegenwärtigen Moment geschieht. Wenn sich Überflutung und Intrusion auf diese Weise verbinden, verändern sich häufig auch neutrale oder sogar positive Ereignisse und

Umgebungen und erscheinen uns plötzlich als überwältigend oder feindlich. Levine zufolge können solche Überlagerungen dazu führen, dass Stressreaktivität mit Ereignissen verknüpft wird, die normalerweise keinen Stress hervorrufen. Sogar in einer relativ neutralen Umgebung kann das eine hohe Stressaktivierung auslösen (Sie wissen schon – im Lebensmittelladen, bei einem Geschäftsessen, wenn man die Kinder zur Schule bringt oder sie abholt, wenn man mit Freunden unterwegs ist). Mit der Stress-Neuverknüpfung können sich für Menschen mit unverarbeitetem extremem Stress sogar Aktivitäten, die die meisten als ruhig und gesund empfinden, wie Gefahrenzonen anfühlen. Bei extrem gestressten Menschen werden also Achtsamkeitsmeditation oder Expositionstherapien möglicherweise zu „idealen" Gelegenheiten, den Stress automatisch noch einmal zu durchleben und eine negative Verknüpfung herbeizuführen.

Pause

Nehmen Sie wieder einige längere, vollere Atemzüge. Strecken Sie dann Ihre Arme weit zur Seite aus und dehnen Sie sich ein paar Atemzüge lang. Strecken Sie als Nächstes die Arme nach oben und dehnen Sie sich einige Atemzüge lang. Sanft und langsam. Keine Eile. Spüren Sie Ihren Körper, während Sie sich bewegen. Gut gemacht!

Potenzielle Gefahr 3: Grundlegende Instinkte außer Kraft setzen

Eine sehr wichtige Ergänzung zu den drei Formen der Stressreaktion – Flucht, Kampf oder Einfrieren / Erstarren – ist soziale Unterstützung bzw. Beruhigen durch Verbundenheit. Porges' umfangreiche Forschungen (1996, 2014) zeigen: Wenn wir Menschen uns nicht sicher fühlen, streben wir *als Erstes* instinktiv danach, Hilfe und Unterstützung von anderen zu erhalten. Instinktiv versuchen wir, Verbundenheit herzustellen mit Menschen oder Tieren, die uns ein Gefühl der Sicherheit vermitteln, um Sicherheit, Schutz und eine erhöhte Regulation zu erreichen – und zwar *bevor* wir es mit Kampf, Flucht, oder Erstarrung versuchen. Wenn soziale Unterstützung und Sicherheit nicht verfügbar oder unerreichbar sind, besteht unsere nächste evolutionäre Reaktion darin, uns zu schützen, indem wir fliehen; dann gehen wir zum Selbstschutz über, indem wir kämpfen. Das sind die Stufen eins, zwei und drei unserer instinktiven *Selbsterhaltung* und wenn wir sie ungehindert ablaufen lassen, fördern sie eine gesunde Selbstregulation.

Leider werden diese Stufen durch Achtsamkeitsmeditation und Expositionstherapien nicht unbedingt konsequent unterstützt. In der traditionellen Achtsamkeitsmeditation etwa ist soziale Unterstützung nicht vorgesehen. Die Standardanweisungen für Achtsamkeitsmeditation lauten, beim Meditieren nicht mit anderen zu sprechen, keinen körperlichen Kontakt mit ihnen zu haben und sie nicht anzusehen. Für eine gestresste Person, die soziale Unterstützung braucht, ist das das Gegenteil dessen, das sie instinktiv zu ihrer Selbstregulation tun würden. Um diese grundlegenden Meditationsanweisungen zu befolgen, müssen dysregulierte Meditierende lernen, ihren grundlegenden Instinkt, soziale Unterstützung zu suchen, außer Kraft setzen.

Auch die Anweisung, in der Achtsamkeitsmeditation still zu sitzen, was traditionell oft als stabiler Sitz beschrieben wird, kann die Stufen der Selbsterhaltung außer Kraft setzen. Bei dysregulierten Meditierenden könnte ein Fluchtinstinkt aufkommen, dem sie zugunsten des Stillsitzens in der Meditationshaltung nicht nachkommen dürfen. Dabei könnten so einfache Handlungen wie aufzustehen und sich frei zu bewegen schon ausreichen, um ein Flashback einzudämmen. Levine unterstützt die Auffassung, dass selbst geringfügige Veränderungen der Körperhaltung und kleinste Bewegungen hilfreich sein können, um das System beim Aufkommen einer Fluchtreaktion zu regulieren. Ohne die Freiheit, mit anderen in Verbindung zu treten oder sich zu bewegen, kann Meditation für jemanden mit einem Extremstress-Hintergrund zu einer zutiefst aufwühlenden Erfahrung werden, wenn er oder sie mit intrusiven Erinnerungen oder Empfindungen dasitzen oder sie „durchatmen" muss.

Ebenso kann die Tatsache, dass in Expositionstherapien die eigene Stressgeschichte aufgegriffen wird, dysregulierend wirken. Wenn die Therapeut*innen beim erneuten Erzählen nicht immer wieder umsichtig auf Methoden zur somatischen Regulation zurückgreifen, könnten ihre Klient*innen unbeabsichtigt direkt ins tiefe Ende des Pools fallen. Im allzu tiefen Wasser kann es dann allzu leicht passieren, dass sich die Klient*innen mit ihren Erinnerungen allein gelassen fühlen – wenn sie ihrem Instinkt nicht folgen dürfen, aus diesen leidvollen Erinnerungen herauszuspringen und eine Pause zu machen oder in flacheres Wasser zu gelangen.

Eine langjährige Expositionstherapeutin, die sich in ihrem späteren Berufsleben körpertherapeutisch weiterbildete, gab an: Seit sie sich mit Konzepten beschäftigt habe, denen zufolge man nicht zu schnell oder zu tief in den Stress einsteigen soll, sei ihr sehr bewusst geworden, dass Exposition das Gegenteil von dem bewirkt, was sie bewirken soll. Sie erklärte, in ihren Expositionstherapiesitzungen habe sie ihre Klient*innen oft dazu ermutigt, ihre schwierigen Erinnerungen zu erforschen und den Schmerz, den diese verursachten, zu ergründen. Wie ein führerloser Zug können Stresserinnerungen Klient*innen an Orte bringen, die sie gar nicht aufsuchen wollen.

Das Tempo und die Intensität, die wir in Expositionstherapien und Achtsamkeitsmeditation antreffen, können die gesunden Selbsterhaltungsinstinkte der Klienten außer Kraft setzen: beruhigende soziale Kontakte eingehen und übermäßigen Stress oder Überwältigung meiden. Und wenn es auch tabu sein mag, kann es bestimmt manchmal sehr notwendig sein: Sich selbst zu schützen, indem man das zurückweist, was zur gefühlten Erfahrung von „Das ist zu viel" führt oder dagegen kämpft.

Pause

Genießen Sie einige volle Atemzüge und lassen Sie jeden einzelnen mit einem langen, tiefen Seufzer ausströmen. Spüren Sie Ihren Bauch, während Sie seufzen. Sanft und langsam. Keine Eile.

Nehmen Sie beim Atmen und Seufzen die Empfindungen in Ihrem Körper wahr. Gut so!

Potenzielle Gefahr 4: Dissoziation

Wenn keine unserer ersten drei instinktiven Reaktionsmöglichkeiten – sozialer Schutz, Flucht oder Kampf – funktionieren, bleibt eine letzte Möglichkeit, die Bedrohung zu überstehen: Wir erstarren oder schalten ab. Man wird quasi zur Salzsäule und hofft, dass niemand einen bemerkt (Erstarren bzw. Einfrieren). Oder man verfällt in Reglosigkeit und wartete darauf, dass der Stress-Sturm vorübergeht (Shutdown). Oft ist Erstarren die anfängliche Reaktion, die in einen Shutdown übergeht, wenn das Stressereignis entweder zu lange andauert oder zu groß ist, um es zu bewältigen. Im Zustand der Erstarrung ist das, was äußerlich statuenhaft und damit *hypo*reaktiv wirkt, tatsächlich eine *Hyper*aktivierung (intensive innere Reaktivität). In einem solchen Fall zieht der innere Sturm nicht vorbei, sondern rumort tief im Verborgenen der „Statue", nur um zu einem späteren Zeitpunkt mit genau derselben Aktivierung und Intensität, die den Zustand der Erstarrung überhaupt erst verursacht haben, wieder an die Oberfläche zu kommen. Daraus kann leicht ein Aktivierungskreislauf resultieren: Auf das Erstarren bzw. „Einfrieren" folgt ein Auftauen oder das Erleben der Gefahr kommt wieder hoch, was zu einer erneuten Erstarrung führt. Nach Levine erfordert die Erstarrungsreaktion langsame, vorsichtige und mit Bedacht gut dosierte somatische Regulationsmethoden, die den Zustand des Eingefrorenseins wieder auftauen – Tropfen für Tropfen. Achtsamkeitsmeditation oder Expositionstherapien hingegen sind zum Auftauen dieses fragilen Zustands viel zu intensiv und daher nicht optimal.

Laut Porges und Levine folgt auf die Erstarrung als nächste Steigerungsstufe der instinktiven Selbsterhaltung der Kollaps, bei dem das System unwillkürlich in einen Shutdown verfällt. Es kommt zu einer automatischen Dissoziation und wer dann Achtsamkeitsmeditation praktiziert oder sich in einer Expositionstherapie befindet, tut das in einem Zustand, in dem er temporär körperlich und auch geistig nicht ganz „da" ist. Bei der Achtsamkeitsmeditation wird diese Dissoziation oft nur durch das Läuten der Glocke, das das Ende der Meditationsperiode anzeigt, unterbrochen. Ich bin nur allzu vertraut mit Berichten von Meditationsschüler*innen, die während der ersten Minuten der Meditation zunächst intensiv zu kämpfen hatten, aber „dabei blieben" und sich dann fühlten, als würden sie „durch die Zeit schweben". Oft habe ich gehört: „Dass die Zeit um war, habe ich erst gemerkt, als ich die Glocke hörte." Das ist eine klassische Beschreibung einer Dissoziation in der Meditation.

In der Expositionstherapie kommt es nur allzu oft vor, dass Klient*innen aus einem Zustand der Erstarrung oder aus einem Shutdown heraus einen gut einstudierten Monolog über ihre Stress-Vorgeschichte vortragen. Manche erzählen diese Geschichte über Jahre hinweg immer wieder. Ihre Fähigkeit zur Selbstregulation verbessert sich jedoch nicht und sie spüren auch keine wesentliche Linderung ihrer intrusiven Symptome.

Pause

Suchen Sie etwas in Ihrer Umgebung aus, das Sie gern anschauen. Lassen Sie Ihre Augen darauf ruhen.

Legen Sie als Nächstes Ihre Hände auf den Bauch und lassen Sie zu, dass sich Ihre Lungen beim nächsten Einatmen füllen. Lassen Sie Ihre Lungen beim Ausatmen vollständig leer werden. Wiederholen Sie das einige Male.

Wenn Stress für Ihr System zum Normalzustand wird

Wenn bei Ihnen eine der beschriebenen Stressreaktionen sehr häufig abläuft, kann Stress für Ihr Nervensystem zur neuen Normalität werden. Vom Stress gekapert oder überflutet zu werden, die eigenen Selbstschutzinstinkte außer Kraft zu setzen oder sich davon zu dissoziieren: Immer sind Sie Ihrem Stress aufs Neue ausgesetzt. Studien zeigen, dass regelmäßige erneute Exposition Ihre Selbsterhaltungskapazitäten untergraben kann.

Sapolsky (2004) beschreibt Studienergebnisse, wonach eine durchschnittliche Maus ohne Stressvorgeschichte lernen kann, sich vor einem Stressor – kleine Schocks – zu schützen, indem sie die Signale lesen lernt, die ihr die Wissenschaftler*innen unmittelbar vor dem Verabreichen des Stressors geben. Mäuse ohne Stressvorgeschichte lernen, aus der Stressorenzone herauszukommen und sich in die sicheren Bereiche ihrer Umgebung zurückzuziehen, wo es keine Stressoren, also keine Schocks gibt. Bei Mäusen *mit* einer Stressvorgeschichte führte dasselbe Experiment zu anderen Ergebnissen. Diese Mäuse lernten nicht, sich in Sicherheit zu bringen und auch nicht, die Hinweise zu lesen, die den kleinen Schocks vorausgingen. Es waren für beide Gruppen von Mäusen dieselben Hinweise. Die Mäuse mit Stressvorgeschichte gaben auf und ließen sich einfach Schocks verabreichen.

Für Sie heißt das: Alles, was Sie lehrt, in der Aktivierung und im Stress auszuharren – das gilt auch für „gesunde" Ansätze wie Achtsamkeitsmeditation und Expositionstherapien – kann bei Ihnen zu mehr Stress beitragen. Flooding, Außer-Kraft-Setzen von instinktiven Verhaltensweisen und Dissoziation können dauerhaft negative Folgen haben.

Braucht es einen Warnhinweis?

Wir haben gesehen: Obwohl vielen Menschen durch Achtsamkeitsmeditation und Expositionstherapien geholfen wurde, ist bei somatischen Ängsten und extremem Stress eher Vorsicht angeraten. Vielleicht bräuchten Meditation und Expositionstherapien einen Warnhinweis. *Achtung: Kann Symptome verschlimmern. Bei plötzlich auftretendem Stress sollten Sie für 24 bis 48 Stunden vorsichtig sein. Halten die Symptome an, dann brechen Sie ab und holen Sie sich professionelle Hilfe aus dem Bereich der Körpertherapie.*

Hier ist der Unterschied zwischen Achtsamkeit und Meditation wichtig. Achtsamkeit ist Gewahrsein und Aufmerksamkeit. Meditation ist eine spezielle Anwendung der Achtsamkeit; sie wurde bereits in den vorangegangenen Beispielen beschrieben. Die Harvard-Professorin Ellen Langer forscht seit mehr als dreißig Jahren über Achtsamkeit. Ihr wirklich umfangreiches wissenschaftliches Werk konzentriert sich auf Achtsamkeit *ohne* Meditationspraktiken. Die großartigen Ergebnisse ihrer Studien sprechen für die Kraft des achtsamen Gewahrseins und demonstrieren deutlich, dass Meditation und achtsames Gewahrsein voneinander unabhängige Fähigkeiten sind. Achtsames Gewahrsein ist zentral für die somatische Regulation, Meditation nicht.

2.10 Gegenmittel

Wenn die oben genannten potenziellen Gefahren zu einem SOS-Ruf führen, können die folgenden Gegenmittel ein guter Anfang sein, um Sie wieder auf Kurs und in ruhiges Fahrwasser zu bringen: Achten Sie zunächst auf Ihre Empfindungen, denken Sie als Nächstes daran, es langsam anzugehen und lassen Sie sich dann von Ihrem Körper leiten.

Gegenmittel 1: Erkennen Sie in Ihrem Nervensystem, was Sie fühlen

Im Zusammenhang mit Erinnerungen an Stresssituationen ist es nicht besonders hilfreich, auf Strategien zurückzugreifen, die einige von uns vielleicht noch aus der Kindheit kennen: nicht hören oder sehen zu wollen, was passiert. Damals hielten wir uns die Ohren zu, schlossen die Augen und sangen „la la la la", um etwas auszublenden, was auch immer es war.

Unser *Körper* erinnert sich sehr wohl an den Stress, auch wenn wir versuchen, uns gegen das, was wir sehen, hören und spüren, abzuschotten. Oft sage ich meinen Klient*innen (und auch mir selbst): „Wir gehen zu Beginn langsam ins flache Wasser und regelmäßig wieder ans Ufer, wo Sie durchschnaufen und Ihren Körper hier und jetzt spüren können. Wir werfen Sie nicht plötzlich ins tiefe Wasser und sehen, ob Sie untergehen oder nicht. Erst tauchen wir die Zehen ein und machen dann eine Pause, dann gehen wir bis zu den Knöcheln hinein und rufen uns in Erinnerung, dass uns Rettungsbojen zur Verfügung stehen." Und in jeder einzelnen Phase spüren, fühlen und erkennen wir unseren Körper, während er eintaucht, sich ausruht, schwimmt und atmet.

Gegenmittel 2: Weniger ist mehr

Der Ansatz „Nicht zu tief und nicht zu schnell" kommt Levines wichtigem Konzept „Weniger ist mehr" sehr nahe. „Mehr" bedeutet, direkt auf Probleme zuzugehen, in sie einzutauchen und in ihnen zu versinken oder sie niederzuzwingen und auszufechten. Das verursacht eine hohe Aktivierung im System, oft mehr, als Stressgeplagte verkraften können. (Es war doch schon beim ersten Mal schlimm genug, oder? Warum die Erfahrung des Überwältigtwerdens wiederholen?)

Wenn die Stresserinnerung zu schnell über Sie hereinbricht oder Sie zu tief in ihr versinken, ist es Zeit für eine Pause. Dazu, wie diese Pause aussehen kann, finden Sie mehr in den Kapiteln 4, 5 und 6.

Gegenmittel 3: Mit dem Körper führen

Der Körper ist der Grundstein der somatischen Stressresilienz. Das Nervensystem spricht eine Sprache der Empfindungen und kopfzentrierte Ansätze kommunizieren nicht effektiv mit ihm. Den Körper wiederum kann man nicht durch Reden von seinen Reaktionen abringen.

Mit dem Nervensystem zu kommunizieren heißt: von einer Empfindung zur nächsten gehen und jeweils immer nur sanft eintauchen. Ganz sachte. Nicht alles ist nur in Ihrem Kopf, es ist auch im Körper.

Probieren Sie's aus: Kurze Selbstregulationsübung

Dies ist weit mehr als eine Theorie – es ist unser Leben.

Wenn Sie sich die Listen der Symptome und Trigger in diesem Kapitel und in Kapitel eins ansehen und von Situationen lesen, die Sie in Stress oder Anspannung versetzen könnten, was nehmen Sie dann in Ihrem Körper wahr? Genau hier, genau jetzt: Was spüren Sie körperlich?

Können Sie die Empfindungen, die Sie spüren, in einem freundlichen Rahmen halten? Können Sie Freundlichkeit sogar auf Ihre Anspannung, Ihren Stress oder Ihre Angst lenken? Lassen Sie zu, dass Sie einen Moment hier bleiben, freundlich mit Ihren Empfindungen.

Gibt es irgendwo in Ihrem Körper Stellen, die sich ein bisschen weniger angespannt anfühlen? Ist es irgendwo – egal, in welchem Ausmaß – ein bisschen mehr in Ordnung als woanders? Scannen Sie Ihren Körper ab nach Bereichen, die sich ein bisschen weicher anfühlen, vergleichsweise ein bisschen angenehmer. Das sind Ihre Oasen. Bleiben Sie nun eine Weile bei diesen Oasen.

Können Sie einige Atemzüge lang mit den vielfältigen körperlichen Empfindungen ausharren, während Sie sie sanft in Ihrem Gewahrsein halten? Nehmen Sie besonders das wahr, was in Ordnung oder *ausreichend* in Ordnung ist.

Kommen Sie mit dieser Übung allmählich zum Ende. Schließen Sie sie nun ganz ab und seien Sie einfach Sie selbst, hier und jetzt, ohne jegliches besonderes Bemühen.

Gut so!

3. | Die Entspannung liegt im Körper

Susan kam wegen anhaltender Unterleibsschmerzen zu mir. Sie war besorgt, dass das Narbengewebe einer lange zurückliegenden Operation sich in irgendeiner Weise wieder bemerkbar machen könnte. Wir arbeiteten langsam, wobei sie sich ihren Empfindungen in kleinen Schritten zuwandte. Während unseres Gesprächs achtete ich sehr darauf, dass sie sich viele Pausen gönnte, wenn es an ihr Aktivitäts-Epizentrum, die Operationsstelle, ging. Im Wechsel spürte sie erst sanft den Schmerz in ihrer Bauchregion und die damit einhergehenden leidvollen Erinnerungen, um sich dann wieder auf eine entspannende Erinnerung zu konzentrieren – eine besonders schöne Reise, die sie gerade gemacht hatte. Wenn wir über ihre Reise sprachen, entspannte sich ihr Körper, die Schultern weiteten sich, das Gesicht hellte sich auf, die Atmung wurde tiefer und ihr Bauch fühlte sich für sie entspannt an. Wenn wir dann wieder auf die operierte Stelle und die Erinnerungen zurückkamen, passierte das Gegenteil – der Atem ging stoßweise, die Schultern spannten sich an, der Kiefer war zusammengepresst, die Brauen zogen sich zusammen, ihr Bauch schmerzte.

Die Kontraktion, die mit ihrem Bauch und den Erinnerungen zusammenhing, wurde erträglich durch das Gefühl der Ausdehnung, das sich einstellte, wenn sie sich an die mit der Reise verbundene Freiheit und Freude erinnerte. Mit jedem Zyklus – hineingehen in die Kontraktion und wieder aus ihr heraus in die Ausdehnung geführt werden – verringerte sich die nachfolgende Kontraktion und die Empfindungen waren weniger schmerzhaft. Nach mehreren Runden dieses Kontraktions-Ausdehnungs-Kreislaufs beschrieb Susan ihre Empfindungen als weicher, sanfter und durchaus zu bewältigen. Sie erkannte, dass die Empfindungen, die seit Kurzem in ihr aufkamen, die gefühlte Erfahrung einer lang zurückliegenden Angst war. Wie sie erklärte, fühlte es sich an, als würde die Angst um Unterstützung bitten.

Bereits während der Operation, die inzwischen mehr als vierzig Jahre zurücklag, hatte Susan ein Bedürfnis nach Unterstützung gespürt. Zusammen mit ihrer Verletzlichkeit war es aber unter einem festen Knoten verborgen, den wir den „Da-musst-du-durch“-Knoten nennen könnten. Ein solcher Knoten kann die Ursache dafür sein, dass das gesamte Body-Mind-System im Einsatz ist, sich zusammenzieht bzw. anspannt, um dann mit allen nötigen Mitteln durchzustehen, was auch immer durchgestanden werden muss. Dieses „Was auch immer“ ist jedoch eine so große Last, die sich nicht schultern lässt, ohne dass das ganze System die Muskeln anspannt. Susans Muskelanspannung wirkte wie eine Rüstung gegen ihren völlig angemessenen Schmerz und ihre Angst.

In dieser einen Sitzung ließ sich natürlich das Operationstrauma nicht vollständig auflösen, aber es wurden erhebliche Fortschritte gemacht. Indem Susan auf die Kontraktionen und dann auf das Lösen der Anspannung achtgab, öffnete sich allmählich ein neuer Weg für sie. Sie durchlief nun den natürlichen Zyklus ihres Körpers von Anspannung und *Erholung von der Anspannung* und so konnte der viele Jahre eng eingeschnürte und eingeschlossene Schmerz leichter werden und Platz machen für die bis dahin verborgene Angst. Anschließend konnte auch die Angst erkannt und mit der nötigen Fürsorge behandelt werden, um sie dann anzugehen und zu lindern.

3.1 Zyklen der Anspannung und des Loslassens

Kontraktion und Ausdehnung – das braucht unser Nervensystem, um zu funktionieren. Dafür ist es „gebaut“. Wenn dieser Zyklus – etwa wegen eines extremen Stressereignisses – nicht vollständig durchlaufen oder tief im Inneren vergraben wird, dann können wir uns auch nicht vollständig erholen. Wenn wir aber diesen natürlichen biologischen Prozess wiederherstellen, erlangen wir die Fähigkeit zur vollständigen Erholung zurück und bauen innere Wege der Stressresilienz auf.

Probieren Sie's aus: Zwischen Anspannung und Loslassen hin und her pendeln

Nehmen Sie sich einen Moment Zeit, um in Ihrem Body-Mind aus der Anspannung ins Loslassen zu kommen.

1. Rufen Sie sich eine Situation ins Gedächtnis, die *etwas* schwierig war. Bitte nehmen Sie nicht das Schlimmste, das Sie parat haben – mit solchen Themen sollten Sie sinnvollerweise nicht allein arbeiten; dafür brauchen Sie einen „Kopiloten“.
2. Nachdem Sie ein *nicht ganz* so schwieriges Ereignis gefunden haben, rufen Sie sich nun ein eher erfreuliches Ereignis ins Gedächtnis. Es muss nicht supertoll sein, es reicht, wenn diese Situation halbwegs gut war und sie noch nicht so lange zurückliegt.
3. Wenn Sie die beiden Szenarien gefunden haben, konzentrieren Sie sich auf Ihre halbwegs gute Situation. Während Sie sich daran erinnern, lassen Sie zu, dass Sie sanft spüren, was in Ihrem Körper vorgeht. Wie fühlt sich Ihr Brustkorb an? Wie Ihre Schultern, Ihr Rücken oder Ihr Nacken? Wie sieht es mit Ihrem Bauch aus? Können Sie Ihren Atemrhythmus spüren? Identifizieren Sie einige Bereiche Ihres Körpers, die sich in irgendeiner Weise angenehm *anfühlen* oder die irgendwo auf dem Spektrum zwischen angenehm und ziemlich okay liegen. Lassen Sie diese Empfindungen für einige Atemzüge auf sich wirken. Keine große Sache; nehmen Sie einfach Stellen in Ihrem Körper wahr, die sich gut anfühlen. Nehmen Sie sanft wahr, was Sie fühlen.

4. Nehmen Sie sich nun ein wenig Zeit für die *etwas* schwierige Situation. Wie war das für Sie? Lassen Sie die Erinnerung daran aufsteigen. Was passiert in Ihrem Körper, wenn Sie sich dieses Ereignis ins Gedächtnis rufen? Verändert sich Ihre Atmung? Welche Empfindungen spüren Sie in der Brust, im Bauch, im Rücken usw.? Ist es okay, einige Atemzüge lang bei diesen Empfindungen zu bleiben? Wenn es Ihnen zu viel wird, wechseln Sie bitte umgehend zur positiven Erinnerung. Falls es okay ist – zwar nicht großartig (eine vergnügliche Zeit ist natürlich nicht zu erwarten), aber trotzdem noch handhabbar –, dann bleiben Sie einige Atemzüge lang bei Ihren Empfindungen. Beobachten Sie sie freundlich und neugierig – nicht zu lange; weniger ist hier mehr.
5. Verbringen Sie nun, da Sie diese beiden Body-Mind-Ziele bestimmt haben, einige Augenblicke damit, zwischen beiden gefühlten Erfahrungen hin- und herzupendeln. Ihre Erinnerungen bestehen vielleicht vor allem aus Bildern im Kopf oder aus dem erzählerischen Ablauf eines Ereignisses oder es sind hauptsächlich Empfindungen. Jede*r von uns erinnert sich anders an Dinge; eine Art ist nicht besser als die andere. Doch sobald Sie Ihre Empfindungen des *gegenwärtigen* Moments, die jetzt gerade da sind, erkennen, lassen Sie das Ereignis aus der Vergangenheit an die zweite Stelle rücken. Spielen Sie damit, sich zwischen diesen Szenarien hin und her zu bewegen, während Ihre Aufmerksamkeit vorrangig auf dem liegt, was Sie *hier und jetzt empfinden.* Erkennen Sie vielleicht die Bewegung weg von der Anspannung und hin zu einer entspannteren Körpererfahrung? Langsam von einer Seite zur anderen schwingend, wie eine Möbius-Schleife endlos verbunden: einziehen, ausdehnen, anspannen, lockern, zusammenziehen, loslassen.

3.2 Körperkontraktionen

Wie ich schon sagte, findet unsere Reaktion auf extremen Stress hauptsächlich im Körper statt. Darüber liegt nur eine dünne Schicht geistiger Sorge und Grübelei. Im Folgenden werden wir den schneebedeckten Berg der Reaktivität weiter aufschlüsseln. In seinem innersten Kern finden wir eine extreme Verengung, die sich mit Begriffen charakterisieren lässt wie drinnen halten, einklemmen und dicht verschließen. Der Fels im Kern dieses Stressberges ist hart wie Granit.

Mit Anspannung und Kontraktion – von Kopf bis Fuß: So reagieren wir Menschen unwillkürlich auf Stress. Unsere Sicht schärft sich und wir fokussieren uns auf das Problem – auch bekannt als Tunnelblick. Unsere Speicheldrüsen ziehen sich zusammen, sodass der Mund trocken wird. Unsere Muskeln verkrampfen sich, was dazu führt, dass wir reflexartig die Zähne zusammenbeißen, der Bauch sich „verknotet" und Schultern, Oberschenkel und Gesäß sich anspannen. Es kann zu Spannungen in den Beinen und Fußkrämpfen kommen, um nur einige der automatischen Kontraktionen zu nennen, die unter Stress auftreten.

Probieren Sie's aus: Wie zieht sich Ihr System zusammen?

Halten Sie einen Moment inne und schauen Sie, ob Sie in Ihrer eigenen Stressreaktion erkennen, wie sich bei Ihnen etwas verengt oder zusammenzieht. Merken Sie, dass Ihr Mund immer wieder trocken wird, sobald Sie mit Schwierigkeiten konfrontiert sind? Übersehen Sie aufgrund Ihres Tunnelblicks, was sonst noch passiert? Wie sieht es mit Darmkrämpfen aus, die zu Durchfall, Verstopfung oder zu einem Wechsel zwischen beidem führen können? Leiden Sie unter Symptomen wie ständigen Nacken-, Rücken- oder Beinschmerzen aufgrund von Muskelverspannungen? Knirschen Sie mit den Zähnen? Treten bei Ihnen häufig Stresskopfschmerzen auf?

Welche anderen Anzeichen einer Kontraktion, die das ganze System umfasst, sind Ihnen bekannt? Wenn Sie sich diese Anzeichen merken, erkennen Sie besser, wann und wo Ihr Körper auf Stress-Autopilot gehen könnte. Und zu erkennen, wann Stressreaktionen sich einstellen, ist ein entscheidender Schritt, um sich wieder aus der Reaktion heraus und von der Stress-Autobahn herunter zu führen.

Überwältigende Hilflosigkeit

Ein bestimmter Body-Mind-Zustand kann, wenn er nicht aufgelöst wird, häufig anhaltende Stressprägungen erzeugen. Durch eine solche Prägung (Imprinting) wird die Stressreaktion in Ihre Muskeln, Nerven, Eingeweide, Ihr Herz und Ihr Gehirn eingeschrieben. Das ist der Zustand der *Überwältigung.*

Um dieses Konzept zu verdeutlichen, suchte ich in einem Thesaurus nach Synonymen für Überwältigung und fand: *am Boden zerstört, übermannt* und *hilflos.* Ja, genau darüber sprechen wir hier.

Überwältigung kann verschiedene Formen und Ausmaße annehmen und ist ein wichtiger Akteur dafür, wie sich Stress, insbesondere extremer Stress, auf uns auswirkt.

Ein Gefühl des Überwältigtwerdens überkam Rachel, als ihr Mann plötzlich verkündete, dass er die Scheidung wollte und ihr zu ihrem großen Schrecken offenbarte, dass er ihr während ihrer zwanzigjährigen Ehe untreu gewesen war.

Melinda fühlte sich überwältigt, als sie im Hörsaal einer renommierten Universität vor mehreren hundert Studierenden und geschätzten Kolleg*innen stand. Sie hielt einen Vortrag in ihrem Fachgebiet und es plagten sie Unsicherheit, Selbstkritik und die panische Angst, dass alle Anwesenden ihre gespielte Gelassenheit durchschauen würden. Sie hatte einen totalen Blackout und musste mitten im Vortrag aufhören.

Eric wurde von Hilflosigkeit übermannt, als er seinen Sohn in die Notaufnahme brachte. Er hatte den Unfall aus nächster Nähe miterlebt, war aber dennoch zu weit weg, um ihn zu verhindern.

Bei Beth kam die Überwältigung in Form von Wut und Fassungslosigkeit, weil ihre Tochter als Mobbingopfer gehänselt, abgelehnt und alleingelassen wurde.

Wenn Sie Stress erleben und nicht nur den für extremen Stress typischen Druck und die dann übliche Verengung spüren, sondern Sie zudem das Gefühl haben, hilflos, am Boden zerstört oder übermannt zu sein, dann sind Sie in einem Zustand der Überwältigung. Es ist sehr wichtig, dass wir uns von diesem Zustand erholen, andernfalls kommt es zu bleibenden Stressprägungen. Wie eben beschrieben, ist unser Body-Mind-System auf einen Wechsel von Kontraktion zur Ausdehnung ausgelegt; ebenso darauf, den natürlichen Prozess zu durchlaufen, durch das Gefühl der überwältigenden Ohnmacht *hindurchzugehen* und sich wieder ermächtigt zu fühlen. Wenn keine Erholung stattfindet, kann dieser Zustand der Überwältigung chronisch werden und ein chronischer Zustand wird zu einem *Wesenszug*. Ein Zustand ist wie eine neue Saat und der Wesenszug ist wie eine alte Weinrebe, die alles in Ihrem Garten umrankt.

Als Wesenszug wird die Überwältigung Teil dessen, wie Sie in der Welt funktionieren. Und dieser Wesenszug kann eine invasive Rebe sein, die all Ihre anderen kultivierten Pflanzen erstickt. Wir können diese Invasion unterbrechen, sofern wir in der Lage sind, die natürlichen Zyklen im Body-Mind-System wiederherzustellen: Kontraktion und Ausdehnung, Ohnmacht und Macht, Stress und Resilienz. Wenn wir diesen natürlichen biologischen Grundlagen wieder Beachtung schenken, wird auch Überwältigung wieder zu dem *vorübergehenden* Zustand, der er eigentlich sein sollte. Auch eine kurzzeitige vorübergehende Überwältigung ist schwer zu ertragen, aber sie setzt sich nicht fest. Sie wird nicht zu einem Teil dessen, wie Sie in der Welt sind. Wenn Sie den Zyklus von Aktivierung und Deaktivierung in Ihrem Body-Mind wiederherstellen, etablieren Sie damit das, was Ihren zurückliegenden Stressereignissen fehlt: ein Anfang, eine Mitte und ein Ende.

Prägungen (Imprints)

Eine permanent gefühlte Erfahrung, dass Sie etwas nicht bewältigen können, verankert sich tief in Ihrem Nervensystem und wird damit zu einem Stress-Imprint, einer Stressprägung. So wie ein Gletscher tiefe, bleibende Schrammen in hohe Berge furchen kann, weil die sich verschiebende Eismasse unaufhörlich auf den Berg drückt, können Stresseindrücke Pfade in Ihr Nervensystem graben. Was eigentlich als Zustand der Überwältigung gedacht war und nur in einer bestimmten Situation zum Tragen kommen sollte, kann zu einem festen Wesenszug des Sich-überwältigt-Fühlens werden, der alle möglichen Situationen überlagert – egal, ob er dann relevant oder notwendig ist. Wenn Stressprägungen wiederholt Ihre Reaktionen diktieren, werden blitzschnell aufkommende Anfälle angespannten, angstvollen Zitterns zu Ihrem neuen Normalzustand. Das wird zu verkörpertem Stress, verkörperter Angst und Überwältigung. In diesem Modus fühlt es sich an, als sei alles, egal was, zu viel – viel zu viel. Es ist nicht etwa so, dass Ihr *Gehirn* denkt, etwas liefe furchtbar falsch, während Sie im Supermarkt einkaufen, im Stau stehen, an Meetings teilnehmen oder zu einem ersten Date gehen. Es ist Ihr Körper, der die Kontrolle übernommen hat und Sie eine Ganzkörperreaktion erleben lässt, die einer tiefen Stressprägung entspringt.

Stressprägungen und der Grundzustand

Bei jeder Wiederholung einer Episode verkörperten Stresses, verkörperter Angst und Überwältigung wird Stress für Ihren Körper immer normaler. Wird ein sehr hoher Grad an Stressreaktivität zur Regel, kann das Ihren Grundzustand derart „resetten" bzw. umstellen, dass Ihre Stressskala von eins bis zehn völlig aus dem Gleichgewicht gerät. Nach einer solchen Umstellung Ihres Grundzustands könnte es passieren, dass Ihr Körper bei alltäglichen Ereignissen nicht mehr auf einem Stresslevel von zwei oder drei funktionieren kann. Nur für das Öffnen der Post beispielsweise braucht er schon einen Level von sieben oder acht. Das Stress-Ziel ist dann dermaßen stark geprägt, dass man, wann immer man das *Gefühl* hat, dass die Anforderungen in die Höhe schießen, es kaum verhindern kann, *nicht* auf die Autobahn zu fahren und nach Stressville zu rasen.

Wenn Ihr Grundzustand keinen niedrigen Level mehr erreicht, leben Sie im Dauerstress. Das von mir entwickelte MBR-Verfahren ist geeignet, Sie wieder auf den Grundzustand zurückzusetzen – Sie zu „resetten". Und um eben dieses Verfahren geht es in diesem Buch. Wenn Sie die beruhigenden, besänftigenden Methoden aus den folgenden Kapiteln in Ihre Tagesroutine einbauen, kann Ihr Körper einen ganz neuen Normalzustand erreichen, mit dem Sie sich ruhig, vertrauensvoll und wohl in Ihrer Haut fühlen. Wir ermöglichen Ihnen, Stressresilienz an die Stelle der fest vereisten Stressgletscher zu setzen, um den gesamten Stressberg zum Schmelzen zu bringen und ihn dann aufzuweichen. Und Gefühle der Hilflosigkeit, die bisher auf leidvolle Weise anhaltend waren, haben nun einen Anfang, eine Mitte und ein Ende.

Bei Menschen, die sich über lange Zeit hilflos und überfordert fühlen, machen sich Stressprägungen nicht nur bei großen Stressereignissen bemerkbar. Sie peinigen sie auch in allen möglichen anderen, nur mäßig oder sogar wenig stressigen Situationen. Weil diese offenbar kein Ende haben, folgen sie den Betroffenen von Lebensereignis zu Lebensereignis. Der Ausweg aus der schweren Belastung chronischer Anspannung und Überwältigung ist, die evolutionäre Veranlagung des Körpers wiederherzustellen: auf Stress zu reagieren und sich dann *wieder davon zu erholen.* Das ist eine Rückkehr zu der Resilienz, die die Evolution eigentlich für uns vorgesehen hat.

3.3 Resilienz fühlen

Um Ihren Grundzustand wieder „zu resetten" und den Weg aus Stressville hinaus zu finden, ist es wichtig, dass Sie Ihre Resilienz und Erholung *fühlen.* Wenn Ihr Body-Mind-System nicht körperlich spürt, dass Sie sich vom Stress erholt haben, bekommt es diese Erholung möglicherweise gar nicht mit – was häufiger passiert. Die gefühlte Erfahrung, bei extremem Stress wieder in die Regulation zu kommen, ist leider leicht zu versäumen. Der Stress kann so laut sein, dass die leiseren Töne der Resilienz schwer zu hören sind. Wenn wir die *Erfahrung* der Erholung vom Stress nicht mitbekommen, kann es für den Body-Mind so sein, als hätte die Erholung nie stattgefunden.

Registriert Ihr System nicht den Wechsel von einem Zustand der Bedrohung zu einem Zustand der Sicherheit, nimmt Ihr primitives Gehirn evolutionär bedingt an, dass Sie immer noch bedroht werden. Es ist, als versteckten Sie sich weiterhin hinter einem Busch und hielten Wache, ewig darauf wartend, dass das Raubtier kommt, damit Sie sich *endlich* verteidigen und weiterziehen können. Solange Ihnen Ihr Bauchgefühl nicht auf einer viszeralen Ebene sagt, dass Sie sich erfolgreich verteidigen oder fliehen und dann weitergehen können, gehen Sie nicht weiter.

Levine und Sapolsky haben gezeigt, was wir von der evolutionären Klugheit der Könige und Königinnen des Dschungels, also der Löwen, lernen können. Beide Wissenschaftler zeigten anhand ihrer großartigen Beobachtungen, wie Tiere sich erfolgreich vom Stress erholen und dass das Tierverhalten als Modell für die menschliche Stresserholung dienen kann. Dazu ein Beispiel einer erfolgreichen Verteidigung und Flucht, gefolgt von vollständiger Erholung und Ruhe: Stellen Sie sich vor, wie eine schöne Löwin erfolgreich ein Rudel Hyänen verjagt und sich dann in Sicherheit bringt. Sie stellt fest, dass sie tatsächlich außer Gefahr ist und sucht sie sich unter einer Baumgruppe einen schönen schattigen Platz. Sie tritt das Gras ein wenig platt, leckt sich ein paar Mal über die Vorderpfoten und verschränkt sie dann, um ihr Haupt darauf zu betten. Schließlich gähnt sie gemächlich und ausgiebig, legt ihren müden Kopf auf die Pfoten und *ruht sich aus.*

Während sie so daliegt, normalisieren sich ihre Atmung und ihre Körpertemperatur wieder, ihr Herz schlägt gleichmäßig. Ihre Muskeln lösen sich aus der Anspannung. Augen, Ohren und Kehle entspannen sich ebenso wie ihre inneren Organe, die ihre Arbeit wieder aufnehmen. Sie hat gekonnt einen vollständigen Zyklus durchlaufen: von der Anspannung zur Entspannung, vom Stress zur Erholung, von einer zeitweisen Überwältigung (oder zumindest einem hohen Maß an Belastung) zu einem erneuten Gefühl der Macht und Stärke.

Auch wir täten gut daran, uns nach dem Überwinden unserer Hürden an einem gemütlichen Ort niederzulassen und eine Verschnaufpause einzulegen. Unser Nervensystem würde es uns sehr danken.

Probieren Sie's bei nächster Gelegenheit aus: Spüren Sie Ihre Resilienz

Wenn Sie das nächste Mal mit einem *moderaten* Stressereignis konfrontiert werden, versuchen Sie, Ihr Bewusstsein auf das zu lenken, was in Ihrem Körper gerade in Ordnung ist. Tun Sie das bereits ein wenig während des Ereignisses, in der Hauptsache aber, nachdem es vorbei ist. Anfänglich könnte das Stressereignis automatisch Reaktionen wie schnelle Atmung, erhöhte Körpertemperatur, Muskelanspannung, Mundtrockenheit und umnebeltes Denken auslösen.

- Achten Sie während des Ereignisses darauf, ob es Bereiche in Ihrem Körper gibt, die etwas weniger angespannt sind als die Bereiche, in denen die Anspannung hauptsächlich zu verorten ist; schon die kleinste Spur von Behaglichkeit kann helfen. Vielleicht sind Ihre Handmuskeln weniger angespannt als ein anderer Teil Ihres Körpers. Vielleicht spüren Sie, dass Ihre Beine nicht so stark erhitzt sind wie Ihre Brust oder Ihr Gesicht.

- Nachdem das Ereignis vorüber ist, können Sie bewusst wahrnehmen, wie sich Ihr Körper beruhigt und zu einem regulierten Zustand zurückkehrt. Vielleicht können Sie spüren, wie Ihre Atmung zu einem tieferen, regelmäßigeren Rhythmus zurückkehrt. Spüren Sie, wie sich die Spannung in Ihren Muskeln und Ihrem Bauch löst oder wie Ihr Geist sich wieder entspannt. Beobachten Sie, wie sich Ihr Herzschlag verlangsamt und Ihre Körpertemperatur sinkt und wieder angenehmer wird. Ich empfehle meinen Klient*innen: Lassen Sie sich in diese Erfahrung hineinsinken wie an einem kühlen Abend in ein heißes Bad: Tun Sie es ganz langsam und lassen Sie sich eine Weile von der Wärme durchdringen. Genießen Sie Ihre Erholung; Ihr erstaunliches Body-Mind-System hat es verdient.

Auf die Stille der Erholung horchen

Wer nach einem Autounfall, der auch tödlich hätte enden können, mit fortdauernden Angstgefühlen lebt, ist im „Lärm" des Ereignisses gefangen. Die anhaltende Erfahrung der Hyper- oder Hypoaktivierung kann sich anfühlen, als gäbe es unter der Haut ein permanentes statisches Rauschen wie auf einem Fernsehbildschirm ohne Signal.

Beispiel: Eine Klientin reagiert nach einem solchen traumatischen Erlebnis über Jahre hinweg mit anhaltendem Zittern. Ihre Muskelanspannung, die erhöhte Herzfrequenz und der Shutdown in der Verdauung lassen so weit nach, dass sie im Alltag scheinbar funktioniert, doch solange ihr Body-Mind-System nicht die *Erfahrung* macht, dass die Körperspannung nachlässt, der Herzschlag sich verlangsamt, der Darm sich wieder für sein „Geschäft" öffnet und schließlich eine beruhigende Stille im gesamten Body-Mind-System eintritt, hat diese Deeskalation quasi niemals stattgefunden.

Wenn das Body-Mind-System dieser Klientin nicht auf dem neuesten Stand ist und das Ende des überwältigenden Ereignisses nicht registriert, kann selbst ein geringfügiger Stressor die gesamte vom Autounfall verursachte Reaktivität triggern. Alles kommt erneut an die Oberfläche und wiederholt sich. Für ihr System fühlt es sich an, als wäre das Unfallgeschehen immer noch im Gange. Es ist, als bestünde das Angst-Rauschen weiter und deshalb gibt es weder Ruhe noch Erholung für die Klientin. Solange sie nicht den gesamten Resilienzkreislauf durchläuft, indem sie *fühlt, dass er vollendet ist,* besteht in ihrem primitiven Gehirn die Bedrohung weiter.

Chronisches Stressgeräusch

Manchmal scheint das Stressgeräusch einfach nicht enden zu wollen und übertönt so die Stille der Rückkehr zu einem Zustand, in dem es uns gut geht. Wenn wir es mit chronischen oder sich zu oft wiederholenden Stressoren zu tun haben, ohne klares Vorher, Während und Nachher, kann es sogar besonders wichtig sein, jede mögliche „Stille zwischen den Tönen" wahrzunehmen *und zu spüren.*

Anhaltendes Stressrauschen kann sowohl von einem großen, aber auch von mehreren kleinen Ereignissen herrühren. Nicht das Ereignis ist das Zeichen der Dysregulation, sondern wie Ihr Body-Mind auf das Ereignis reagiert und ob er sich davon erholt, das ist der Schlüssel zur Regulation oder das Anzeichen für mangelnde Regulation. Bei einer Frau, die ich in ihrer Somatic-Experiencing-Fortbildung begleitete, verlief es ungefähr so: Sie war berufstätig und Anfang fünfzig. Wie so viele Ausbildungskandidat*innen hatte sie Schulden und lebte bescheiden. Das Schicksal wollte es nun, dass einen Tag vor dem nächsten Ausbildungstermin ihr Auto kaputtging. „Das schaffe ich schon", dachte sie und mietete sich für die Woche ein Auto. Doch beim Fahren bemerkte sie, dass mit dem Mietwagen etwas nicht in Ordnung war. Kurz darauf blieb sie liegen und wartete am Straßenrand auf einen Ersatzwagen. „Ich schaffe das", dachte sie und fuhr weiter.

Schließlich erreichte sie ihre Airbnb-Wohnung, die aber ein einziges Chaos war. Sie fühlte sich dort nicht sicher. „Ich hier kann nicht die ganze Schulungswoche bleiben", sagte sie jammernd zu sich selbst. Sie schleppte sich weiter, mietete ein Hotelzimmer und ihre Zuversicht, dass alles gut werden würde, schwand zusehends. Das Ganze war zu einer Aneinanderreihung überraschender, enttäuschender und schwierig zu überwindender Hürden geworden. Als Sie zum Kurs kam, war sie (verständlicherweise) ziemlich angefressen und aufgewühlt, ängstlich und nervös. Nach drei Tagen wurde ihr klar, dass sie völlig in der Hyperaktivierung feststeckte. Wie stark und wie anhaltend ihre Aktivierung war, wurde ihr erst nach einer Weile mit *etwas* geringerer Aktivierung bewusst.

Als sie mir gegenübersaß, spürte sie ein leichtes „Herunterschalten" in ihrem System und etwas mehr Ruhe, die sich in diesem Moment wie etwas längst Überfälliges anfühlte. Glücklicherweise konnte sie die Erfahrung dieses „Beruhigungs-Häppchens" tiefgehend wahrnehmen und verinnerlichen. Bis dahin war noch keine Erholung eingetreten; dafür hatten sich zu viele Stressoren aneinandergereiht wie ein Tiger nach dem nächsten, der sie im Dschungel verfolgte. Sie war auch außerstande gewesen, in ihrer Reaktivität eine Mitte oder ein Ende zu fühlen, es gab nur einen Anfang nach dem anderen. Jetzt, mehrere Tage nach ihrer Stressreaktion, kam es endlich zu einer gewissen Erholung; innerlich zeigte sich ein *Ende.* Tränenüberströmt sagte sie:

„Bestimmt wäre ich in dieser Mega-Aktivierung stecken geblieben, wäre ich nicht hier bei diesem somatischen Training. Ich bin so froh, dass ich hierhin gefahren bin, als alles anfing."

Bevor sie *fühlen konnte,* dass der Druck – als würde Luft aus einem Ballon gelassen – teilweise nachließ, hatte sie kurz vor dem Platzen gestanden. So hatte sie darum gekämpft, dass ihr primitives Gehirn oder Stressgehirn nicht ihr modernes oder komplex denkendes Gehirn in den Hintergrund drängen würde. („Modernes Gehirn" deshalb, weil es sich erst vor etwa 200.000 Jahren entwickelt hat, während das primitive Gehirn vor etwa 500.000 Jahren entstanden ist.) Ihr komplex denkendes Gehirn wusste, sie war auf einer Fortbildung, wohnte in einem ganz netten Hotel und fuhr ein funktionierendes Auto. Ihr primitives Gehirn hingegen lauerte immer noch geduckt auf den nächsten Tiger.

Weitergehen ist wichtig

Sapolsky weist darauf hin, welchen Masterplan die Evolution für uns aufgestellt hat: mit enormer Kraft, Ausdauer und Fokussierung zu reagieren, um *kurz anhaltende* Stressoren zu überwinden. Unsere neuronale Verdrahtung prädestiniert uns für eine vorübergehende Reaktivität, zum Beispiel vor Raubtieren wegzulaufen oder die Ernte vor Stürmen zu schützen. Doch dann sollten wir mit dem Thema abschließen, uns vielleicht ausruhen – oder wenigstens, wie die Löwin, gelegentlich gähnen. Um von dieser eng begrenzten Fokussierung auf das Überleben zu einer breiteren, entspannteren, nuancierteren Sicht und Wahrnehmung der Dinge zu gelangen, brauchen wir Zeit.

Hier hat uns die Evolution ein Stadium zum Geschenk gemacht, das wir „Weitergehen" nennen könnten. Weitergehen, wenn es kürzlich hoch „aufgeladene" Stresslevel gab oder eine Anspannung, die das gesamte System erfasst hat. Weitergehen, weg vom reinen Überleben, damit wir nicht so leben, als stünde das Haus ständig in Flammen. Wenn wir auf allen Zylindern laufen und uns kopfüber in die Arbeit stürzen, aber den Teil auslassen, bei dem es um das „Kühlen des Motors" geht, bringen wir uns selbst in ziemliche Schwierigkeiten (siehe Kapitel 1, die dort beschriebenen Krankheiten und Formen der Dysregulation). Wir sind nicht für Stressoren geschaffen, die über Jahrzehnte andauern. Doch wie oft bringen wir eine „Lass-es-uns-sofort-anpacken"-Mentalität in „Lass-es-langsam-angehen"-Situationen mit. Und wenn wir ganz in Aktion sind, verpassen wir die wichtige Stille zwischen den Tönen, die die Musik erst schön macht. So soll der französische Komponist Debussy gesagt haben: „Musik ist der Raum zwischen den Noten." Fehlt dieser Zwischenraum, ist jede Komposition nur Lärm.

Physisches Problem, physische Lösung

Wir können von unseren körperlichen Reaktionen nicht willentlich verlangen, dass sie beginnen. Es wäre also nicht erfolgreich zu befehlen: „Herz, fang an zu rasen! Mund, werde trocken!“ Genauso wenig können wir willentlich verlangen, dass sie aufhören. Deshalb werden, bis das feste Eis des Stresses geschmolzen oder zumindest deutlich weicher geworden ist, unsere hartnäckigen Stressreaktionen weiterhin unsere Gäste sein. Gäste, die zu oft kommen und zu lange bleiben, die ihre schmutzige Wäsche auf dem Boden und Krümel auf der Anrichte neben dem Toaster hinterlassen (grrrr!) und die natürlich zu laut sind.

Anstatt ein körperliches Problem mental verändern zu wollen, sollten wir zu seiner Auflösung durch die Tür gehen, durch die es selbst hineingekommen ist: die Tür des Körpers. Beginnen Sie im Körper und enden Sie auch dort. Denn warum sollten Sie auf die Wüste zusteuern, wenn Sie eigentlich ans Meer wollen? Wir versuchen, auf das Meer unseres Körpers zuzusteuern und dorthin gelangt jede*r von uns durch eigene *Interozeption.*

3.4 Unglaubliche Interozeption

Intero- was? Interozeption – ein mehrsilbiges wissenschaftliches Wort, das sinngemäß „Spüren, was im eigenen Körper vorgeht“, bedeutet – steht für ein unglaubliches Phänomen. Ein Gespür für Ihr inneres Erleben zu haben, ist ein wunderbares Werkzeug, um die Regulation zu verbessern und eine funktionale Aktivierung und Deaktivierung zurückzuerlangen: physisches Problem, physische Lösung. Für die Selbstregulation genügt es jedoch nicht, wenn Sie beiläufig wahrnehmen, was Sie gerade zufällig in Ihrem Körper fühlen. Viele, wenn nicht sogar die meisten von uns, nehmen von ihren Körperempfindungen kaum etwas wahr – so lange, bis sich irgendein Schmerz bemerkbar macht oder im Inneren offensichtlich etwas schiefläuft. Für die Regulation kehren wir diese Tendenz um. Statt des üblichen „Ich habe meine Knie eigentlich nie gespürt, bis sie anfingen wehzutun“, lernen wir eine *regulierende* Form der Interozeption, indem wir deutlich wahrnehmen, was *nicht* wehtut. Diese regulierende Interozeption könnte man so beschreiben: Wir spüren das, was im Körper okay ist. Was so einfach klingen mag, hat jedoch einen erstaunlichen Effekt auf das autonome Nervensystem.

Wenn Sie Ihren Körper von innen spüren, können Sie das Body-Mind-System daran erinnern, dass es gerade jetzt gute oder zumindest hinreichend gute Aspekte gibt – etwas, das Sie normalerweise versäumt hätten. Ob Sie nun einen Teil Ihrer

Eingeweide wahrnehmen, der sich neutral oder sogar angenehm anfühlt, oder ob Sie auf Empfindungen in Ihren Beinen und Armen achten, die irgendwo zwischen okay und angenehm liegen, oder ob Sie die Empfindungen Ihrer Haut spüren, die sogar recht gut sind: All das erinnert Ihr System daran, dass sich Teile von Ihnen ganz okay anfühlen – insbesondere dann, wenn die Situation in diesem Moment tatsächlich ganz okay *ist*.

Wir nutzen die regulierende Interozeption also, wenn das Leben vor sich hinplätschert, was sehr vorteilhaft für Ihr Nervensystem ist und nicht unterschätzt werden sollte. Zusätzlich werden wir lernen, die regulierende Interozeption dann zu verwenden, wenn die Dinge nicht besonders okay sind – oder besser gesagt: wenn sie sich nicht besonders okay *anfühlen*. (Einer der üblen Streiche, die uns die Dysregulation spielt, ist der, dass sich vieles, das eigentlich nicht gefährlich ist, wie eine Gefahrenzone anfühlen kann.) Wenn wir dysreguliert und aktiviert sind – sei es durch reale oder nur eingebildete Ursachen –, suchen wir automatisch nach einem Problem. Und aufgrund unseres evolutionären Erbes scannen wir, wann immer wir das Gefühl haben, etwas könnte (möglicherweise, vielleicht …) aus dem Ruder laufen, unsere Umgebung nach einer eingebildeten oder realen Gefahrenquelle ab. Ein Teil dieses automatischen Abscannens erfolgt unbewusst *innerlich:* nach Anspannung, Angst, Stress und anderen Anzeichen von Aktivierung.

Wenn diese unbewusste, *innere* negative Tendenz sich breitmachen will, können wir uns regulieren, indem wir in Momenten der Bedrängnis bewusst nach etwas scannen, das sich *okay* anfühlt. Regulierende Interozeption hat dann nichts aufgesetzt Positives an sich, im Sinne von „das Bild schönfärben“. Vielmehr geht es darum, ein vollständigeres Bild zu sehen. Ich nenne es das „Und-auch“. Wenn wir unter extremem Stress stehen, gibt es mit Sicherheit Unbehagen und Anspannung, normalerweise aber *auch* ein gewisses Maß an Wohlbefinden – oder zumindest einige neutrale Empfindungen. Selbst wenn Sie nur kleine Bereiche wahrnehmen, die sich okay anfühlen, kann das für Ihr Wohlbefinden sehr hilfreich sein. Ein bisschen mehr Entspannung im Ellenbogen oder ein bequemes Gefühl im Fuß können für Ihren Body-Mind wichtige Botschaften der Regulation sein.

Mit dieser Vorgehensweise tun wir nicht so, als sei da kein Stress. Weder ignorieren noch leugnen wir ihn – ganz und gar nicht. Wir konzentrieren uns nur nicht *ausschließlich* auf ihn. Das anzuerkennen, was nicht okay ist, *und* das zu erkennen, was okay ist: Das ist praktiziertes „Und-auch“. Ein Tunnelblick, der nur Gefahr und Missbehagen sieht, schickt Sie kopfüber in *noch mehr* Stress. Und so heißt es auch in einer chinesischen Weisheit: „Wenn du deine Richtung nicht änderst, wirst du dort ankommen, wohin du gehst.“

Dieser Richtungswechsel lenkt Ihr System weg von Ihren viel zu häufigen Aufenthalten in Stressville. Wie die Forschung zeigt, wird sich Ihr System mithilfe dieser einfachen Handlung, kombiniert mit weiteren Methoden aus den nachfolgenden Kapiteln und mit Geduld und Beharrlichkeit so ausrichten, dass der Zielort nicht mehr Stressville heißt. In diesem Sinne äußern sich auch MBR-Teilnehmer*innen:

- „Ich kann Stress viel öfter bewältigen."
- „Stress überwältigt mich nicht mehr so sehr wie früher."
- „Ich merke, dass ich nicht mehr so furchtsam / schmerzgeplagt / geistesabwesend / verschwitzt / von Übelkeit geplagt / wütend / ängstlich (hyper- oder hypoaktiviert) bin wie früher."

Probieren Sie's aus: Spüren, was in Ordnung ist

Atmen Sie hier und jetzt ein paar Mal tief ein und aus und machen Sie es sich so bequem wie möglich. Ob im Sitzen, Stehen oder Liegen – können Sie so in Ihrer Haltung ruhen, wie es sich für Sie am besten anfühlt? Werden Sie sich Ihres Körpers als Ganzes gewahr, spüren Sie sich hier, in diesem Moment. Nehmen Sie sich Zeit; nur keine Eile. Scannen Sie nun Ihren Körper und finden Sie heraus, ob es Bereiche gibt, die sich ganz in Ordnung oder zumindest neutral anfühlen. Spüren Sie, wie es in diesen Bereichen gerade ist. Achten Sie auf die Empfindungen an diesen Stellen. Welche Empfindungen sind das? Wie fühlen sie sich jetzt an?

Nehmen Sie weiterhin alle Bereiche des Körpers wahr, die sich annehmbar anfühlen, und fügen Sie nun dieses Gewahrsein hinzu. Wie hat es sich auf andere Körperbereiche ausgewirkt, dass Sie auf Ihre annehmbaren Empfindungen geachtet haben? Spüren Sie, ob es noch andere Bereiche Ihres Körpers gibt, die ebenfalls in gewisser Weise okay oder neutral sind. Bereiche, die annehmbar *werden,* während Sie angenehme Empfindungen erkunden. Sie brauchen weder auf etwas Bestimmtes aus zu sein noch etwas Bestimmtes zu erreichen. Einfach nur wahrnehmen. Manchmal erzeugt die Wahrnehmung von etwas Annehmbarem noch mehr Annehmbares. Atmen Sie eine Weile mit dem, was Sie hier spüren. Nehmen Sie sich nach Belieben viel oder wenig Zeit. Wann immer Sie so weit sind, beenden Sie diese Übung.

3.5 Ihr Gehirn und das Empfinden

Empfindungen sind die Sprache des Nervensystems. Sie verbinden das für Instinkte zuständiges Hinterhirn mit dem komplex denkenden Frontalhirn – also das primitive mit dem modernen Gehirn. Laut neueren neurowissenschaftlichen Erkenntnissen hat der mittlere Teil des Frontalhirns eine Grundveranlagung für zwei sehr unterschiedliche Aufgaben – wenn er im „Ruhezustand" ist. Ruhezustand bedeutet: Das Gehirn wird gerade nicht aufgefordert, über etwas nachzudenken oder bestimmte geistige Aktivitäten auszuführen. Wenn also das mittlere Frontalhirn nicht mit einer bestimmten Aufgabe beschäftigt ist, dann – das zeigen Studien – widmet es sich wahrscheinlich einer der folgenden Aktivitäten: dem inneren Dialog *oder* dem Wahrnehmen von Empfindungen.

Eine Option für Ihr mittleres Frontalhirn ist selbstreferenzielles Denken. Und wie Gusnard et al. (2001) zeigen, handelt es sich wahrscheinlich um eine Form des selbstbewertenden Denkens, vielleicht sogar des Typs „innerer Kritiker". Wenn Sie im „Ruhezustand" sind, ist Ihr mittleres Frontalhirn aktiv. Es spricht innerlich mit Ihnen. Ihr Ruhezustandsgehirn ist sehr versiert darin, Dinge einzuüben, die Sie in der Zukunft zu anderen sagen könnten. Es wiederholt aber auch Ereignisse aus der Vergangenheit, die eine intensive Wirkung auf Sie hatten, und geht unzählige Versionen von „sollte", „würde" und „könnte" durch.

Gusnard und Kollegen sprechen hier von einem inneren Proben. Dazu muss ich Ihnen wahrscheinlich gar nicht viel sagen. Es reicht, wenn Sie ein paar Minuten allein mit Ihrem Gehirn im „Ruhezustand" verbringen und schon werden Sie vermutlich in ein langes Gespräch (mit sich selbst) darüber hineingezogen, was Ihr Gehirn über Sie denkt und was Sie zu Soundso gesagt *haben,* was Sie zu Soundso *hätten sagen sollen* und, ach ja, das eine Mal, als Sie Soundso zufällig über den Weg gelaufen sind und dann das und das passiert ist … Muss ich noch mehr sagen?

Glücklicherweise hat Ihr mittleres Frontalhirn auch ganz andere Fähigkeiten. Es ist offenbar für ein breites Spektrum an Sinnesinformationen zuständig – es empfängt und verarbeitet Ihre gefühlte Erfahrung, die sowohl Ihrem Körperinneren als auch der Körperumgebung entspringt. Dieser Teil des Gehirns weiß, wann Ihr Bauch entspannt ist und sich wohlfühlt oder wann er angespannt-verknotet ist. Er merkt auch, wann Ihr Rücken beim Sitzen auf einem Stuhl in eine besonders unbequeme Stellung gerät oder wann er eine ruhig-gelöste Haltung gefunden hat. Es empfängt ständig Hinweise zu Empfindungen in der Brust, zur Temperatur auf Ihrer Haut oder darüber, wie trocken Ihr Mund ist. Dann tut dieser Gehirnteil, vom Standpunkt der Selbstregulation aus gesehen, etwas sehr Tiefgreifendes: Er kommuniziert Ihrem primitiven Gehirn all diese Sinnesinformationen mit kleinen „Okay"- oder „Nicht-okay"-Telegrammen.

Wenn Sie dann auf die Interozeption zurückkommen, ergibt sich folgendes Bild: Wenn Sie spüren, dass Ihr Körper *im Ruhezustand* okay ist, geht eine Art Telegramm an Ihr primitives Gehirn, dass alles gut ist und es im Ruhezustand bleiben kann. Und weiter: Wenn Sie spüren, dass Ihr Körper *während und nach Stressereignissen* okay ist, gehen ebenfalls wertvolle Telegramme an Ihr primitives Gehirn. Doch anders als bei der regulierenden Interozeption haben wir es hier mit einem inneren Gespräch mit uns selbst zu tun. Und das ist keinesfalls nur ein beliebiger innerer Kommentar. Sie wähnen sich im Ruhezustand, aber Ihr Gehirn kann trotzdem immer wieder darüber nachdenken, was Sie Falsches gesagt haben oder richtig hätten sagen sollen (wie fies!). Dieses (Ver-)Urteilen lässt das Telegramm an Ihr primitives Gehirn ganz anders aussehen. Welche Art von Botschaft würden Sie gern öfter versenden? Nörgeleien von inneren Kritikern oder Zustandsberichte aus Bereichen Ihres Körpers, in denen Sie zur Ruhe kommen und verschnaufen können?

Interozeption ist die Freundin Ihres Gehirns. Durch ein beruhigendes Körpergewahrsein erschaffen wir grundlegende Bausteine. Das sind zunächst die Momente, in denen das Gehirn noch *vor* dem Eintreten eines Stressereignisses beruhigt worden ist. Dann gehen wir dazu über, das Wahrnehmen der Empfindungen *nach* dem Stressereignis zu nutzen: den Erholungsprozess zu fühlen, das Gehirn zu beruhigen und das Nervensystem wieder aus seinem aktivierten Zustand herunterzufahren. Und schließlich unterbrechen wir den Stress *während* eines Ereignisses, indem wir spüren, dass alles in Ordnung ist. Manchmal sind es nur die Zehen oder Ellbogen, die sich okay anfühlen, aber das reicht fürs Erste, damit die alarmierenden Telegramme an unser Überlebensgehirn langsamer geschrieben und gesendet werden. Empfindungen vor, nach und sogar während eines Stressereignisses bewusst wahrzunehmen, ist ein Schlüssel zur Steigerung von Resilienz und Wohlbefinden.

Ich erinnere mich an zwei vergleichbare Stressereignisse, die in verschiedenen Stadien auf meinem eigenen hart erarbeiteten Weg zur Resilienz stattfanden. Das erste ereignete sich in der Phase meiner stärksten Dysregulation, das zweite am Anfang meiner Resilienzphase. Das folgende Beispiel für einen mäßigen Stressor ist ein großartiges Übungsfeld, und zwar für die ganze Bandbreite an Stressreaktionen. Wer nämlich einmal anhaltenden extremen Stress erlebt hat, bei dem können auch *mäßige Stressoren* eine *extreme Stressreaktion* auslösen. Die biologischen Gegebenheiten sind immer dieselben, egal ob ein Stressereignis klein, mittel oder groß ist. Also beginnen wir mit den weniger intensiven, um uns nicht zu überfordern.

So wie ich selbst, so werden auch Sie sicherlich gleich feststellen, dass meine Stresserholungsfähigkeiten in den verschiedenen Phasen auf meinem Weg von der

Dysregulation zur Resilienz jeweils ganz andere waren. In beiden Fällen wurde ich von einem Polizeibeamten angehalten (ich bin wirklich keine schlechte Fahrerin – und keines der beiden Szenarien führte zu einem Strafzettel). Auf meinem Heimweg überfuhr ich eines Tages ein Stopp-Schild in einer Sackgasse, in der keine anderen Autos unterwegs waren – zumindest dachte ich das. Etwa in der Mitte der der ansonsten leeren Straße stand *ein* anderes Auto (ich weiß, ich weiß, ich versuche mich zu rechtfertigen). Es war ein Polizeiauto. Ich bin mir sicher, dass der Polizist mein Entsetzen auch aus der Entfernung sehen konnte. Er blickte jedenfalls besorgt drein, als er mich anhielt. Völlig unkontrolliert geriet ich in die volle Stressreaktivität. Ich hyperventilierte, schwitzte und war gefühlt von Kopf bis Fuß hochrot. Ich war kaum in der Lage, meinen Führerschein aus der Brieftasche zu holen, so sehr zitterten meine Hände. Natürlich wollte ich keinen Strafzettel haben, aber meine Reaktion ging *weit* über das hinaus, was ich in dieser Situation zu befürchten hatte. Es fühlte sich an, als ginge es um Leben und Tod und damals hatte Stress grundsätzlich diese Wirkung in mir und auf mich. Der Polizist verwarnte mich und ließ mich weiterfahren. Er hoffte wohl, ich würde es – bevor ich vor seinen Augen spontan in Flammen aufging – von dort weg und sicher nach Hause schaffen!

Zum Glück für die wissenschaftliche Forschung wurde ich einige Jahre später wieder angehalten. Mein Grundzustand auf der Stressskala war da schon um einige Nummern niedriger. Angehalten wurde ich, weil ich de facto mein Radio eingestellt hatte, man mich aber verdächtigte, auf mein Handy geschaut zu haben (was ich nicht getan hatte). Zum Glück (in vielerlei Hinsicht) war meine Erfahrung diesmal eine ganz andere, denn ich hatte inzwischen eine gewisse Stressresilienz entwickelt. Ich hielt an, spürte, wie mein Herz schnell schlug und lenkte meine Aufmerksamkeit sofort behutsam auf meine Füße und meinen Allerwertesten auf dem Sitz. Ich spürte, wie mir der Atem stockte und suchte nach irgendeiner Stelle an den Rippen, die sich weicher anfühlte, damit mein Atem tiefer und leichter werden konnte. Schnell überprüfte ich mein Aussehen im Rückspiegel (nur für die Wissenschaft, Leute) und gönnte mir einen kleinen Moment der Freude, dass ich nicht leuchtete wie ein Silvesterfeuerwerk. Ich sprach mit dem Officer, konnte den Sachverhalt klären und saß anschließend eine Weile im Auto. Ich sonnte mich in meinem Ruhm. Ich war so froh, dass ich beim Anblick des blinkenden blau-roten Lichts nicht von Stresslevel zwei direkt auf zehn hochgeschossen war. Ich stieg deshalb aus meinem Auto und macht spontan einen kleinen vergnügten Spaziergang auf dem Bürgersteig. Es war einfach ein tolles Gefühl, dass ich nicht völlig in Panik geraten war, wie in der gleichen Situation einige Jahre zuvor. Mein ganzer Body-Mind sollte sich an jeden einzelnen Moment dieser Erfahrung erinnern, in der ich badete wie in dem schönsten Whirlpool in einer herrlichen sternenklaren Winternacht. Genau die Hilfsmittel und Methoden, die Sie in diesem Buch finden, und die Unterstützung einiger wirklich fantastischer

Somatic-Experiencing-Therapeut*innen, haben mir geholfen, die Resilienzpfade zu bauen, über die ich jetzt verfüge.

Die regulierende Interozeption zieht sich durch das gesamte MBR-Verfahren. Mit jeder Übung greifen wir auf sie zurück und in Kapitel 4 wird sie als eigenständiges Werkzeug beschrieben. Die regulierende Interozeption hat Anteil daran, wie Sie bei neutralen Ereignissen das Gefühl des Okay-Seins erhöhen, eine übermäßige Stressreaktivität bei nur wenig stressbeladenen Ereignissen reduzieren und wie sie nach einem hochstressigen Ereignis eine im Körper verankerte somatische Erholung fördern können. Diese wirklich unglaubliche Interozeption ist an jedem Schritt Ihrer somatischen Erholung vom Stress beteiligt.

3.6 Das MBR-Verfahren

Ich entwickelte das Verfahren für eine MBR-Studie zur Untersuchung der vier wichtigsten Werkzeuge zur Steigerung der Selbstregulation und zur Verringerung von Angst und Stress. Der „Klebstoff", der alle Methoden miteinander verband, war das Gewahrsein auf die Empfindungen. Das Kriterium für die Auswahl der Tools war ihre wissenschaftliche Fundierung und die Tatsache, dass sie streng getestet wurden. Kurz zusammengefasst: Die MBR-Teilnehmer*innen lernten damals dieselben Mittel und Methoden und dieselben wissenschaftlichen Zusammenhänge kennen, die Sie in diesem Buch vorfinden. Die Pilotstudie unter meiner Leitung erstreckte sich über einen sechswöchigen Kurs mit jeweils eineinhalb Stunden Unterricht pro Woche. Sie erbrachte gute Neuigkeiten: Die Werkzeuge funktionierten! Alle Teilnehmer*innen meiner kleinen, aber starken Forschungsstudie erfuhren eine Linderung ihrer Stresssymptome, indem sie das Verfahren verwendeten, mit dem Sie sich in den Kapiteln 4 bis 7 befassen werden. Sie lernten, regulierende Telegramme an ihr Stressgehirn zu senden. Dieses Handwerkszeug half ihnen, ihre interozeptiven Fähigkeiten zu stärken, ihr primitives Gehirn zu beruhigen und ihr am Rand des Abgrunds stehendes System zu retten.

Danach unterrichtete ich das Verfahren im Rahmen mehrerer jeweils dreitägiger Wochenend-Gruppen-Retreats und vermittelte die Fähigkeiten im Einzelsetting den Klient*innen in meiner Privatpraxis. Jede Gruppe eignete sich das Resilienzinstrumentarium an, das Sie jetzt lernen.

Wie bereits gesagt wählte ich Methoden aus, weil sie wissenschaftlich untermauert sind und ihre Wirksamkeit sich in zahlreichen Studien nachweisen ließ. Das waren Studien, die weltweit mit vielen Teilnehmer*innen aus allen gesellschaftlichen Bereichen von Wissenschaftler*innen durchgeführt wurden.

In der ursprünglichen Studie berichteten meine Proband*innen einstimmig von einer Verringerung ihres Stress- und Angstlevels. Die Teilnehmer*innen wurden gebeten, ihre Vorher-Nachher-Erfahrungen zu beschreiben und hier sind zwei beispielhafte Antworten:

„Vor der sechswöchigen Studie hatte ich das Gefühl, mein Stress sei feststehend und unveränderlich, wie ein Nagel, an dem man dauernd hängenbleibt. Er ist immer da und lästig. Jetzt, am Ende der Studie, bin ich in der Lage, Techniken anzuwenden, um die Angstattacken stoppen. Es ist toll; diese Hilfsmittel sind wirklich effektiv."

„Vor der Studie war ich wirklich hart zu mir selbst. Ich fühlte mich reizbar, grübelte viel und neigte zur Selbstverurteilung. Jetzt bin ich mir meines körperlichen Zustands viel mehr bewusst. Ich habe eine geringere Stressreaktivität und grüble weniger."

Ich beschloss zudem, die Werte des Stresshormons Cortisols jeweils vorher und nachher zu messen. Studien zeigen: Wenn gesunde, gut regulierte Menschen Stress empfinden, schüttet der Körper Cortisol aus und so steigt der Cortisolspiegel vorübergehend an, sinkt aber nach Abklingen des Stresses wieder auf den Normalwert zurück. Das ist anders, wenn der Stress zu häufig auftritt oder nicht mehr zu bewältigen ist. In diesen Fällen bleibt der Cortisolspiegel erhöht, selbst wenn der Stress schon einige Zeit vorüber ist. Der Cortisolspiegel bleibt chronisch erhöht und führt bei den Betreffenden wahrscheinlich zu einer Dysregulation.

Ein durch den MBR-Kurs veränderter Cortisolspiegel würde zeigen, dass sich nicht nur die Gedanken und Gefühle ändern, sondern dass sich auch die *Physiologie* durch das MBR-Instrumentarium verändern kann. Bei der untersuchten Gruppe zeigten sich bemerkenswerte Ergebnisse. Der Cortisolspiegel war bei allen Teilnehmer*innen nach dem Kurs gesunken, was bedeutet: *All* ihre physiologischen Stresswerte waren niedriger. Der durchschnittliche Cortisolabfall betrug bei meiner Gruppe von Proband*innen 41 Prozent. Wie bei kleinen Studien üblich, wurden die Ergebnisse hochgerechnet, um zu schätzen, was das für größere Gruppen bedeuten könnte. Hierfür wurde eine anerkannte und gängige Methode zur Datenanalyse genutzt – Cohen's d. Es ergab sich: Von 100 Freiwilligen, die das MBR-Instrumentarium erlernen, würden 96 eine zuverlässige Cortisolreduktion aufweisen. Für die Forschung sind das hervorragende Ergebnisse!

Gleich stelle ich kurz die Tools und Methoden vor – ein kleiner Vorgeschmack auf das, was Sie in den folgenden Kapiteln tiefergehend erforschen werden. Die letztgültige Erforschung erfolgt jedoch in Ihrem Inneren.

Methode 1: Rhythmisches Atmen

Wie Sie Ihr Nervensystem durch Atmen wieder ins Gleichgewicht bringen, erfahren Sie in Kapitel 4. Eine MBR-Teilnehmerin berichtete: „Das Atmen funktioniert wirklich für mich; es bringt meine Psyche wieder in den Grundzustand und mich zurück in eine Verfassung, in der ich *nicht* panisch bin." Da Stress unseren natürlichen Atemrhythmus leicht unterbricht, werden in diesem Kapitel einige Möglichkeiten des rhythmischen Atmens vorgestellt, die jeweils an Ihre individuellen Bedürfnisse angepasst werden können.

Methode 2: Sehen und Spüren

In Kapitel 5 lernen Sie, wie Sie im Hier und Jetzt bleiben bzw. dorthin zurückkehren können – was nicht so einfach ist, wie es klingt. Wenn Sie mit einem *realen Stressereignis* konfrontiert werden und Ihr reales Leben Sie an ein *früheres Stressereignis* erinnert, dann können Sie sich über die Dysregulation mit Leichtigkeit aus Ihrer gegenwärtigen Realität entfernen – ganz weit weg. Ein Studienteilnehmer sagte: „Ich übte, draußen in der Natur zu sehen und war dabei *wirklich* präsent. Das hat mir schon mehrmals geholfen und jedes Mal bin ich stolz auf mich, dass ich ins Jetzt zurückgekehrt bin."

Methode 3: Innere Bilder zur Selbstregulation

Das sechste Kapitel leitet Sie an, innere Bilder zu verwenden, um statt Stress einen Zustand der ruhigen Gelassenheit zu erreichen; das ist die dritte der vier Hauptmethoden. Vielen von uns kommen bei der Erinnerung an Stressereignisse einfach Bilder in den Sinn. Wenn Sie mit ihnen arbeiten, lernen Sie, Ihrem Body-Mind-System eine tiefgehende Linderung zu ermöglichen. Eine Teilnehmerin der Studie beschrieb es so: „Ich sah mich selbst, wie ich spontan aufblitzende negative Bilder immer wieder im Kopf ablaufen ließ und *fühlte* die automatischen Reaktionen, die sie hervorriefen." Sie wandte dann die in Kapitel 6 vorgestellten Methoden an, um mit diesen Bildern zu arbeiten. Ihr Kommentar: „Nach zwei *wirklich* eigenartigen Tagen konnte ich mich tatsächlich entspannen."

Methode 4: Bewegung

In Kapitel 7 lernen Sie einfache Bewegungen kennen, um Ihr Nervensystem über Ihr inneres Bremssystem – den Vagusnerv – zu beruhigen. Diese einfachen Dehnungen können erheblich dazu beitragen, Ihr Body-Mind-System zu beruhigen und reduzieren die Anspannung und die statuenähnliche Bewegungslosigkeit, die oft mit Stressreaktivität einhergehen. Während der sechswöchigen Studie erzählte eine Teilnehmerin: „Am Anfang hatte ich das Gefühl, festzustecken, in totaler Reglosigkeit." In der sechsten Woche berichtete sie erfreut: „Diesmal fühlte ich, wie sich *mein ganzer* Rücken entspannte. Das kommt bei mir *nicht* oft vor."

Probieren Sie's aus: Atmen, spüren und sehen, was in Ordnung ist

- Nehmen Sie sich jetzt einen Moment Zeit, um leicht zu atmen. Neigen Sie als Nächstes den Kopf von einer Seite zur anderen. Lassen Sie zu, dass sich Ihr Nacken auf jeder Seite sanft dehnt und lassen Sie ein paar längere, langsamere Atemzüge ein- und ausströmen.
- Schließen Sie die Augen und spüren Sie, wo im Körper Sie sich wohl und entspannt fühlen und sei es nur ein wenig. Spüren Sie die Annehmlichkeit, bis zu welchem Grad auch immer sie vorhanden ist. Atmen Sie mit dem, was Sie wahrnehmen.
- Bringen Sie als Nächstes Ihren Kopf wieder in die Mitte. Öffnen Sie dann die Augen und schauen Sie langsam nach rechts, bis Ihr Kopf auf die rechte Seite des Raumes (oder der Umgebung, in der Sie sich befinden) gerichtet ist. Verfahren Sie ebenso mit der linken Seite.
- Lassen Sie währenddessen Ihre Augen sehen, was um Sie herum ist. Suchen Sie nach etwas Schönem oder etwas, das Ihre Augen gern sehen. Lassen Sie Ihren Blick einen Moment lang darauf ruhen. Nehmen Sie Ihre Körperempfindungen wahr.
- Wenn Sie sich bereit dazu fühlen, beenden Sie diese Übung.

Sie haben bislang etwas über unwillkürlich ablaufende Prozesse erfahren: Anspannung, Überwältigung und Stressprägung. Sie haben die wesentlichen Elemente des Weges kennengelernt: Ihre Resilienz zu spüren, auf die ruhigen Erfahrungen Ihrer Erholung zu achten und bewusst zu spüren, wie Ihr Body-Mind-System sich aus der Reaktivität herausbewegt. Auf dem Fundament der interozeptiven Wahrnehmung beschäftigen wir uns nun mit dem wichtigsten Teil dieses Instrumentariums: auf einer tiefen *viszeralen Ebene Befreiung zu erfahren* – von der viel zu schweren Last aus Stress, Angst und Überwältigung.

Für mich war es zutiefst hilfreich, den Prozess der somatischen Heilung kennenzulernen und ich habe gesehen, wie sehr er manchen, die Einzelsitzungen bei mir genommen haben oder zu meinen Kursen und Retreats gekommen sind, geholfen hat. Doch in jedem Fall ist der wichtigste Teil Ihrer Erholung von Stress, Angst und Überwältigung die *gefühlte Erfahrung* der Linderung. In den nächsten Kapiteln zu den einzelnen Methoden und Fähigkeiten finden Sie weiterhin Informationen zu den gedanklichen und wissenschaftlichen Hintergründen. Ich möchte Sie jedoch ermutigen, die meiste Zeit dem *Erleben* der einzelnen Hilfsmittel und Methoden zu widmen, denn es spielt sich nicht alles nur in Ihrem Kopf ab, sondern auch in Ihrem Körper. Ihr Weg zurück zum Wohlbefinden beginnt *innen,* bei Ihrem Body-Mind-System.

4. Atmen Sie sich aus dem Stress heraus

Nun gut, liebe Stress-Leidensgenoss*innen: Probieren wir jetzt einige Werkzeuge aus. In den ersten drei Kapiteln ging es darum, wie unser Body-Mind funktioniert und inwiefern Stress zu gravierenden Problemen ober- und unterhalb des Halses führen kann. Dieses und die drei folgenden Kapitel führen Sie in Ihren Körper, um Rettungswege zu eröffnen, wenn der Stress Ihnen zu nah an der Stoßstange hängt (dieser verdammte Drängler). Die Kapitel werden Ihnen auch helfen, innere Wege der Linderung zu bauen – starke Resilienzwege, *verkörperte Erholungswege,* die zur Verfügung stehen, wenn Sie einfach genug von all dem aufgestauten Druck haben.

Das ist eine Arbeit, die *im Körper* getan werden muss; wir können uns nicht einfach durch Denken herauslavieren. Doch interessanterweise hilft ein Wissen über die Grundlagen dieser Methoden vielen dabei, zu sehen, wie diese Mittel sich für sie *anfühlen* und, am wichtigsten, wie sie für sie *funktionieren.* Hier ist sie also wieder: die Notwendigkeit der Balance zwischen Körper und Geist.

Ich werde Sie am Anfang, in der Mitte und am Ende jedes Kapitels durch Übungen des körperlichen Verankerns leiten, damit Sie diese Methoden vom Gefühl her erfassen können. Zwischen die Übungen schiebe ich jedoch immer einige Informationen zur Biologie ein, zur Evolution und zu wissenschaftlichen Erkenntnissen, um das Bedürfnis nach rationalem Verständnis zu bedienen. Außerdem, so hoffe ich, schließe ich damit wieder den Kreis zu Ihrem Körper und unterstütze damit Ihre Beziehung zu den Werkzeugen insgesamt. Dahinter steht die Absicht, dass Sie sich auf eine Reise in Ihren Körper hinein begeben, hinauf zu Ihrem Kopf, dann wieder zurück zum Körper und aufs Neue zurück. Das eint Ihr Geist-Körper-System, indem sowohl Ihre Empfindungen als auch Ihre Gedanken berücksichtigt und letztendlich wieder zu einem Ganzen werden.

Probieren Sie's aus: Langsam und tief atmen

Nehmen Sie sich jetzt einen Moment Zeit für ein paar langsame, tiefe Atemzüge.

1. Machen Sie es sich so bequem wie möglich.
2. Legen Sie eine Hand sanft auf Ihren Bauch und schauen Sie, ob Sie ihn dabei unterstützen können, sich zu entspannen.
3. Laden Sie Ihren nächsten Atemzug ein, schön langsam und sehr angenehm zu sein; ohne jegliches Bemühen.
4. Lassen Sie Ihren Atem die Brust und den Brustkorb füllen. Ihr Bauch bläht sich auf, während der Atem einströmt. Stellen Sie sich vor, Sie füllen Ihren Bauch so auf, wie Sie einen Ballon aufblasen würden.
5. Lassen Sie die Ausatmung lange und vollständig sein; ziehen Sie den Bauch beim Ausatmen sanft ein und lassen Sie all den Atem wieder ausströmen, sodass sich der imaginäre Ballon leert.
6. Atmen Sie ein und lassen Sie Ihren Bauch immer weicher werden, während Sie ganz leicht die Lungen mit jedem Atemzyklus aufblähen und wieder leeren. Wiederholen Sie dies ein paar Mal. Ganz behutsam. Keine Anstrengung. Nur entspannte, langsame, tiefe Atemzüge.
7. Nehmen Sie nach ein paar Atemzyklen wahr, wie Sie sich fühlen. Ist da Stress oder Anspannung, dann tun Sie bei der nächsten Runde weniger. Es sollte einfach und leicht sein. Erlauben Sie Ihrem Körper einfach, vollständig zu atmen.

Gut so! Genießen Sie es!

Nehmen Sie sich nun einen Moment Zeit, um zu spüren, wie sich diese Atemzüge auf Ihr Body-Mind-System ausgewirkt haben. Empfinden Sie nach dieser Atempause irgendeine Entspannung? Ich möchte Sie dazu ermuntern, weiter mit Ihrem Atemrhythmus herumzuspielen, vielleicht über einen Tag oder immer mal wieder über mehrere Tage hinweg. Erkunden Sie Ihren Atemrhythmus mit der Absicht, in Ihrem Atem einen Verbündeten zu finden, einen Partner für Stressbewältigung und Wohlbefinden.

Der Atem kann ein wunderbares Tor zu Ihrem Körper sein, dazu, wie er bei Bedrohung oder Sicherheit, Einsamkeit oder Verbundenheit, Stress oder Resilienz reagiert. Indem wir durch dieses Tor gehen, können wir den Atem nicht nur *beobachten,* sondern sind auch *handlungsfähig* und dadurch in der Lage, unseren Atem sanft aus der Hyper- oder Hypoaktivität herauszuführen, hin zu besseren Zuständen. Dieses und die anderen Hilfsmittel im vorliegenden Buch geben Ihnen die Möglichkeit, auf das Unterstützungsbedürfnis Ihres Body-Mind *einzugehen,* indem Sie wieder in die Mitte, zur Sicherheit und zur Leichtigkeit des Wohlbefindens zurückkommen. Es reicht nicht, nur zu wissen, dass wir aus der Mitte herauskippen und in Bedrängnis, Angst oder sogar Panik (ver-)fallen; wir brauchen in diesen Momenten des Ungleichgewichts einfache, direkte Lösungen. Ihr Atem ist eine solche direkte Lösung.

Wir atmen immer. Das kann so einfach sein, wie einen Atemzug ein- und einen Atemzug ausströmen zu lassen. Doch leider geht es nicht immer so reibungslos vonstatten. Und wie Ihre Atmung abläuft, hat einen enormen Einfluss darauf, wie Ihr ganzer Body-Mind funktioniert.

> So wie ein Tiefseetaucher eine Atemluftflasche mit sich trägt, müssen wir den Samenkern unseres individuellen Wachstums mit uns in die Welt tragen. Was auch immer wir innerlich vollbringen, verändert die äußere Wirklichkeit.
>
> – Anaïs Nin, inspiriert von Otto Rank

4.1 Was Ihnen den Atem raubt

Vielen von uns raubt der Stress den Atem, nicht selten mit der Folge, dass noch mehr Stress hinzukommt. Alles andere also als „Mir bleibt vor Freude die Luft weg". Was passiert mit *Ihrer* Atmung, wenn etwas schiefgeht? Halten Sie die Luft an? Keuchen Sie? Japsen Sie? Schweres Atmen kann wie ein Indiz sein, wie im Krimi. Als Anzeichen dafür, dass Sie jetzt Hilfe brauchen – von sich selbst –, ist der Atem wie eine Alarmglocke, die signalisiert: Sie sind aus dem Gleichgewicht geraten und steuern auf Schwierigkeiten zu – und zwar auf Body-Mind-Stressreaktivität.

Keuchend nach Luft schnappen – das war das auffälligste von Sonyas anfänglichen Hyperaktivitätssymptomen. Ihr Körper hyperventilierte unwillkürlich jedes Mal, wenn sie die Stressbelastungen in ihrem Leben beschrieb oder auch nur zu eingehend darüber nachdachte. Keuchend erklärte sie dann, dass sich ihre Kehle eng anfühlte, und sagte zwischen zwei Mal Luftholen: „Ich kann … einfach … nicht atmen …" Bei unseren ersten Sitzungen passierte das oft. Es war sehr unangenehm für sie. Ich hätte ihr so gern geholfen.

Zu Sonjas Freude – und zu meiner – hielt dieses angestrengte Atmen nicht an. Mit der Zeit regulierte sich ihr Körper und ihre Stressbelastungen fühlten sich allmählich weniger bedrohlich an. Als sich ihre Reaktivität veränderte, änderte sich auch ihre Atmung – zum Besseren. Ihre Lebensumstände waren in vielerlei Hinsicht immer noch dieselben, aber mit der erhöhten Stressresilienz zeigte sich nicht mehr bei jedem Trigger die volle körperliche Reaktivität. Wie bereits erläutert, wird unser Körper „zu gut" in Stressreaktivität und schließlich greift unser System bei großem *und* bei kleinem Ärger auf diese Höchstleistungsreaktivität zurück. Mit dem Atmen war es für Sonya zwar noch nicht getan, aber es war ein wichtiges Puzzle-Teil. Vermutlich ist das Atmen auch für Sie nicht die ganze Torte, aber immerhin ein Kuchenstück, das als Teil des Ganzen einen wichtigen Beitrag leistet.

Tiefer durchzuatmen lernte Sonya zunächst, als sie *nicht* gestresst war. Danach war sie in der Lage, ihrem Körper zu helfen, auch bei Stress weiter zu atmen. (Beide Arten der Atmung werden wir in diesem Kapitel behandeln.) Nach und nach, mit zunehmender Stressresilienz durch langsames, tiefes Atmen fiel es Sonya leichter, sich Stresserinnerungen ins Gedächtnis zu rufen oder stressreichen Bedingungen ausgesetzt zu sein *und* trotzdem atmen zu können. Sie lernte dann, mithilfe ihres Atems schwierige Ereignisse leichter durchzustehen, während sie passierten. Im Abschnitt über die Notfallatmung (Seite 91) lesen Sie mehr darüber. Die in diesem Kapitel beschriebenen Fertigkeiten haben Sonya geholfen und sie können auch Ihnen helfen, die Fähigkeit zurückzuerlangen, Ihr System durch volle, entspannte Atemzüge mit reichlich Sauerstoff zu versorgen.

Sonyas Körper wies sehr ausgeprägte somatische Stressreaktionen auf – unter anderem zogen sich ihre Lunge und ihr Zwerchfell zusammen. Und auch viele von uns spüren, dass die Atmung beeinträchtigt ist, sobald wir durch Stress aktiviert werden. Bei andauerndem oder extremem Stress kann es sich so anfühlen, als hätten wir seit langer Zeit nicht mehr voll und entspannt durchgeatmet. Nachdem er die Atemmethoden kennengelernt hatte, drückte ein MBR-Teilnehmer es so aus: „Diese neue Art zu atmen fühlt sich an wie die ersten richtig tiefen Atemzüge seit Jahren."

Wenn wir nicht genug atmen

Wenn wir nicht genug Luft bekommen, versetzt das unser System in Alarm. Unsere Blutsauerstoffwerte geraten durch eine unzulängliche oder zu schnelle Atmung in Schieflage, was unsere Stressphysiologie einschaltet und unsere Stresserfahrung unmittelbar verschlimmert. Wenn der Sauerstoffgehalt im Blut abfällt, kann es zu Symptomen wie kalten Hände und Füßen, Benommenheit, Schwindel, sogar Ohnmacht und natürlich zu Angstzuständen kommen.

Warum hält uns ein gestresster Körper von vollen und trotzdem entspannten Atemzügen ab? Die stressinduzierte systemische Kontraktion, die ich in Kapitel 3 erläutert habe, hat großen Anteil daran. Während der Stressreaktion kommt es zu einer den gesamten Körper umfassenden Verengung, wodurch sich die Muskeln im gesamten Rumpf anspannen und die Lunge zusammengedrückt wird. Auch das Zwerchfell wird schnell in Mitleidenschaft gezogen und so verändert sich unsere Atmung durch Stress fast augenblicklich. Aus der Lungenregion werden Signale ans Gehirn gesendet, ob es uns gut geht oder nicht und ob es an der Zeit ist, unterstützende „Hilfstruppen“ herbeizurufen. Das können entweder die sympathischen oder die parasympathischen Truppen sein, denn unser vegetatives Nervensystem hat zwei verschiedene Zweige: den Sympathikus und den Parasympathikus. Um die Bedeutung dieser „Truppen“ zu erklären, müssen wir eine Reise zu Ihrem Vagus unternehmen.

4.2 Eine Reise zum Vagus

Ich habe viel über Kampf oder Flucht gesprochen, die Teil einer *sympathischen Reaktion* auf Stress sind, doch es gibt noch eine Kehrseite der Medaille: die *parasympathische Reaktion*. Letztere hat mit der Erholung von Stress zu tun, was mitunter auch als Rückkehr zu *Ruhe und Verdauung* („rest and digest“) bezeichnet wird. Außerdem wird die parasympathische Reaktion charakterisiert mit *sich kümmern und anfreunden* („tend and befriend“); mehr dazu in Kapitel 8. Sowohl Ruhe und Verdauung als auch sich kümmern und anfreunden beziehen den Vagus mit ein.

Der Vagusnerv (oder zehnter Hirnnerv, wenn Sie gern Nerven zählen) verläuft vom Hirnstamm am Hals hinunter, verzweigt sich im oberen Brustkorb, setzt sich im Rumpf nach unten hin fort und verästelt sich bis in den Magen-Darm-Trakt hinein. Diese Spannung, die Sie in Ihrer Brust spüren, wenn Sie sich aufregen? Sie hängt mit dem Vagus zusammen. Jener Schmerz in Ihrem Bauch, wenn Sie gestresst sind? Auch er hängt mit Ihrem Vagus zusammen. Ihr vagaler Tonus hat einen direkten Einfluss auf Ihre Herz-, Lungen- und Verdauungsfunktion – er herrscht also über ein großes Reich. Er ist der längste Nerv im gesamten Nervensystem und fast 90 Prozent seiner Kommunikation verläuft vom Körper hinauf zum Gehirn. Das ist eine langer Weg mit vielen Verzweigungen, der enorm viele Möglichkeiten bietet, stress- oder entspannungsbezogenen Telegramme zu erzeugen (siehe Kapitel 3).

Wie können wir unser System dabei unterstützen, ein Gleichgewicht zu finden, wenn es offenbar so leicht im Vollgas-Modus feststeckt? Atmen kann den Prozess in Gang bringen.

Der sympathische Zweig ist das Gaspedal; der parasympathische Zweig die Bremse. Stress kann Ihr System dazu veranlassen, das Gaspedal bis zum Anschlag durchzudrücken – natürlich in dem Bestreben, Sie in Richtung Sicherheit fahren zu lassen (aber es kann Sie auch gegen eine Wand prallen lassen). Und bei einem robusten Gaspedal brauchen wir auch ein gutes Bremssystem. Nach einer Selbstbeschleunigung ist Atmen wahrscheinlich die schnellste, und direkteste Bremse, die wir anwenden können. Wissenschaftlich ausgedrückt ist die mit unserer Atmung betätigte Bremse die *vagale Bremse*.

Erinnern Sie sich an die Löwin (siehe Kapitel 3): Sie floh oder erkämpfte sich erfolgreich ihre Sicherheit und nahm sich dann Zeit, ihre Kreise im Gras zu drehen, zu gähnen und sich hinzulegen. Gaspedal und Bremse werden hier gleichgewichtig im gesunden Ausmaß eingesetzt. Vom Laufen bis zum Ausruhen: Bei der Löwin zeigt sich ein vollständiger, gesunder Reaktionsbogen von sympathischer zu parasympathischer Aktivität. Sie schätzte die Gefahr ein und rannte um ihr Leben; sie schätzte die neu erlangte Sicherheit ein und ruhte sich dann aus, sie kalibrierte sich neu und *erholte sich.*

Doch wie können wir unser System dabei unterstützen, ein solches Gleichgewicht zu finden, wenn es offenbar so leicht im Vollgasmodus steckenbleibt? Atmen kann den Prozess in Gang bringen. Aber nicht eine beliebige Art von Atmen. Wir brauchen eine rhythmische Atmung. Laut Porges (2014) schaltet schnelles Einatmen den Körper in den sympathischen Modus und bereitet uns auf Kampf und Flucht vor. Im Gegensatz dazu schalten ausgedehntes Ausatmen und eine langsamere Atemfrequenz unsere Physiologie in den parasympathischen Modus, um zu ruhen, zu verdauen und einfach da zu sein. Der Vagusnerv hat einen enorm großen Einfluss auf unsere parasympathische Aktivität und unsere Atmung hat einen enorm großen Einfluss auf den Vagusnerv.

Ein Gleichgewicht innerhalb des Systems

Die Funktionsweise von Sympathikus und Parasympathikus könnte man damit vergleichen, mit zwei verschiedenen Füßen Bremse und Gaspedal zu bedienen. Normalerweise wechseln Sie mit einem Fuß zwischen Bremse und Gas hin und her. Nun stellen Sie sich vor, Sie hätten einen Fuß für das Gaspedal und einen zum Bremsen. Hier geht es nicht um den einzelnen Fuß, sondern um eine Feinabstimmung *beider* Füße. Es besteht die Gefahr, dass man den einen Fuß untätig sein lässt, während der andere vollständig übernimmt. Wenn man nur Gas gibt, führt das zu Panikattacken, wenn man nur bremst, wird man ohnmächtig. Es ist auch möglich, zu stark auf beide Pedale gleichzeitig zu drücken, was zu einer systemweiten Reaktion wie chronischer Müdigkeit beitragen kann. Die gute Nachricht ist: Für das Gleichgewicht von Bremse und Gas wird fortwährend innerlich gesorgt. Außerdem haben wir mit jedem Atemzyklus einen gewissen Zugang zu diesem Gleichgewicht.

Jedes Einatmen ist ein leichter Druck aufs Gas: ein geringfügiges Ansteigen der Herzfrequenz, eine leichte Ausdehnung der Bronchien in der Lunge und wir werden etwas wacher. Jedes Ausatmen ist ein leichter Druck auf die Bremse: geringfügiges Sinken der Herzfrequenz, leichte Verengung der Bronchien in der Lunge und wir werden etwas entspannter. Rhythmisches, ausgeglichenes Atmen ermöglicht genau das richtige Ausmaß von beidem: etwas Gasgeben beim Einatmen und etwas Bremsen beim Ausatmen – kein hektisches Turbo-Beschleunigen, keine qualmenden Bremsbeläge.

4.3 Den Atem ausbalancieren

Stoßweise große Mengen von Luft einzuatmen, sorgt dafür, dass der Gasfuß die Kontrolle übernimmt, sodass Sie geradewegs in Richtung Stressville rasen. Kaum zu atmen bewirkt, dass der Bremsfuß viel zu stark drückt und kann Sie abrupt zum Halten bringen. Beide Atemreaktionen sind üblich, wenn der Stress überhandnimmt. In angstauslösenden Situationen neigen viele zu vermehrtem Keuchen. Damit einher geht eine *unvollständige Ausatmung,* wodurch der Fuß sofort von der Bremse geht. Vielleicht merken Sie gar nicht, dass Sie den Atem anhalten – bis Sie das Gefühl haben, mit beiden Füßen in hart werdendem Zement festzustecken; und Ihre *unvollständige Einatmung* kann das Signal für eine langsame, aber stetige Shutdown-Reaktion sein.

Wir müssen uns wieder angewöhnen, *vollständig* ein- und auszuatmen und unser Gas- und Bremssystem neu justieren. Im weiteren Verlauf dieses Kapitels werden Sie lernen, den Atem zu nutzen, um Hindernisstrecken mit hohen Stressanforderungen zu durchfahren, aber vorher müssen Sie lernen, einfach in der Stadt herumzukurven.

Langsam und tief

Für die Atmung im „Einfach-Herumkurven"-Modus entwickeln wir „langsame, tiefe" Atemzyklen. Dazu ist ein langes, entspanntes, leichtes Einatmen erforderlich, gefolgt von einem langsamen, beruhigenden, vollständigen Ausatmen. Durch langsames, tiefes, rhythmisches Atmen werden Sie erneut vertraut mit Ihrer Atemweise in entspannten Situationen – oder auch, wenn nichts Besonderes geschieht. Es ist wichtig, die langsame, tiefe Atmung in ruhigen oder neutralen Situationen ohne Stressaktivierung zu erlernen und zu stärken.

Über die Praxis des langsamen, tiefen Atmens finden Sie Ihren eigenen natürlichen Atemrhythmus. Dafür ist es hilfreich, wenn Sie sich so weit wie möglich entspannen, vor allem die Bereiche um die Lunge herum, wie Bauch und Brust. Der Fokus liegt auf dem Füllen und Entleeren der Lunge mit der entsprechenden Bewegung des Zwerchfells, das den Bauch herausdrückt und wieder einsinken lässt. Ein absichtliches Einziehen oder Anspannen der Bauchmuskeln ist bei dieser Atmung nicht angesagt. Je weniger Anspannung, desto besser. Je entspannter Ihr Bauch ist, umso freier kann sich Ihr Zwerchfell bewegen und umso voller und stresslindernder können Ihre Atemzüge sein. Erstaunlicherweise kann eine langsame, tiefe rhythmische Atmung einen erheblichen Einfluss auf Ihr Body-Mind-System haben – später werden wir einen Blick auf einige wissenschaftliche Studien werfen.

Nehmen wir uns jetzt Zeit für eine Atempause. Nutzen wir die Gunst der Stunde. Jede Begegnung mit langsamem, tiefem, vollem Ein- und Ausatmen tut Ihrer Bremse, dem Gaspedal und dem gesamten Vagus gut.

Atempause

1. Der Bauch ist entspannt.
2. Lassen Sie zu, dass Sie langsam und tief in den Bauch hinein atmen.
3. Geben Sie dem Atem Zeit und Raum, nach und nach Ihren gesamten Rumpf aufzublähen.
4. Genießen Sie das Einatmen – keine Eile, keine Anstrengung.
5. Wenn Sie sich bereit fühlen, auszuatmen, lassen Sie die Luft sanft ausströmen.
6. Lassen Sie die Luft zusehends und vollständig aus Ihrem Rumpf entweichen und ziehen Sie den Bauch sanft ein, um die Lunge ganz zu entleeren.
7. Wiederholen Sie dies bei den nächsten paar Atemzügen. Ruhig. Entspannt. Ohne jegliche Anstrengung. Gut gemacht!

Nehmen Sie nun wahr, wie Sie sich fühlen. Wie geht es Ihrem Körper jetzt gerade? Gibt es Bereiche, die sich entspannt anfühlen? Falls ja, nehmen Sie sie wahr. Lassen Sie sie auf sich wirken. Lassen Sie dieses Gefühl für eine kleine Weile zu. Falls es keine entspannten Körperstellen gibt – gibt es Stellen, die einfach okay sind? Okay ist völlig ausreichend für diese Übung. Gönnen Sie sich einige Momente, um alle Bereiche zu spüren, die sich annehmbar anfühlen, und nehmen Sie wahr, ob Ihr Atem Ihnen als eine Art Assistent helfen kann, in Richtung Linderung und Ruhe zu gelangen. Und Ihnen helfen kann, sich so sicher und „okay" zu fühlen, wie Sie es brauchen und verdienen.

Versuchen Sie, ein paar „Ahhhhhhhs" oder „Hmmmmmms", lange Seufzer oder „OM"-artige Laute hinzuzufügen – sie fügen Ihrer Ausatmung eine Vagusmassage hinzu. Je länger der Ton, umso besser; versuchen Sie, den Ton über die gesamte Ausatmung hinweg zu verlängern. „Ahhhhhs" oder „Hmmmmmms" oder „Oooommmmmms" können Sie jederzeit ausstoßen, um den Vagus zu wecken und viele „Okay"-Telegramme von Ihrem Bauch ans Gehirn zu senden!

(Ich tue das gern im Auto. Ich kichere viel beim „Ahhhhen" und „Ooommmen", wenn ich unterwegs bin … und für alle Autos drumherum sieht es so aus, als würde ich inbrünstig mein Lieblingslied singen.)

Wenn Sie mit einem Bleifuß auf dem Gas oder der Bremse stehen, kann entspanntes, langsames, tiefes Atmen Ihren sympathischen und parasympathischen Input wieder kalibrieren. So ein Bleifuß kann Tage, Wochen, Monate oder sogar Jahre anhalten. Rein oberflächlich erinnert rhythmisches Ein- und Ausatmen Ihr System daran, dass es auch volle Atemzüge zur Verfügung hat, aber tief in Ihrem Inneren lernt Ihr Nervensystem die wesentliche Fähigkeit des Hin- und Herschwingens – wie es sich von den Höhen und Tiefen des Alltags erholen kann, statt in ihnen stecken zu bleiben. Mit regelmäßiger Übung ist die Brücke zwischen Ein- und Ausatmung gut etabliert und auch Ihre Brücke zwischen Aktivierung und Erholung kann sich ebenso gut etablieren.

Nachdem diese Brücke repariert ist, geht es weiter zu dem, was ich „Notfallatmung“ nenne.

Notfallatmung

Im Gegensatz zur Praxis der langsamen und tiefen Atmung – die geübt wird, wenn die Situation generell ruhig ist – wird die Notfallatmung bei Stress praktiziert, also während des eigentlichen Ereignisses, mitten in der Stressreaktion. Diese Atmung soll Sie davor bewahren, direkt aus der Haut zu fahren. Wenn Sie kurz davor stehen, aufs Gas zu steigen, die Reifen zum Qualmen zu bringen und in Panik zu geraten, ist die Notfallatmung ein kurzer Moment, in dem Sie den Fuß etwas vom Gas nehmen: Sie ersetzen damit die abgehackte Atmung durch gleichmäßige Atemzüge und betätigen gleichzeitig mit jedem langen Ausatmen langsam und stetig die Bremse. Wenn Sie dagegen aufgrund von Stress mit voller Wucht auf die Bremse treten und sich selbst fast „abwürgen“, vielleicht sogar in einen Zustand der Betäubung verfallen, dann hilft Ihnen die Notfallatmung, die Bremse mit kräftigen Einatmungen zu lösen und gibt Ihnen etwas mehr Schwung für die anstehende Situation. Sie brauchen nicht herauszufinden, in welchem Zustand Sie sind und wie Sie Ihren Atem choreografieren müssen. Das erledigt die Intelligenz Ihres Körpers für Sie. Schon mehrere lange, leichte Ein- und Ausatmungen können Ihre Regulation anspringen lassen und Sie wieder auf Kurs bringen.

Max und ich hatten schon einige Wochen an Atemtechniken gearbeitet, als er mir die folgende Geschichte erzählte. Er hatte sich mit der Praxis des rhythmischen Atmens inzwischen angefreundet und setzte in Stresssituationen während seiner Arbeitswoche auch schon die Notfallatmung ein. Präsentationen waren für ihn ein häufig vorkommender Stressor. Oft hatte er das Gefühl, zu großem Druck und prüfenden Blicken ausgesetzt zu sein und war daher bei solchen Meetings sehr angespannt.

Kurz vor einer Präsentation spürte er, wie sich sein Brustkorb anspannte, sein Atem unregelmäßig und stoßweise ging und sein Herz raste – er stand zu sehr auf dem Gas. Vor der Tür des Konferenzraums nahm er sich einen Moment Zeit für ein paar Notfallatemzüge. Dabei ließ er bewusst seinen Bauch locker und sorgte dafür, dass die Luft in langsamen, tiefen Atemzügen ein- und ausströmte. Er brauchte nur drei oder vier solcher Atemzüge – und oft ist das alles, was nötig ist, um ein wenig von „mit Volldampf voraus" wegzukommen und eine etwas angenehmere Fahrgeschwindigkeit zu erreichen. Er betrat den Konferenzraum mit dem Gefühl, weitaus weniger aktiviert zu sein, als er es gewohnt war. Während des gesamten Meetings atmete er weiter (wie Menschen es nun einmal tun), aber jetzt waren seine Atemzüge gleichmäßiger und voller. Er verließ das Meeting mit dem Gefühl, viel weniger gestresst zu sein als sonst und war wirklich stolz darauf, wie gut die Präsentation gelaufen war.

Wir brauchen beides

Um unsere Stressresilienz zu fördern, werden wir die folgenden beiden Ansätze verfolgen: In Momenten, in denen es ziemlich ruhig, gelassen und gesammelt zugeht, werden wir das rhythmische Atmen etablieren, und in Situationen, die nicht so ruhig sind, werden wir die Notfallatmung integrieren. Mit Übungen des langsamen, tiefen Atmens bereiten wir uns zunächst auf einen ausgewogenen Gebrauch der Pedale vor. Üben können Sie in jedem freien Moment, in dem Sie nicht unter Druck stehen: wenn Sie an einer Ampel warten, wenn Werbung läuft, beim Zubereiten des Abendessens, abends vor dem Einschlafen oder morgens vor dem Aufstehen.

Als Nächstes lernen Sie, mit der Notfallatmung Ihr ganz persönliches Erste-Hilfe-Team zu vervollständigen. Wenn Sie das Gefühl haben, dass es in einer Situation gerade nicht so prima läuft, kann das Erste-Hilfe-Atem-Team dazu beitragen, dass die unmittelbaren Umstände ein bisschen sicherer erscheinen. Die Notfallatmung findet mitten im Geschehen statt, am „Ground Zero" – unterstützt von unseren Freunden, den Ein- und Ausatmungen.

In diesem Kapitel geht es zwar um den Atem als eigenständige Übungspraxis, doch beachten Sie bitte: Atmen allein reicht nicht aus, um die Stressreaktivität Ihres gesamten Systems tiefgreifend zu ändern. Korrigierende Atemübungen legen zwar den Grundstein, sind jedoch nicht das ganze Haus. Ihr Atem, der direkten Einfluss auf den Vagus hat, *unterstützt* jede Methode, die Sie in diesem Buch lernen und er hat *Anteil* an jeglicher Erholung von Stressprägungen, von denen Sie sich sehnlichst befreien möchten. Um Ihr Body-Mind-System zu transformieren, Ihr Nervensystem ins Gleichgewicht zu bringen und starke Stressresilienzpfade zu bilden, ist es erforderlich, die Atmung mit den anderen vorgestellten Tools zu *kombinieren.*

Zu positiven Risiken und Nebenwirkungen …

Bestimmt kennen Sie den Warnhinweis aus der Werbung für Medikamente: „Bei Risiken und Nebenwirkungen fragen Sie Ihren Arzt oder Apotheker." Und auf Beipackzetteln finden sich häufig lange Listen schrecklicher Möglichkeiten, etwa Durchfall oder Haarausfall. Hier möchte ich einige mögliche *positive* Nebenwirkungen der langsamen, tiefen Atmung aufzählen (wozu glücklicherweise nicht weicher Stuhlgang oder Haarausfall zählen).

Vielleicht begeistert es Sie ähnlich wie es mich begeistert, dass reguliertes Atmen mit einigen wirklich unglaublichen Gesundheitsmarkern in Verbindung gebracht wird. Es hat sich gezeigt, dass langsames, tiefes Atmen Entzündungen im ganzen Körper *reduziert*. Man geht davon aus, dass Entzündungen bei Migräne, chronischer Müdigkeit, Reizdarm und Ekzemen eine Rolle spielen. Langsames, tiefes Atmen reduziert jedoch die Wahrscheinlichkeit für all diese und für noch viele andere Erkrankungen. Außerdem hat es sich als Einflussfaktor auf die allgemeine Gesundheit erwiesen. Menschen, die so atmen, leben länger und gesünder; sie haben ein stärkeres Immunsystem und sogar ein stärkeres Herz (Lehrer und Gevirtz 2014). Das sind wirklich gute Nachrichten über die Wirkkraft unserer Atmung und ich hoffe, sie motivieren Sie ebenso wie mich. In einem späteren Abschnitt gehe ich noch auf weitere Forschungen ein.

Damit Sie sich leichter erinnern können, hier eine nützliche Gedächtnisstütze für Ihren Werkzeugkoffer: die vier „L".

Nutzen Sie sie als schnelle, kurze Gebrauchsanleitung, wie sie einem Lieblingsspiel, einem Gerät oder Möbeln zum Selbstaufbauen beiliegt (nein, halt, streichen Sie die Möbel – die *steigern* den Stress). Diese Kurzanleitung bringt Sie auf den richtigen Weg. Mit der Zeit entsteht eine innere Steuerung – Ihr Körper erinnert sich daran, dass er den Weg kennt.

Locker lassen: Den Bauch entspannen.

Loslassen: Alles andere kann eine Minute warten.

Langsam und tief ein- und ausatmen.

Lassen Sie sich Zeit; keine Hektik.

Alte Wurzeln

Eigentlich ist es nichts Neues, unser System durch Atmen zu beschwichtigen und zu beruhigen. Dass neuere wissenschaftliche Forschungen den Wert der rhythmischen Atmung stützen, ist bekannt. Doch diese Praxis hat zudem sehr alte Wurzeln. Bewusstes Atmem spielt in den yogischen Traditionen, die mehrere tausend Jahre zurückreichen, eine zentrale Rolle und vermutlich wurde in dieser ganzen Zeit auch

OM gechantet. Früher dachte ich, das OM sei nur eine nette Art, einen Kurs zu beginnen oder zu beenden; jetzt weiß ich, dass viel mehr dahinter steckt.

Meine erste Einführung in langsames und tiefes Atmen hatte ich mit neunzehn, in einem unkonventionellen, lichtdurchfluteten Loft in San Francisco, das ich zu meinem Glück in einer extrem harten Zeit gefunden hatte. Atmen half mir damals, u. a. meine große Trauer bewältigen, denn ein liebes Familienmitglied war kürzlich gestorben. Der Atem wurde für mich zu einem zuverlässigen Verbündeten bei Stress. Doch sobald mein Stresslevel wirklich anstieg und die Dysregulation mein System erfasste, schien ich zu vergessen, wie man atmet – zu meiner großen Überraschung. Ich dachte, dass ich dieses Hilfsmittel bereits aus dem Effeff beherrschte, aber der Stress schien es von meiner Festplatte gelöscht zu haben. Als ich mich zwanzig Jahre später mit wissenschaftlichen Untersuchungen zum rhythmischen Atmen beschäftigte, kam ich zu der Überzeugung, dass ich Zeit in diese einfache und doch tiefgreifende Praxis investieren musste. Glücklicherweise braucht man keine spezielle Yoga-Ausbildung (oder ein Bohème-Loft in einer Großstadt), um tief zu atmen. Ihre Lunge und Bewusstheit sind die einzigen Voraussetzungen.

4.4 Etwas Evolutionstheorie

Wenn rhythmisches Atmen so gut für uns ist und unseren Körper so glücklich macht, warum reagieren wir dann auf Stress mit Atemnot – vor allem, wenn das den jeweiligen Moment nur noch anstrengender macht? Wenn wir Stress bzw. Bedrohungen bewusst oder unbewusst einschätzen, werden wir aufgrund unserer evolutionären Veranlagung entweder aktiv und regeln die Angelegenheit mit Kampf oder Flucht, oder wir kauern uns zusammen und warten ab, bis das Problem vorüber ist – auch bekannt als Erstarren oder Shutdown. Beides verändert automatisch unsere Atmung, die Herzfrequenz und den Blutdruck. Das sind einfach unsere Anlagen, die sich natürlich in Tausenden Jahren von Versuch und Irrtum so entwickelt haben. Sie wissen schon: Die Nichtstuer, die sich immer nur entspannt zurücklehnten, ohne dass auch nur eines ihrer [Nasen-]Haare verrutschte, räkelten sich gemütlich auf einem prächtigen Essteller, wenn ein Tiger kam. Diejenigen hingegen, die überlebten, hyperventilierten und brachten die Schar aus der Gefahrenzone. Damals waren bei einer Flucht oder einem bevorstehenden Kampf eine Beschleunigung von Atemfrequenz und Herzschlag einfach sinnvoll. Die großen Muskeln wurden so mit Sauerstoff und Blut versorgte und hatten damit die Kraft und Energie, sich der Sache anzunehmen.

Diese Überlebenden aus grauer Vorzeit waren so clever, sich auch einen Plan B offenzuhalten: Wenn sie die Angelegenheit nicht regeln konnten, hielten sie still und warteten ab. Durch Erstarren und Shutdown wurde ihre Atmung sehr langsam und auch die Atemfrequenz ließ nach, sodass sie in der Lage waren, so lange abzuwarten, bis sich das Problem erledigt hatte. Sie atmeten währenddessen gerade genug, um am Leben zu bleiben, aber so wenig, um nicht bemerkt zu werden. Um dieses lange Warten zu erleichtern, schaltete ihr Körper systematisch alle inneren Arbeitsprozesse ab, während sie gewissermaßen betäubt und geistig leer wurden. Denken Sie an eine Eidechse, reglos wie eine Statue, kaum ein- und ausatmend, die über längere Zeiträume hinweg wartet, dass die lauernde Katze sie in Ruhe lässt, damit sie sich aus dem Staub machen kann!

Und dann gab es noch Option C, bei der beide Reaktionen simultan auftraten und die Betreffenden gleichzeitig keuchten und kaum atmeten. Ihr System wurde sowohl in Richtung Aktion als auch in Richtung Shutdown gezogen (und das ist eine Party der ganz besonderen Art).

Ob wir nun zur Aktion, zur Untätigkeit oder zu beidem gleichzeitig gezogen werden: Aus evolutionären Gründen wird unsere Atmung durch Stress drastisch beeinträchtigt. Früher, als Stress noch bedeutete, dass wir vor Säbelzahntigern fliehen mussten, war Hyperventilieren adaptiv. Heute hyperventilieren wir, wenn wir versuchen, einen Vortrag zu halten, eine Prüfung zu bestehen oder ein abgelegenes Restaurant zu finden. In solchen Fällen bringt uns schnelles Atmen jedoch nicht in Sicherheit, sondern steht uns einfach nur im Weg. Und natürlich war die automatische Reaktion, sich zusammenzukauern, früher einmal lebensrettend, heute dagegen weniger. Viele von uns können sich nur mit Mühe davon abhalten, unwillkürlich „auszusteigen", wenn größerer Stress aufkommt und finden sich oft schon in einem Shutdown-Zustand wieder, wenn sie nur die Nachrichten hören, Steuerformulare ausfüllen oder versuchen, mit einem Vorgesetzten zu sprechen. Es kann sich anfühlen, als würden Sie sich selbst durch einen langen dunklen Tunnel hindurch zurufen: „Komm zurück!", aber außer Ihrem Echo antwortet Ihnen nichts und niemand. Solche maladaptiven Atemmuster zu durchbrechen, ist ein wichtiger Schritt in die richtige Richtung.

Wir haben jetzt die Chance, unsere inzwischen entwickelte Intelligenz zu nutzen, um diese vorsintflutlichen Gewohnheiten in neue Bahnen zu leiten und stattdessen bewusst, rhythmisch und auf eine ach so moderne Art zu atmen.

4.5 Was sagt die Wissenschaft über das Atmen?

Seit etwa zehn Jahren interessiert sich die Wissenschaft sehr für die umfassenden Auswirkungen rhythmischen Atmens – auf den ganzen Körper. Es gibt beweiskräftige Forschungsergebnisse dafür, dass Sie mithilfe des Atems Ihre sympathische und parasympathische Aktivierung neu kalibrieren und Ihren Grundzustand „resetten“ können. Doch bevor wir in die Wissenschaft hinter dem Atmen eintauchen, machen wir eine Atempause, die Ihrer Atembremse dient.

Atempause

Lassen Sie alle Bauchmuskeln los und Ihren Bauch locker werden. Atmen Sie dann für die nächsten Atemzüge langsam und tief ein. Geben Sie dem Atem Zeit und Raum, Ihren Oberkörper allmählich aufzublasen und ihn dann allmählich wieder einsinken zu lassen.

Wiederholen Sie das ein paar Mal. Wenn es sich für Sie richtig anfühlt, fügen Sie einige lange „Ahhhhhhs“ hinzu. Gut gemacht!

Rhythmisches Atmen ist für unsere körperliche Gesundheit etwas Wunderbares und auch ein Geschenk für unser emotionales Wohlbefinden. Zu diesem Thema gibt es eine Fülle an wissenschaftlichen Untersuchungen. Rhythmisches Atmen ist ein einfacher Weg, um die Herzfrequenzvariabilität bzw. Herzratenvariabilität (HRV) schnell zu beeinflussen. Wie bereits erwähnt, steigt unsere Herzfrequenz bei jedem Einatmen und sinkt bei jedem Ausatmen. Es gibt eine Variabilität zwischen der höheren Herzfrequenz beim Einatmen und der niedrigeren Herzfrequenz beim Ausatmen: Die Abstände zwischen zwei Herzschlägen sind nicht immer genau gleich – und das ist vollkommen gesund. Und mit etwas wissenschaftlicher Begeisterung kommen wir jetzt zur Messung der Herzratenvariabilität. Eine hohe HRV bedeutet, der Abstand zwischen der Herzfrequenz beim Einatmen und der Herzfrequenz beim Ausatmen ist groß, bei einer niedrigen HRV ist dieser Abstand klein.

Korrelationen, die in zahlreichen Studien gefunden wurden, weisen darauf hin, dass eine hohe HRV gesund und eine niedrige HRV nicht so gesund ist. Atmet eine Person zum Beispiel flach und schnell, dann steigt ihre Herzfrequenz bei schnellem Einatmen nur geringfügig an und fällt bei einem verkürzten Ausatmen nur leicht ab. Eine solche Atmung erzeugt einen niedrigen HRV-Wert, der anzeigt, dass diese Person weniger gesund ist.

Bei einem schönen langen Atemzug hingegen, der einige Sekunden dauert (vielleicht bis fünf oder sechs zählen) hat die Herzfrequenz reichlich Zeit, um sich zu erhöhen. Bei einer darauf folgenden schönen langen Ausatmung, die ebenfalls einige Sekunden dauert – idealerweise genauso lange wie das Einatmung –, hat die Herzfrequenz reichlich Zeit, wieder zu sinken. Bei einer solchen langsamen, tiefen Atmung gibt es eine hohe Variabilität zwischen den beiden Herzfrequenzen. Eine Messung würde eine hohe HRV ergeben und die Person als ziemlich gesund gelten. Tatsächlich ist eine hohe HRV gut für den gesamten Body-Mind. Schauen wir uns nun einige Forschungsarbeiten an, die diesen Zusammenhang untersuchen.

Es hat sich gezeigt, dass eine hohe Herzfrequenzvariabilität die parasympathische Aktivität und den vagalen Tonus erhöht – *rest, digest, tend, befriend:* ruhen, verdauen, sich kümmern und anfreunden (Prinsloo et al. 2011; Wells et al. 2012). Ebenso hat sich ein Zusammenhang zwischen positiven Stimmungen und einer hohen HRV erwiesen (Schwerdtfeger & Gerteis 2014). Die Folgen können ein niedrigerer Angstlevel und eine geringere traumatische Stressreaktivität sein. Ebenso gibt es einen Nachweis für geringere depressive Symptome aufgrund von HRV-Training (Karavidas et al. 2007). Durch ein solches Training konnten auch nachweislich Anspannung, Müdigkeit und Ärger reduziert werden (Lagos et al. 2008). Auch angstbedingtes Grübeln und Sorgen lassen sich durch eine hohe Herzfrequenzvariabilität vermindern (Sherlin, Muench & Wyckoff 2010). Nicht schlecht, oder? Nun wollen wir uns einige Besonderheiten näher anschauen.

Studie 1

In einer Studie des Jahres 2009 von Zucker und Kollegen wurden 38 Teilnehmer*innen mit PTBS-Symptomen in einer Klinik für die Behandlung von Störungen durch Substanzgebrauch ausgewählt und zu zwei Gruppen aus jeweils neunzehn Personen zusammengestellt. Eine der beiden Gruppen – die HRV-Gruppe – erhielt ein Handgerät zum Trainieren rhythmischen Atmens. Die andere Gruppe erhielt zum Üben der Progressiven Muskel-Relaxation (PMR) eine CD mit einer geführten Anleitung. Beide Gruppen wurden gebeten, vier Wochen lang täglich zwanzig Minuten lang entweder HRV oder PMR zu üben. Zwar hielten sich in beiden Gruppen nicht alle Teilnehmer*innen zu 100 Prozent an diese Vorgabe, doch das hatte allem Anschein nach keinen signifikanten Einfluss auf die Werte.

In der HRV-Gruppe zeigte sich, dass rhythmisches Atmen in beeindruckender Weise Depressionen lindern konnte und auch positive Tendenzen bei der Verringerung von PTBS-Symptomen hatte. Unter Verwendung des Beck-Depressions-Inventars zeigte sich: 94 Prozent der HRV-Gruppenmitglieder waren nach den Atemübungen weniger depressiv; in der PMR-Gruppe galt das nach den Muskelentspannungsübungen nur für 58 Prozent der Mitglieder. Auch im Vorher-Nachher-Vergleich der Ergebnisse zu PTBS-Symptomen zeigten sich – unter Verwendung einer Checkliste zu PTBS-Symptomen – in der HRV-Gruppe durchweg bessere Ergebnisse als in der PMR-Gruppe. Bei den Mitgliedern der HRV-Gruppe verringerten sich die Symptome um 27 Prozent, bei denen der PMR-Gruppe um 18 Prozent. Und wenig überraschend hatten die Mitglieder der HRV-Gruppe nach vier Wochen Übungszeit eine bessere Herzfrequenzvariabilität in Ruhe (= wenn sie *nicht* bewusst rhythmisch atmeten) als die Mitglieder der PMR-Gruppe, was zeigt, dass die Praxis des rhythmischen Atmens einen anhaltenden positiven Effekt hat.

Studie 2

2017 führten Steffen und Kollegen eine Studie mit 95 College-Student*innen durch. Hier wurde die Stimmung der Teilnehmer*innen vor und nach dem rhythmischen Atmen eingeschätzt. Es wurden vier Gruppen gebildet, die nach Anweisung auf jeweils unterschiedliche Weise atmeten:

- Gruppe 1: Proband*innen, die leicht „überatmeten“ – etwas zu schnell
- Gruppe 2: Proband*innen, die leicht „unteratmeten“ – etwas zu langsam
- Gruppe 3: Proband*innen, die rhythmisch und angenehm atmeten – „genau richtig“
- Gruppe 4: In dieser Kontrollgruppe ruhten die Proband*innen nur ruhig mit offenen Augen, ohne ihre Atmung zu steuern

Die Proband*innen sollten fünfzehn Minuten lang atmen (oder ruhig dasitzen – Kontrollgruppe) und anschließend einen Fragebogen zur Stimmung und zum Stresslevel ausfüllen. Ein anschließender Mathematiktest sollte sie etwas in Stress versetzen; auf ihn folgten eine zehnminütige Ruhepause und schließlich ein Abschlussbericht zur Stimmung und zum Stressniveau. In Bezug auf Stress und Stimmung waren die einzigen Probanden, deren Stimmung sich nach der Atemübung verbessert hatte, diejenigen aus Gruppe 3, mit der angenehmen rhythmischen Atmung. Diese Gruppe hatte auch eine bessere Herzfrequenzvariabilität als die anderen drei Gruppen.

Auch hier zeigt sich wieder, dass langsames, tiefes *angenehmes Atmen* im Gegensatz zum zu langsamen oder zu schnellen Atmen mit einer besseren Stimmung und einer besseren Herzfrequenzvariabilität einhergeht.

Studie 3

Für eine weitere Studie wurden im Jahr 2012 professionelle Musiker*innen ausgewählt, weil sie vor Auftritten häufig unter extremem Lampenfieber und hinterher unter Post-Konzert-Depressionen litten. Wells und Kolleg*innen (2012) teilten die insgesamt 46 Musiker*innen im Alter von neunzehn bis 46 Jahren in drei Gruppen ein: zwei Atemgruppen und eine Kontrollgruppe.

Atemgruppe A erhielt grundlegende Anweisungen für eine tiefe, langsame Atmung *und* die Proband*innen waren mit einem Computer verbunden, über den Sie Feedback erhielten, um ihren individuellen Atemrhythmus bzw. ihre Resonanzfrequenz über einen Zeitraum von dreißig Minuten zu maximieren.

Atemgruppe B erhielt ebenfalls Anweisungen für langsames und tiefes Atmen. Die Proband*innen waren aber *nicht* an einen Computer angeschlossen, um Feedback zu erhalten, sondern ließen sich eine halbe Stunde von ihrer eigenen Wahrnehmung leiten.

Gruppe C wurde angewiesen, dreißig Minuten lang etwas Beliebiges zu lesen.

Nach Ermitteln der individuellen Baseline-Werte wurde jede Gruppe absichtlich provoziert: Man teilte den Mitgliedern mit, sie hätten fünf Minuten Zeit, um ihre Musik einzustudieren und würden dann auf Video aufgenommen; sie sollten so gut wie möglich spielen, bei einem Fehler aber nicht abbrechen. Ihnen wurde gesagt, dass ihre aufgezeichnete Performance auf Genauigkeit und musikalische Interpretation hin bewertet werden würde. Zunächst praktizierten die Proband*innen eine halbe Stunde lang die zuvor geübte Atmung oder lasen wieder, und dann wurden ihre Angst und emotionale Reaktivität gemessen.

Die Studie zeigte eine Zunahme der vagalen Bremsfunktion bei beiden Atemgruppen und eine Abnahme dieser Funktion bei der Lesegruppe. Die Ergebnisse zeigen auch, dass die ängstlichen Mitglieder der Atemgruppen nach der Atemsitzung eine Abnahme der Angstsymptome empfanden, während die ängstlichen Mitglieder der Lesegruppe eine Zunahme der Angst spürten. Das Atmen erwies sich als durchweg besser, eine parasympathische Reaktion hervorzurufen, was laut den Wissenschaftler*innen dazu führte, dass die Betreffenden sich auf die Freude am Auftritt konzentrierten, wohingegen die Lesegruppe sich tendenziell eher auf ihre Fehler und möglichen Misserfolge konzentrierte.

Wichtig ist: Bei der Gruppe mit Computerfeedback zur Atmung war kein Vorteil erkennbar im Vergleich zu den Teilnehmer*innen, die ihre langsame, tiefe Atmung selbst gesteuert hatten. Das ist eine gute Nachricht für diejenigen unter uns, die noch keine Atemfeedback-Software auf ihrem Computer installiert haben.

Geringfügige und tiefgreifende Auswirkungen

Welche Auswirkungen könnten diese Studienergebnisse für Ihr Leben haben? Wie könnten sie Ihnen bei Ihrem Stress helfen? Sicherlich ist das individuell unterschiedlich. Atmen leistet in vielfältigen Formen einen Beitrag zu Ihrem Leben.

Probieren Sie's aus:
Nehmen Sie die Verbindung zwischen Atmung und Stress wahr

Wie sehr stehen Atmen und Stress für Sie miteinander in Beziehung?

1. Wenn ich gestresst bin, sind Veränderungen in meiner Atmung ...

   a. ausgeprägt _____ b. schwach _____ c. nicht wahrnehmbar _____

2. Ich ertappe mich manchmal dabei, dass ich ...

   a. keuche _____ b. die Luft anhalte _____ c. keins von beidem _____

3. Ich habe das Gefühl, dass ich nicht voll und tief durchatmen kann.

   a. oft _____ b. manchmal _____ c. nie _____

4. Wenn ich gestresst bin, fühle ich mich leicht benommen oder schwindlig.

   a. oft _____ b. manchmal _____ c. nie _____

5. Wenn ich gestresst bin, spüre ich, wie sich mein Bauch anspannt oder meine Brust eng wird und mir das Atmen schwerfällt.

   a. oft _____ b. manchmal _____ c. nie _____

Zählen Sie zusammen, wie oft Sie jeweils mit „a", „b" oder „c" geantwortet haben.

Vier oder fünf „A"-Antworten bedeuten, dass bei Ihnen Atmung und Stress ziemlich stark miteinander verbunden sind.

Vier oder fünf „B"-Antworten weisen bei Ihnen auf eine mäßige Verbindung von Atmung und Stress hin.

Vier oder fünf „C"-Antworten bedeuten, dass Ihre Atmung und Stress nicht sehr stark miteinander verbunden sind.

Eine Kombination – zum Beispiel jeweils zwei- oder dreimal „a" und zwei- oder dreimal „b"; zwei- oder dreimal „a" und zwei oder dreimal „c" oder zwei- oder dreimal „b" und zwei- oder dreimal „c" – deutet darauf hin, dass Ihr Atem manchmal Teil Ihrer Stressreaktion ist, manchmal nicht.

Das ist kein in Stein gemeißeltes Ergebnis; es kann – und wird sich wahrscheinlich – mit der Zeit ändern. Auch wie Sie Ihren Atem wahrnehmen, kann sich ändern. Wegen dieser beiden Faktoren möchte ich Ihnen vorschlagen, diese Fragen vielleicht in ein oder zwei Monaten, nachdem Sie Ihr Atemgewahrsein insgesamt gesteigert haben, noch einmal zu beantworten.

Werturteile sind hier überflüssig: Es ist nicht besser, häufiger „a" oder „c" zu haben. Es ist nur Ihr Körper, der zu Ihnen spricht und Sie informiert, ob der Atem für ihn eine grundlegende Art ist, Stress auszudrücken, oder nicht.

Sie erinnern sich an Susan, die Frau, die ich zu Beginn dieses Kapitels beschrieben habe? Bei ihr trug der Kampf mit ihrem Keuchen und ihrer Kurzatmigkeit wesentlich zu ihrem Stress bei. Nicht genügend Luft zu bekommen, spielte bei ihrer Stressreaktion eine große Rolle und die Erfahrung, voll durchzuatmen, war eine bedeutende Hilfe zur Förderung ihrer Stressresilienz. Bei anderen ist es subtiler – wie bei Max, der langsame, tiefe Atemzüge und die Notfallatmung im Verlauf seiner Stresserholung als beruhigende Hintergrundunterstützung nutzte. Und manchmal beginnt das Atmen im Hintergrund und rückt dann sehr bestimmt in den Vordergrund.

Bei meiner Klientin Viola half das Atmen nach und nach, immer ein klein wenig mehr und war dann eines Tages hochgradig wirkungsvoll.

Jahrzehntelang hatten sich bei Viola emotionale Überwältigung und emotionaler Schmerz im Körper festgesetzt und waren zu körperlicher Überwältigung und körperlichem Schmerz geworden. Sie hatte mit einigen Autoimmunerkrankungen zu kämpfen und war es leid, ständig so müde zu sein. Ihr Atem wurde für Viola zu einem wichtigen Verbündeten.

Zuerst begann sie mit einer regelmäßigen Achtsamkeitspraxis, die langsames, tiefes Atmen einschloss. Wenn sie es sich zu Hause gemütlich machte, nahm sie sich Zeit, zu atmen und einfach da zu sein. Dies schuf eine *positive* Prägung, einen Imprint, und einen neuen Pfad regulierten Atmens, den sie in unserer gemeinsamen Arbeit immer wieder nutzte.

Violas regelmäßigen Atemübungen hatten u. a. dieses Ergebnis: Immer, wenn ich sie während unserer gemeinsamen Sitzungen bat, ihren Körper zu spüren, begleiteten einige tiefe Atemzüge den Prozess. Eines Tages, als sie, begleitet von ihren Atemempfindungen, in ihren Körper hineinspürte, gab sie an, eine schon lange nicht mehr empfundene Erleichterung wahrzunehmen. Mithilfe ihres leichten Atmens blieb sie bei ihren Empfindungen und erlebte, wie sie sich veränderten und sich von der vertrauten Müdigkeit zu einer aufrechten Stärke wandelten, die sie schon lange nicht mehr gespürt hatte. Immer noch langsam und tief atmend richtete sie ihr Gewahrsein auf ihre Aufrichtung, wobei ihr Atem ihr half, diese große Veränderung in sich aufzunehmen.

Das war natürlich nur ein Schritt in einer Reihe von hilfreichen Schritten zur Verringerung ihrer chronischen Müdigkeit, die eine komplexe, tief verwurzelte Stressreaktion sein kann. Aber ich habe immer wieder gesehen, dass der Atem eine hilfreiche Unterstützung sein kann, wenn wir bewusst bei unserem Körper sein wollen, während er sich transformiert und heilt. Womit auch immer Sie konfrontiert sind – warum nicht ein bisschen mehr Atem in die Situation einbringen?

4.6 Wie Sie mit Stress atmen und ihn „durchatmen" können

Das erste *Wie* besteht darin, sich zu entspannen, dem Körper zu vertrauen und sich daran zu erinnern, dass Sie schon Ihr ganzes Leben lang atmen. Stressreduzierende Übungen dürfen nicht stresssteigernd wirken! Darum empfehle ich Ihnen, zu üben, wann und wo immer Sie können, was natürlich nicht heißt, dass Sie außer Atemübungen gar nichts mehr tun dürfen. Schließlich atmen wir den ganzen Tag und tun gleichzeitig andere Dinge. Ja, Sie müssen sich vielleicht etwas Zeit geben, um auf den Dreh zu kommen, aber das ist keine Prüfung, bei der Sie durchfallen können. Sie verbessern lediglich etwas, in dem Sie ohnehin schon ziemlich gut sind – wenn Sie nicht *gut genug* wären, wären Sie nicht mehr am Leben. Sie werden vermutlich feststellen, dass der Atem zu einem angenehmen Begleiter werden kann. Sie können Zeit mit ihm verbringen, während Sie zur Arbeit fahren, E-Mails verschicken, im Supermarkt einkaufen, den Müll herunterbringen … und mein persönlicher Favorit: morgens nach dem Aufwachen und abends vor dem Einschlafen.

Erster Schritt: Rhythmisches Atmen, um das Nervensystem ins Gleichgewicht zu bringen

Der erste Schlüssel ist, die Verengung um Lunge und Zwerchfell herum zu lösen, die durch Stress entstehen kann. Das Gegenteil von Kontraktion – Zusammenziehen – ist Entspannung. Sie werden vielleicht überrascht sein, wenn Sie spüren: Allein dadurch, dass Sie den Bauch entspannen, strömt Ihr Atem spürbar tiefer in die Lunge. Wenn Sie dann noch etwas darauf achten, auch den Brustkorb und den Brustbereich zu füllen, dann haben Sie einen sehr tiefen Atemzug genommen. Hilfreich ist auch ein gestreckter Oberkörper. Es ist nämlich schwer, tief durchzuatmen, wenn Sie in sich zusammengesunken und verkrampft sind oder ganz krumm dasitzen. Doch es gibt keinen Grund, es auf die Spitze zu treiben. Immer schön locker bleiben. Anspannung hilft nicht; sie kann sogar zu Überatmung führen. Zwischen zu viel und zu wenig gibt es einen goldenen Mittelweg, was in diesem Fall heißt: Es sollte sich angenehm und leicht anfühlen. Lassen Sie sich von Ihren Empfindungen leiten.

Zahlreiche wissenschaftliche Studien haben ergeben, dass etwa sechs Atemzüge pro Minute bei Erwachsenen ein guter Mittelwert für einen optimalen langsamen, tiefen Atemrhythmus ist. Nun brauchen Sie nicht vor jeder Atempause eine Stoppuhr hervorholen. Aber vielleicht hilft es Ihnen, hin und wieder auf die Uhr zu sehen, während Sie sich an diese Praxis gewöhnen – das ist völlig in Ordnung! Sollten aber die Zahlen, die Uhr oder der Zeitrahmen bei Ihnen Stress hervorrufen, dann sind das wichtige Informationen, die Sie nicht einfach übergehen dürfen. Ich möchte Sie ermutigen, wirklich alles wegzulassen, das Ihnen das Gefühl vermittelt, es gebe eine gute und eine schlechte Art zu atmen. Darum geht es nicht, das streben wir hier *nicht* an.

Wenn Sie probieren, langsamen und tief zu atmen und dabei Stress oder Anspannung empfinden, dann konzentrieren Sie sich zunächst nur auf das Ausatmen und lassen die Einatmung einfach geschehen. Betrachten Sie es als einen sanften erwartungsfreien Anstupser, indem Sie zunächst darauf achten, ganz auszuatmen, sich dann zu entspannen, den Bauch lockerzulassen und die nächste Einatmung einfach geschehen zu lassen. Weil Sie Ihre Lunge mit der bewussten Ausatmung vollständig geleert haben, ist Ihr nächster Atemzug automatisch tiefer. Lassen Sie diesem schönen langen Einatmen ein weiteres volles Ausatmen folgen, bei dem Sie die Lunge so weit wie möglich entleeren; entspannen Sie dann wieder Ihren Bauch und lassen Sie einen weiteren tiefen Atemzug einströmen. Jetzt sind Sie auf dem besten Weg zur rhythmischen Atmung!

Denken Sie an zwei Dinge:

- Die Übungen sollen Stress verringern, nicht Stress erzeugen.
- Sie atmen den ganzen Tag lang ein und aus – und Sie machen das schon ziemlich gut.

Probieren Sie's aus: Rhythmisches Atmen

1. Entspannen Sie sich und machen Sie es sich bequem, wo auch immer Sie sitzen, stehen oder liegen.
2. Lassen Sie Bauch und Brustkorb locker und lösen Sie Anspannung im Oberkörper.
3. Achten Sie einige Atemzyklen lang auf Ihre Atmung. Ein, aus, ein, aus.
4. Lassen Sie mit lockerem, weichem Bauch den nächsten Atemzug langsam, tief und lange einströmen.
5. Lassen Sie Ihren Ausatem ohne jede Eile lange und vollständig ausströmen. Setzen Sie Ihre Bauchmuskeln leicht ein, um Ihre Lunge auszupressen wie einen Schwamm.
6. Lockern Sie bewusst die Bauchmuskeln, bis sie weich werden, und lassen Sie dann erneut den Atem lange einströmen, sodass Bauch und Brust sich füllen.
7. Atmen Sie wieder ganz aus und leeren Sie die Lunge mit besonderem Nachdruck.
8. Keine Eile; nehmen Sie sich alle Zeit, die Sie brauchen, und sorgen Sie dafür, dass Ihre Atmung bequem und angenehm ist. Sie sollten keine Anstrengung spüren, nur entspannte, lange Atemzüge.

Zweiter Schritt: Notfallatmung

Wenn Sie mit der rhythmischen Atmung inzwischen vertraut sind und Ihr Körper als eine Brücke zwischen sympathischer und parasympathischer Aktivierung fungiert (denken Sie daran, dass jedes Einatmen Ihr Nervensystem leicht anregt und jedes Ausatmen es leicht beruhigt), dann können Sie jetzt lernen, diese Brücke zur schnellen Rettung zu nutzen – als Fluchtroute aus Stressville. Wie gesagt: Wenn wir gestresst sind, hören wir oft unwillentlich auf, voll durchzuatmen, und mit der Notfallatmung bringen wir ein bisschen „Willen“ in die Situation. Statt die Stressreaktivität Ihres Körpers mit einer unregelmäßigen Atmung zu erhöhen, können Sie sich einige Augenblicke Zeit nehmen und Ihre Reaktivität mit einigen langsamen, tiefen Atemzügen verringern. Wenn Sie sich das nächste Mal dabei ertappen, wie Sie geradewegs auf Stressville zusteuern, versuchen Sie es mit ein paar Notfallatemzügen und sehen Sie dann, ob Sie damit etwas von dem Druck, der sich aufgebaut hat, abbauen können.

Probieren Sie's aus: Notfallatmung

1. Wenn Sie richtig voll im Stress stecken und dann merken, dass Ihr Körper in eine Stressreaktion gerät, fangen Sie an, Ihre Atmung bewusst zu steuern.
2. Beginnen Sie damit, Ihren Bauch und Ihre Brust so weit wie möglich zu entspannen. Auch wenn diese Entspannung noch so gering ist – jedes kleine bisschen Erleichterung hilft!
3. Konzentrieren Sie sich dann darauf, bei Ihrer nächsten Ausatmung alle Luft nach *außen* zu leiten. Versuchen Sie, ganz auszuatmen; setzen Sie Ihre Bauchmuskeln ein, um die Luft aus der Lunge herauszupressen.
4. Lassen Sie zu, dass Ihre nächste Einatmung ganz tief ist. Nach der vorhergehenden langen Ausatmung wird Ihr Körper von sich aus einen vollen Atemzug nehmen wollen. Versuchen Sie, sich zu entspannen und Ihrem Körper Zeit für dieses Einatmen zu geben.
5. Wiederholen Sie noch einmal das volle Ausatmen und lenken Sie dabei alle Luft aus Ihrer Lunge heraus.
6. Lassen Sie zu, dass Ihr Körper den nächsten Atemzug in sich einströmen lässt und Ihre Lunge mit frischer Luft füllt.

Mithilfe dieser Atemzüge können Sie abwenden, von Stressreaktivität aus der Bahn geworfen zu werden. Stattdessen werden Sie das Gefühl haben, als könnten Sie auf Kurs bleiben. Da heißt nicht, dass Sie deswegen plötzlich auf der Straße tanzen wollen. Wenn das nicht passiert, sollten Sie nicht glauben, Sie hätten etwas falsch gemacht. Diese Atmung ist ein sanfter Schubs in Richtung Regulation mit dem Ziel, die Lautstärke der Stressbotschaften, die zwischen Körper und Gehirn hin- und hergeschickt werden, ein bisschen herunterzudrehen und die im Body-Mind-System umherschwirrenden „Du-schaffst-das"-Botschaften etwas lauter zu stellen.

Ich hoffe, es ist Ihnen gelungen, eine bessere Beziehung zu Ihrem Atem zu entwickeln und er ist Ihnen zu einem treuen Gefährten geworden. Im nächsten Kapitel beschäftigen wir uns mit dem Sehen.

5. | Sehen und Spüren im Hier und Jetzt

Nun wollen wir uns ansehen, was mit unserer Sichtweise in Stresssituationen geschieht. Auch in diesem Kapitel werden Sie Anleitungen finden, die Ihnen helfen, die Erfahrung selbst zu machen sowie einige wissenschaftliche Grundlagen, die die Praxis untermauern.

Vom Körper zum Gehirn, vom Gehirn zurück zum Körper und das Ganze noch mal – Ihre Verbindung sowohl zum Körper als auch zum Geist wird vertieft und beide werden schließlich zu einer Einheit verknüpft.

5.1 Warum wir einen klaren Blick brauchen

Ich stand im Lebensmittelladen und wollte ganz schnell bezahlen, weil ich einen wichtigen Termin hatte und spät dran war. Der Termin war für mich mit einigem Druck verbunden und ich fürchtete mich ein bisschen davor. Ausgerechnet dann sah ich aus dem Augenwinkel heraus, wie jemand den Laden betrat; jemand, mit dem ich in jenem Moment, sagen wir mal so: nicht unbedingt sprechen wollte. Das war aus vielen Gründen aktivierend für mich: Die Eile, die Verspätung und die Tatsache, dass es ein sehr wichtiger Termin war, bildeten den Rahmen dafür, dass sich mein Stressberg plötzlich anfühlte, als könnte ein schlafender Vulkan gleich wieder ausbrechen. Die Lava begann zu brodeln, als die bestreffende Person in meine Richtung ging. All diese Stressauslöser kannte ich schon, insofern war dies nicht völlig überraschend für mich, aber es war alles andere als angenehm, zu spüren, wie sich mein Herzschlag beschleunigte, mein Mund trocken wurde und der Schweiß auf meiner Oberlippe und unter den Achseln kribbelte. Während ich versuchte, wieder ins Gleichgewicht zu kommen, beobachtete ich, wie sich meine Wahrnehmung veränderte. Der Supermarkt verwandelte sich, *so schien es mir,* von einem einladenden oder zumindest neutralen Ort in eine eher feindliche Umgebung. Dann richteten sich meine Augen wie von selbst, ohne bewusste Lenkung, auf die großen Frontfenster. Mit diesem einfachen Vorgang setzte in meinem gesamten Body-Mind-System langsam, aber sicher, eine Änderung ein.

Es war Herbst und die Farben draußen waren besonders schön – ich betrachte sie immer gern. Während ich den Anblick der rötlichen Blätter genoss, spürte ich, wie sich mein Herzschlag allmählich verlangsamte. Das war eine sehr willkommene Erleichterung und ich nahm sie eine Weile ganz bewusst wahr. Dann lenkte ich meine

Aufmerksamkeit wieder auf die Blätter und die umliegende Skyline und merkte, wie meine Körpertemperatur sank. Ich empfand einen leichten Anflug von Freude, als ich den Bezahlvorgang ohne das unerwünschte Gespräch beendete. Auch das ließ ich in mich einsinken, während ich in die kühle, frische Luft hinausging, durch die Äste der Bäume hindurch das Sonnenlicht sah und auf einer tiefen, viszeralen Ebene mitverfolgte, wie ich mich wieder regulieren konnte.

In der großen Gesamtgemengelage war das ein kleiner Stress-Lichtblick. Doch es ist extrem wichtig, kleine Fortschritte in der Selbstregulation zu feiern, um die Resilienz aufzubauen, die wir für größere Belastungen und sogar für die ganz großen Kaventsmänner brauchen. An jenem Tag erkannte ich zu meiner Überraschung und Freude, dass meine Praxis des Sehens und Spürens zur Gewohnheit geworden war, und zwar so sehr, dass mein System einfach nach diesem Werkzeug griff und es zu meinem Nutzen verwendete. Und das, bevor mir überhaupt wirklich klargeworden war, dass die Instandsetzung des Resilienzpfades begonnen hatte.

Genau das wünsche ich mir für Sie – ein Instrumentarium, das bereitsteht, um Ihnen im Auf und Ab des Lebens zu helfen. Werkzeug Nr. 2 konzentriert sich auf das Sehen und Spüren, denn das, was wir sehen und spüren, hat einen unmittelbaren Einfluss darauf, wie wir uns fühlen. Wenn wir aus dem Gleichgewicht geraten sind oder das Gefühl haben, völlig durcheinander zu sein, dann ist es überaus wichtig, dass wir Hilfsmittel haben, um uns wieder ins Lot zu bringen. Mit dem zweiten Werkzeug des Sehens und Empfindens bekommen Sie eine einfache Methode an die Hand, um sich neu zu orientieren, eine, die Sie aus Stressville ins Hier und Jetzt zurückbringt.

> Kleine Erfolge in Ihrer Fähigkeit zur Selbstregulation zu feiern, ist sehr hilfreich, um starke Resilienzpfade aufzubauen.

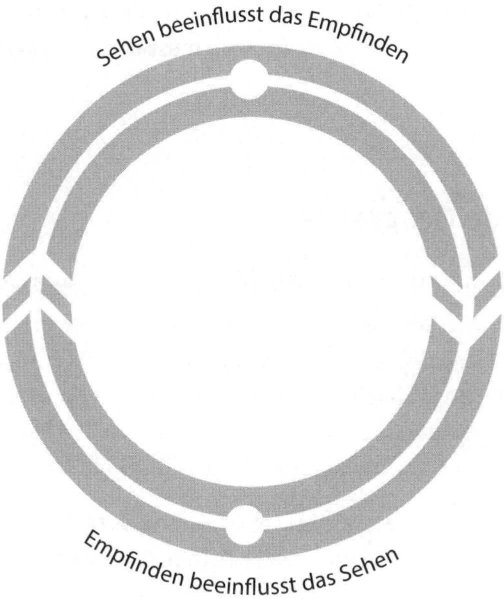

Probieren Sie's aus: Grundlegendes Sehen und Empfinden

1. Lassen Sie Ihren Blick an dem Ort, an dem Sie sich gerade befinden, frei umherschweifen. Erkunden Sie Ihre Umgebung visuell, indem Sie nach oben, unten und zur Seite blicken.
2. Lassen Sie Ihre Augen etwas finden, das sie gern ansehen. Das kann alles Mögliche sein – ein Bild an der Wand, ein Blick aus dem Fenster, die Farbe der Zimmerdecke, ein Schatten auf dem Boden.
3. Während Sie Ihre Augen dort ruhen lassen, nehmen Sie einfach den Anblick in sich auf. Ganz leicht.
4. Nehmen Sie nun wahr, wie es sich in Ihrem Körper anfühlt, wenn Sie Ihre Augen auf diesem angenehmen Anblick ruhen lassen.
5. Achten Sie besonders auf Bereiche, die sich entspannt oder weniger angespannt anfühlen als andere.
6. Verweilen Sie einen Moment lang damit.
7. Lassen Sie nun Ihren Blick noch weicher werden und achten Sie erneut auf Ihre Empfindungen. Ist der Bereich der lockeren Entspanntheit gewachsen oder hat er sich auf andere Teile Ihres Körpers ausgeweitet?
8. Spüren Sie all Ihre Körperbereiche, die etwas weniger angespannt sind, und sei der Unterschied noch so geringfügig. Nehmen Sie Ihre entspannteren Teile insgesamt wahr. Atmen Sie ein paar Mal durch. Genießen Sie es.

Beenden Sie diese Übung, wenn Sie das Gefühl haben, dass sie abgeschlossen ist, vielleicht nach wenigen Sekunden oder nach einer Weile. – Sie müssen nicht länger bleiben, als Sie möchten. Gut gemacht!

5.2 Entscheidende Gespräche

Zwischen Ihrem Körper und Ihrem Geist findet ein grundlegendes Gespräch darüber statt, was Sie in der Welt *um sich herum* sehen und was Sie in der Welt *in Ihrem Inneren* spüren. Dieses Gespräch zwischen Körper und Geist kann eine ziemlich genaue, aber auch eine stark verfälschte Wiedergabe dessen sein, was geschieht. Und wenn Ihr Blick nicht klar genug ist und Sie innerlich keinen Ort haben, der sicher genug ist, um dort zur Ruhe zu kommen, kann dieses Gespräch aus dem Ruder laufen.

Wenn wir gestresst, ängstlich, überwältigt, wütend und dergleichen sind, haben wir es nicht mit einem neutral vorgetragenen Nachrichten-Update zwischen Körper und Gehirn zu tun, sondern eher mit einem auf die Schnelle geschriebener bösen Tweet voller Grossbuchstaben und Ausrufezeichen!!!! Und wie das bei solchen auf die Schnelle geschriebenen bösen Tweets nun einmal ist, sind der Wahrheitsgehalt und die Verlässlichkeit dieser Blitzmeldungen hauchdünn. Sie machen uns auch deshalb zu schaffen, weil sie, nun ja, alarmierend sind.

Wird das Gespräch zwischen Geist und Körper von alarmierenden, Stress hervorrufenden Inhalten dominiert, ist unser Blick auf die Welt vernebelt. Wir sehen dann die Realität einfach nicht klar. Wenn unser Körper extremen Stress spürt, fokussiert sich unser Überlebensgehirn auf all den stressigen Kram, der gerade passieret. Und leider erfindet es noch Dinge, die *nicht* passieren, die unser Angstgehirn jedoch für real hält. Um es noch schlimmer zu machen, bewirken die belastenden Dinge, auf die wir uns konzentrieren – real oder eingebildet –, dass wir *noch* mehr in Stress geraten. Wenn unser Sehen und Empfinden beeinträchtigt sind, schenken wir den Dingen in unserer Welt, die *keinen Stress verursachen,* sehr wenig Aufmerksamkeit. Und bei außergewöhnlich hohem Stress kann es passieren, dass uns alles *Nichtstressende* völlig entgeht – selbst wenn wir es direkt vor der Nase haben. Bei hohem Stress sehen wir es nämlich nicht.

Wann immer die Lautstärke der stressauslösenden Dinge viel zu hoch aufgedreht ist und die Dinge, die keinen Stress auslösen, stumm geschaltet sind, kann ein einfacher Akt des Sehens und Fühlens uns in die Realität zurück- und unserem Body-Mind-System mehr Entspannung bringen.

Bei dieser wichtigen Body-Mind-Konversation gibt es ein weiteres Hindernis: Unser Stressgehirn hat *kein* Zeitbewusstsein. Wenn es aktiviert ist und wir im Kampf-, Flucht- oder Erstarrungszustand sind, dann findet für das Stressgehirn sowohl der Stress von heute als auch der Stress von gestern *jetzt* statt. Unser Körper verhält sich dann so, als sei jeglicher Stress jetzt – der von gestern, der von heute und der potenzielle Stress von morgen. All diese Aktivierung wird Teil des Jetzt.

Bei hoher Stressbelastung entspricht das, was man sieht, nicht unbedingt der Realität.

Nehmen wir als Beispiel jemanden, der einen Autounfall überlebt hat und jetzt wieder fährt: Er biegt einfach nur nach links ab, aber seine Muskeln ziehen sich zusammen und seine Herzfrequenz steigt sprunghaft an. Der Unfall liegt schon länger zurück, sein Body-Mind aber reagiert auf die Tatsache, dass er heute hinter dem Steuer sitzt, so, als ereignete er sich gerade jetzt.

So etwas passiert auch bei geringerem Stress, etwa wenn Sie auf einer Party einen Kontrahenten auf der anderen Seite des Raumes sehen und das Gefühl haben, die monatelang zurückliegenden heftigen Auseinandersetzungen mit ihm wiederholen sich in dem Moment, in dem sich Ihre Blicke treffen. Oder noch subtiler: Beim Anblick des Restaurants, in dem Sie sich vor ein paar Jahren eine Lebensmittelvergiftung zugezogen haben, wird Ihnen immer noch übel. Doch es gibt einen Weg, das Stressgehirn aus dem Gestern herauszuholen und sich selbst zurück ins Hier und Jetzt zu befördern: mit Sehen und Empfinden.

5.3 Von innen nach außen und von außen nach innen

Gestresste Menschen entwickeln leicht einen Tunnelblick und verwechseln das Gestern mit dem Heute. Das wirft die Frage auf: Sehen und spüren wir unsere äußeren und inneren Landschaften so, wie sie wirklich sind? Mitte der 1960er- und Anfang der 1970er-Jahre diskutierten die Psychologen James J. Gibson und Richard L. Gregory darüber, ob unsere Wahrnehmung von den Augen zu den Gedanken oder von den Gedanken zu den Augen verläuft. Um es noch weiter zu fassen: Sehen wir das, was um uns herum passiert, richtig und denken wir erst anschließend darüber nach? Oder mischen sich unsere Gedanken und Erinnerungen bereits ein, *bevor* unsere Augen etwas wahrnehmen? Fügen sie als dem, was unsere Augen „sehen", Informationen hinzu?

Laut Forschungsergebnissen trifft beides zu – jeweils abhängig von unserem Stresslevel. Wenn wir uns einigermaßen sicher und wohl fühlen, können wir mehr oder weniger das sehen und hören, was tatsächlich um uns herum passiert und es dann gedanklich weiterverarbeiten: Der Wahrnehmungsprozess verläuft von den *Augen* zu den *Gedanken*. Wenn wir dagegen ängstlich, gestresst oder überwältigt sind, schalten sich unsere Gedanken ein, *bevor* unsere Augen das Bild erfassen können. Der Geist beginnt, eine Geschichte zu erzählen. Die Geschichte, die unsere Gedanken erschaffen, zielt darauf ab, unsere Angst- und Stress*gefühle* zu untermauern. Ohne es zu merken, fangen wir an, diese Geschichte um uns herum zu „sehen": Das ist die Wahrnehmung, die von unseren *Gedanken* zu den *Augen* verläuft. Stress kann das, was wir in unserer Umgebung sehen, hören und riechen, erheblich beeinflussen. Bei intensivem Stress kann unsere innere Landschaft die Wahrnehmung der äußeren Landschaft verändern. Dann könnte es passieren, dass Ihr Körper das Denken für Ihren Verstand übernimmt.

Neurozeption

In ihren Publikationen erklären Levine, Porges und van der Kolk, wie unser Body-Mind-System fortwährend einschätzt, ob wir in Sicherheit oder bedroht sind. Das veranlasst unser Überlebensgehirn, *automatisch* auf die Sinneseindrücke zu *reagieren*, die wir von unserer Umgebung empfangen haben. Diese Umwelteindrücke werden durch unser gesamtes Nervensystem weitergeleitet und zu einer *gefühlten Erfahrung* der Sicherheit oder der Bedrohung. Porges bezeichnet dies als *Neurozeption*.

Der Prozess der Neurozeption läuft automatisch unterhalb Ihrer Bewusstseinsschwelle ab. Dabei schätzen Sie das ein, was Sie um sich herum sehen, hören, riechen und fühlen und reagieren darauf. Das wiederum bestimmt unbewusst und automatisch, was in Ihnen vorgeht. Umgekehrt gilt das Gleiche, aber dazu später mehr. In einem regulierten Body-Mind-System ist Neurozeption mehr oder weniger exakt. In einem dysregulierten System erzählt sie oft Märchen. Auch extremer und chronischer Stress führen oft zu einer anhaltend fehlerhaften Neurozeption: Wir sehen Gefahren, wo keine sind oder hören Kritik, die nicht ausgesprochen wurde oder fühlen uns verfolgt von einem Unbeteiligten, der einfach nur neben uns steht.

> Gesunde Neurozeption kann eine stille Verbündete Ihres Body-Mind sein, stressgetriebene Neurozeption dagegen kann ein verborgener (zer-)störender Faktor sein.

Neurozeption und Rückkopplungsschleifen

Mit korrekter Neurozeption können Sie einen jungen Mann, der sich Ihrer Haustür nähert, als Paketzusteller erkennen; Sie können sehen, dass er einen kleinen Karton trägt. Bei einer beeinträchtigten bzw. dysfunktionalen Neurozeption könnte es durchaus passieren, dass Sie den Paketboten als Eindringling sehen. Dieses „Gesehene" würde dann zu einem Reiz aus Ihrer äußeren Landschaft, der automatische Reaktionen in Ihrer inneren Landschaft auslöst. Vielleicht schnappen Sie plötzlich aus unerfindlichen Gründen nach Luft oder spüren einen Knoten im Bauch, gefolgt von einem Adrenalinschub und einer überraschenden Anspannung in den Beinen – der biologischen Vorbereitung auf Kampf oder Flucht. Sogar zu aufwallendem Zorn auf den Eindringling könnte es kommen – biologische Selbstverteidigung! In der Zwischenzeit kreiert Ihr angstgesteuertes Gehirn ein Narrativ über diesen Mann und seine Absichten. Als nächste blitzschnelle Reaktion würde Ihr angstgesteuertes Gehirn Ihren Augen signalisieren, einen bösen Blick in seinen Augen zu „sehen", seine bedrohliche Haltung zu „erkennen" und seine fragwürdigen Absichten zu „identifizieren".

Ein kurzes Beispiel zu einer dysfunktionalen Neurozeption: Bill leidet unter Extremstress-Prägungen. Als er eine aufkommende Ängstlichkeit spürt, scannt er automatisch und unbewusst seine Umgebung nach Gefahren ab. Dann „sieht" er die Gefahr, nach der er sein Umfeld abgescannt hat, und wird noch ängstlicher. Bills Gehirn organisiert ein Narrativ, um seine physische Angst zu erklären. Schließlich „sieht" Bill diese vom Gehirn kreierte Geschichte und hat dann natürlich noch mehr Angst.

Und so kommt der Kreislauf in Gang und die Lautstärke und Intensität Ihrer Stressreaktivität erhöhen sich immer mehr ...

Kommt Ihnen das bekannt vor? Viele von uns erleben das immer wieder. Etwas wird zu einer ständigen *negativen Rückkopplungsschleife.*

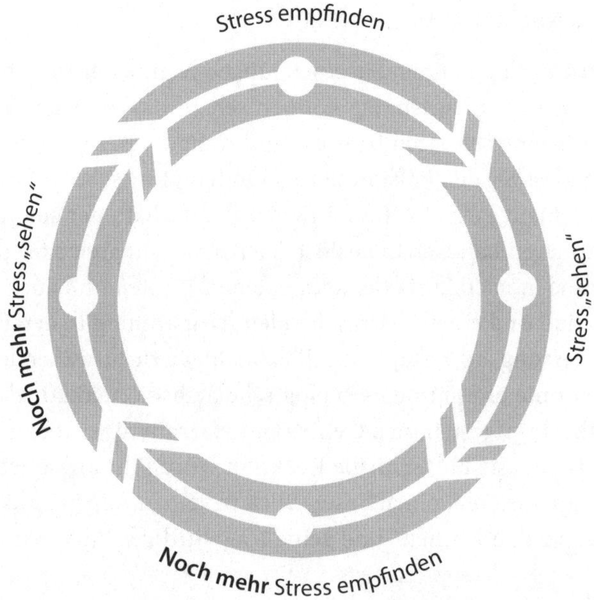

Innerhalb dieser negativen Rückkopplungsschleife kann gestörtes Sehen Angst erzeugen und zu gestörtem Empfinden führen, aber auch das Gegenteil gilt. Bei der Neurozeption kann gestörtes Fühlen auch gestörtes Sehen erzeugen und – Sie ahnen es – zu Angst führen. In Kapitel 3 habe ich die Verbindungen zwischen Gehirn und Empfindungen beschrieben. Das Gehirn verfügt aber über ein weiteres ausgeklügeltes Überwachungssystem, das speziell dafür vorgesehen ist, unsere Empfindungen zu verfolgen: das Überlebensgehirn. Ständig verfolgt es Sinneseindrücke und reagiert darauf, lange bevor Ihr bewusstes Gehirn Gedanken dazu verarbeitet hat. *Empfindungen,* die mit Stress, Angst und Überwältigung verbunden sind, können ebenso häufig eine negative Rückkopplungsschleife auslösen wie die gerade beschriebenen Dinge, die man „gesehen" hat.

Neurozeption und Ihr Gehirn

In der Neurowissenschaft wurde die neuronalen Schaltkreise identifiziert, die mit dem System zur Beobachtung unserer Empfindungen verbunden sind, und es ist klar, dass dieses System eine robuste Stressreaktion auslösen kann. Im Frontalhirn gibt es einen Bereich, der über Sie wacht; van der Kolk nannte ihn den Wachturm. Dieser Wächter oder „Aufpasser" ist auf einzigartige Weise mit Ihren Zentren für körperliche Empfindungen verbunden und wird stark von dem beeinflusst, was Sie in jedem Moment fühlen.

Darüber hinaus hat dieser Aufpasser eine direkte Verbindung zum Alarmsystem des Überlebensgehirns, der Amygdala. Der Aufpasser befindet sich im modernen, höher entwickelten Teil des Gehirns – im präfrontalen Cortex (PFC) – und kommuniziert mit dem sehr primitiven, stressgesteuerten Teilen des Gehirns: dem limbischen Gehirn und dem Hirnstamm. Über diese direkte Verbindung übermitteln Regionen des modernen Gehirns, die auf Empfindungen geeicht sind, alarmierende Nachrichten an das primitive Gehirn, wo sie dann schnell für Aufruhr sorgen können. Doch diese Empfindungszentren im modernen Gehirn können auch geschwind beruhigende Nachrichten an das Überlebensgehirn weitergeben und dafür sorgen, dass die Dinge gemächlich vor sich hin laufen. Das zu sehen und zu fühlen, was okay ist, sollte daher nicht unterschätzt werden.

Das ist eine gute Nachricht! Dieselben Schaltkreise, die uns erschrecken und in Alarmbereitschaft versetzen können, verfügen auch über eine hervorragende Konnektivität, um eine beruhigende Reaktion hervorzurufen. Wir können unsere Schaltkreise also anders einsetzen. Wo sie normalerweise zu negativen Rückkopplungsschleifen beitragen, lenken wir Gehirn und Körper stattdessen dahin, über Empfindungen *positive* Rückkopplungsschleifen hervorzurufen. In diesem Kapitel lernen Sie, wie Ihre Fähigkeiten, zu sehen und zu empfinden, Ihnen dabei helfen können.

... Und *dieser Kreislauf* geht so lange weiter, bis Sie Ihren Stresspegel gesenkt haben, und sei es nur ein bisschen. Doch für diese Übung reicht uns das!

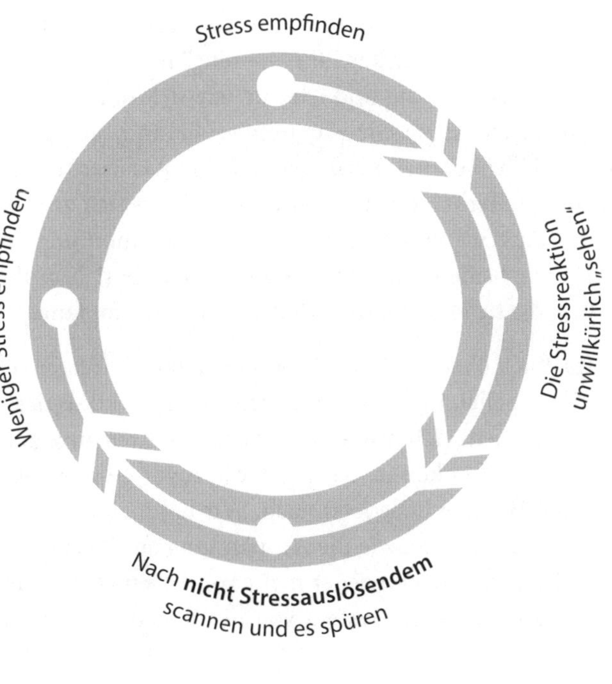

Somatik-Expert*innen sind sich einig, dass dieses ständige Gespräch zwischen Körper und Geist *zuerst* über Empfindungen und Sinneseindrücke stattfindet und sich *dann* erst zu Gedanken und Überzeugungen ausformt. Empfindungen und Sinneseindrücke sind die Grundlage unserer *automatischen* Reaktionen auf Stress und in gleicher Weise werden sie zur Grundlage unserer *bewussten* Antwort auf Stress sein.

5.4 Entschleunigen und Sehen

Wenn wir uns in unserer Umgebung umschauen, kann uns auch das eine dringend benötigte Stress-Pause verschaffen. In Kapitel 2 sagte ich, dass beim Erlangen von Stressresilienz weniger manchmal mehr ist. Ist unser Stressgehirn aktiviert, dann wird unser gesamtes Body-Mind-System tendenziell schneller. Das führt, wie bereits beschrieben, zu einer erhöhten Herzfrequenz und wir atmen schneller. Es kann aber auch bedeuten, dass Stresserinnerungen auf uns niederprasseln. Nicht nur der Körper, auch der Verstand beschleunigt sich und kann uns viel zu schnell und viel zu weit in Stresserinnerungen hineinführen. Um nicht zu tief in den Stress-Pool einzutauchen und um diesen Prozess zu verlangsamen, können wir Sehen und Empfinden bzw. Spüren einsetzen.

In einer Online-Sitzung mit meiner Klientin Helen sprachen wir über eine Situation an ihrem Arbeitsplatz. Sie beschrieb, dass sie sich von einigen ihrer Arbeitskolleg*innen schikaniert fühlte und ihr kam der Begriff „Mobbing" in den Sinn. Dieses Gespräch erhöhte eindeutig ihre Aktivierung und ich sah, wie sich in ihren Augen ein wohlvertrauter leerer Ausdruck zeigte. Sie war weniger bei mir, weniger bei sich selbst und mehr bei ihren leidvollen Erinnerungen. Als ihr Aktivierungsniveau zu hoch wurde, unterbrach ich sie sanft und bat sie, sich umzusehen – damit ihre Augen etwas Angenehmes in ihrer Umgebung finden konnten. Da wir beide online arbeiteten, blickte sie sich in ihrer Wohnung um, die sie als gemütlich und beruhigend empfand.

> Empfindungen sind die Grundlage unserer *automatischen* Stressreaktionen und sie werden auch zur Grundlage unserer *bewussten* Erholung vom Stress.

Ihr Blick blieb an einer Aussicht draußen vor dem Fenster hängen, die ihr gefiel. Sie nahm sie in sich auf und merkte, dass ihre Atmung sich vertiefte. Ich fragte sie, ob sie diese Atemzüge zulassen und sogar genießen könne. Sie sagte, die zuvor gespürte Anspannung in ihren Händen ließe jetzt nach. Wir nahmen uns etwas Zeit, damit sie spüren konnte, wie die Anspannung aus ihrem Körper wich. Ich konnte sehen, dass in ihren Augen wieder mehr von Helen erkennbar war als noch wenige Augenblicke zuvor, als ihr System von der Kampf-oder-Flucht-Reaktivität übermannt worden war. Auch war sie wieder mehr *in sich,* mehr in ihrem Körper verankert.

Sehen und Empfinden kann so schnell sein, so wirksam. Natürlich brauchen wir noch andere Werkzeuge, um die gewohnheitsmäßige Aktivierung und unsere Wunden zu heilen. Aber es kann ein recht zuverlässiges Hilfsmittel bei einer plötzlich aufkommenden Aktivierung sein.

Pause

Lesen Sie erst die Anleitung durch und führen Sie Sie dann die beschriebene Pausenübung durch.

Viele kleine Pausen des Sehens und Spürens – des bewussten Empfindens – sind gut für unser Nervensystem.

1. Schauen Sie sich schön lange um. Sanft und langsam. Keine Eile.
2. Lassen Sie Ihre Augen etwas finden, das Sie gern anschauen. Vielleicht etwas im Raum oder etwas, das draußen sichtbar ist? Eine Aussicht? Ein Lichtstrahl? Etwas an der Wand? Vielleicht auch nur eine Richtung. So könnte es sich, aus welchem Grund auch immer, gut anfühlen, nach rechts unten oder nach links oben zu blicken.
3. Sobald Sie das Objekt, die Aussicht oder die Richtung gefunden haben, schauen Sie es mit entspanntem Blick an bzw. schauen Sie dorthin. Vielleicht wird sogar Ihr Fokus weicher und verschwimmt ein wenig; auch das ist in Ordnung. Sie brauchen den Blick nicht zu fokussieren; lassen Sie Ihre Augen entscheiden, wie sie blicken wollen.
4. Spüren Sie als Nächstes Ihren Körper. Was geht in ihm vor, wenn Sie Ihren Blick auf etwas Angenehmem ruhen lassen? Können Sie Ihren Atem spüren? Was passiert mit Ihrer Atmung, wenn Sie den Blick auf etwas ruhen lassen und Ihren Körper spüren? Erlauben Sie Ihrem Atem, sich an diesem Sehen und Spüren zu beteiligen.
5. Lassen Sie diese Erfahrung jetzt einfach auf sich wirken. Ganz sachte. Kommen Sie zum Ende, wenn Sie das Gefühl haben, fertig zu sein.

5.5 Negative Rückkopplungsschleifen durch positive ersetzen

Denjenigen, die von sich sagen, dass sie sich ständig Sorgen machen oder zu extremem Stress neigen, kann die sie umgebende Welt manchmal als unangenehmer oder überwältigender Ort erscheinen. Wie gesagt: Wenn Sie gestresst, verängstigt oder getriggert sind, können, sobald Sie etwas sehen, Ihre Gedanken dazwischenfunken und Ihren Augen Dinge vorgaukeln, die gar nicht da sind. Das alles kann blitzschnell geschehen, da in Reaktion auf die Stressaktivierung das gesamte Body-Mind-System hochfährt. Mit dem Gehirn als Seher stecken wir fest; unbewusst kreieren wir eine Sicht (Wortspiel beabsichtigt) der Umgebung und suchen dieses dann automatisch nach Beweisen ab, die die Sicht bestätigen – und sofort sind wir wieder in einer negativen Rückkopplungsschleife.

In dieser Schleife sind wir buchstäblich blind oder taub für den Beweis des Gegenteils – sofern wir allein auf unsere Instinkte angewiesen sind. Wenn wir jedoch unserem System beibringen, sich neu zu orientieren und wieder im Hier und Jetzt mit unseren äußeren und inneren Landschaften in Verbindung zu treten, dann können wir aus diesen Schleifen *hinausgelangen*. Unsere falschen, durch Angst hervorgerufenen Wahrnehmungen lassen sich durch eine Sicht relativer Sicherheit aktualisieren. Und mit zunehmender Selbstregulation erscheint die Welt wieder einladend und fühlt sich auch so an.

Mit diesen Sicherheit vermittelnden Wahrnehmungen können wir in die ebenfalls verfügbaren *positiven* Rückkopplungsschleifen eintreten.

5.6 Im Alltag vom Negativen zum Positiven gelangen

Eines Tages ging Mary zum Gebet in ihre Synagoge. Dieser Ort war für sie zu einer Stressquelle geworden, denn für sie war es dort zu mehreren entwürdigenden, erniedrigenden Interaktionen gekommen und sie hatte unangenehme Dinge erlebt. In der Reihe vor Mary stand eine Person, die vor einigen Monaten besonders unfreundlich zu ihr gewesen war. Sofort spürte sie eine Bedrohung und diese Wahrnehmung steigerte sich noch. Sie atmete angespannt, in ihrem Bauch bildete sich ein Knoten, ihr war schwindlig und der Raum schien voller Menschen zu sein, die ihr feindlich gesonnen waren.

Mithilfe der Methode des bewussten Spürens und Sehens war Mary in der Lage zu verfolgen, was in ihrem Body-Mind vor sich ging und einige Schritte zu unternehmen, um ihr System zu beruhigen. Sie scannte den Raum ab, um eine Person zu identifizieren, die sie als sicher empfand. Als sie jemanden entdeckt hatte, ließ sie den Blick auf dieser freundlichen Person ruhen. Als sie die Präsenz dieser sicheren Person geistig auf sich wirken ließ, spürte sie, wie sich ihr Körper entspannte und ihre Atmung spontan tiefer wurde. Da sie geübt im Einsatz dieser Methode war, wusste sie: Es ist wichtig, Veränderungen in Richtung Beruhigung und Sicherheit wahrzunehmen, egal wie groß oder klein sie sind. Bei diesem Sehen und Spüren erschien ihr der Raum allmählich weniger bedrohlich und die Menschen darin wirkten etwas freundlicher. Später konnte sie sogar mit der sicheren Person, die ihre Augen gefunden hatten, ein angenehmes Gespräch führen.

Durch den bewussten Einsatz der Methode, Sicherheit zu sehen und Sicherheit zu spüren, bewegte sich Mary weg von einem Zustand der Angst und Reaktivität und zurück zu einer relativ guten Verfassung und zu einem deutlich erhöhten Wohlbefinden. Für sie leitete dieses Ereignis eine wichtige Veränderung ein. Von einer triggernden, dysregulierenden Umgebung wandelte sich ihre Synagoge zu einem Ort, an dem sie sich zunehmend gern aufhielt. Sie praktizierte weiterhin Übungen zur somatischen Regulation, wobei Sehen und Spüren nicht das einzige Hilfsmittel gegen ihren Stress blieb, aber zum Teil einer wirksamen Tool-Sammlung wurde.

> Der Verstand kann uns täuschen, und das tut er auch. Dennoch ist es möglich, zur Klarheit zurückzukehren.
>
> Sehen und Spüren sind Teil dieser Rückkehr.

Wenn Sie das nächste Mal Ihre Umgebung als stressreich empfinden – etwa, weil dort Menschen sind, die Sie als feindselig wahrnehmen –, möchte ich Sie dazu ermutigen, sich einen Moment Zeit zu nehmen, um zu sehen und zu spüren. Finden Sie heraus, ob Sie so die Stress-Lautstärke ein wenig herunterdrehen können.

5.7 Was sagt die Wissenschaft über Sehen und Spüren?

Im 19. Jahrhundert fanden Wissenschaftler heraus, dass unsere allgemeine Reaktivität und ihre repetitive Natur fest in uns angelegt sind. In den 1870er-Jahren beobachtete Darwin, dass der menschliche Körper *automatisch* auf subtile Reize aus der Umgebung reagiert; eine Umgebung, die als sicher empfunden wird, führt zu einem gut funktionierenden entspannten Körper und eine als gefährlich empfundene Umgebung ist die Ursache für einen aktivierten, angespannten Körper. In den 1890er-Jahren forschte Pawlow über die Veranlagung von Säugetieren, körperliche Reaktionen auf ein Signal hin *automatisch zu wiederholen* und all diese Erkenntnisse zeigen eines: Es gibt eine automatische Rückkopplungsschleife, die unseren Körper durchläuft.

Natürlich kennen wir alle Pawlows Hunde, die erwartungsgemäß beim Ertönen einer Glocke speichelten, da sie das Signal mit Futter in Verbindung brachten. In der menschlichen Frühgeschichte mag das so ausgesehen haben, dass eine Höhlenbewohnerin beim Anblick eines Säbelzahntigers wiederholt hyperventilierte, weil sie fürchtete, zu seinem Mittagessen zu werden. Heute könnte es sein, dass uns beim Anblick eines wütenden Vorgesetzten vor einem Team-Lunch regelmäßig der Schweiß ausbricht. *Bam,* es passiert einfach: Körper und Geist reagieren (egal, ob mit oder ohne Lunch!). So sind wir halt veranlagt.

In der wissenschaftlichen Fachwelt kennt man seit langem die menschliche Neigung, negative oder bedrohliche Informationen in unserer Umgebung eher zu erkennen und zu verarbeiten als positive. Doch während wir alle tendenziell das Gute ausblenden und das Schlechte wahrnehmen, neigen diejenigen von uns, die stressanfällig sind, sogar noch stärker dazu, Schlechtes zu sehen und Gutes zu übersehen.

Bereits in den 1970er-Jahren vermuteten Wissenschaftler*innen – und bestätigten es dann –, dass ängstliche Personen positive Stimuli langsamer erkennen als ihre nichtängstlichen Pendants (Mogg et al. 1993). Vor nicht ganz so langer Zeit haben Beard und Amir (2010) gezeigt, dass ängstliche Menschen mehrdeutige Informationen in ihrer Umgebung als negativ interpretierten und dass ihre negativen Interpretationen *zunahmen,* je stärker ihre Angst war.

Studie 1

In einer Studie mit „High Worriers" und „Low Worriers" – also mit Menschen, die sich tendenziell sehr viele Sorgen machen und solchen, die generell eher wenig besorgt sind – wurde die o. g. Sichtweise weiter untersucht, indem man verglich, wie die Aufmerksamkeit gegenüber Bedrohungen aus der Umgebung bei beiden Gruppen von Proband*innen aussah. Goodwin und Kolleg*innen (2016) fanden heraus, dass die „High Worriers" stärker auf Anzeichen für eine Bedrohung achteten als die „Low Worriers". Letztere berichteten, dass sie nicht kognitiv kontrollieren konnten, wohin ihre Aufmerksamkeit ging; vielmehr stellte sich die Aufmerksamkeit gegenüber Bedrohungen bei ihnen *automatisch* ein. Das untermauert, was ich in Kapitel 4 ausgeführt habe: durch Denkprozesse Einfluss auf den Körper nehmen („top-down) versus durch körperliche Prozesse Einfluss auf das Denken nehmen („bottom-up"). Diese Studie zeigt, dass wir uns nicht durch Denken aus einer negativen Rückkopplungsschleife befreien, sondern nur durch Fühlen den Weg aus ihr herausfinden können.

Studie 2

In einer Übersichtsarbeit zu wissenschaftlicher Literatur von Hirsch und Mathews aus dem Jahr 2012 heißt es: Eine Person, die wiederholt Erfahrungen mit einer bestimmten Bedrohung macht, zeigt gewohnheitsmäßige Reaktionen auf Reize, die auf diese Bedrohung hinweisen. Sie kann aber auch Reize auf *ähnliche* Bedrohungen entwickeln. Die Autoren folgern daraus, dass mehrdeutige Hinweisreize aufgrund unseres Negativitätsbias leicht als negativ fehlinterpretiert werden. Wenn wir in unserer Umgebung Hinweise auf Bedrohungen erkennen, die unserem Stressgehirn vertraut sind, führt das tendenziell zu einer unwillkürlichen Reaktion, die unsere früheren Reaktionen auf eine solche Bedrohung nachahmt. Selbst ein Hinweisreiz, der nur andeutungsweise vertraut wirkt, kann das Stressgehirn voll in die Reaktivität katapultieren.

Dazu ein Beispiel: Sue wurde im Lauf der Jahre mehrmals von Hunden angegriffen und sie hat mehrfach Episoden von „Hundereaktivität“ durchlebt. Beim Anblick eines Hundes würde sie wohl unwillkürlich reagieren, vielleicht sogar dann, wenn der Hund weiter von ihr entfernt ist. Wenn diese Stressgehirn-Reaktivität sehr tief verwurzelt ist, kann vielleicht allein das Erwähnen eines Hundes einen Adrenalinstoß, Herzrasen oder Atembeschwerden auslösen oder ihr das Gefühl vermitteln, nicht weglaufen zu können, weil sie einen Klotz an ihren Beinen hat.

Hier haben wir es mit einer automatischen Reaktion zu tun, die anfangs auf die Wahrnehmung einer realen Bedrohung erfolgt, sich dann aber zu vielfältigen Arten entwickelt, die Bedrohung zu „sehen“.

Wir alle leben mit unseren eigenen stressauslösenden Reizen. Für manche ist es der Anblick des Ex-Mannes, für andere ein Zebrastreifen; es kann auch ein leerer Raum oder ein Stapel Rechnungen sein. Ihre eigenen Trigger kennenzulernen, ist also hilfreich (mehr dazu in Kapitel 6). Das Wichtigste ist jedoch: Wenn Sie neue Rückkopplungsschleifen entwickeln – vom Körper zum Geist und wieder zurück zum Körper –, wird sich die Art und Weise, wie solche Trigger auf Sie wirken, insgesamt verändern.

Es braucht etwas Zeit, aber Ihr Body-Mind-System kann heilen. Sehen und Spüren unterstützen Sie in diesem Prozess.

Studie 3

2017 führten Grossi und seine Kolleg*innen im Rahmen einer Studie mit insgesamt 36 Teilnehmer*innen – 22 von ihnen litten unter einer Angststörung, 14 waren als gesund klassifiziert – fMRT-Scans durch und erhielten so 50 Bilder von jedem Proband*innen-Gehirn. Die Forscher*innen wollten herausfinden, ob Bereiche des Gehirns, die mit der Interozeption zusammenhängen, auf dem Scanner aufleuchteten, wenn die Proband*innen ihre Umgebung betrachteten – insbesondere dann, wenn sie Gesichtsausdrücke und Körperbewegungen anderer Menschen lasen. Auf diese Weise hofften die Wissenschaftler*innen zu erkennen, was in einem ängstlichen im Vergleich zu einem nicht ängstlichen Gehirn passiert. Nahm ein ängstliches Gehirn im gleichen Maß Empfindungen wahr wie ein nicht ängstliches Gehirn?

Die Studie bestätigte, dass bei den *nicht ängstlichen* Proband*innen die Prozesse des Sehen und Spürens wirklich effizient und gut im Gehirn koordiniert waren. Bei den ängstlichen Teilnehmer*innen jedoch fehlte diese Koordination. Im Umkehrschluss heißt das: Diejenigen, die *beim Spüren ihres Körpers* langsam oder unbeholfen waren, gehörten der Gruppe der Ängstlichen an. Diese Studie zeigt also, dass ein Zugang zum *Felt Sense* (= die eigenen Empfindungen spüren und ihre Bedeutung erkennen) Anteil hat an der Minderung von Ängsten und der Entwicklung von Stressresilienz.

Außerdem zeigt die Grossi-Studie: Wenn man die Teile des eigenen Körpers spüren kann, die *frei von Stress* sind, bringt das die Version „böser Tweet“ (siehe Seite 110) zum Schweigen. Andere wissenschaftliche Untersuchungen haben gezeigt, dass das *Wahrnehmen von stressfreien Empfindungen* die neuronalen Angstzentren deaktivieren kann. In der Grossi-Studie zeigten die Gehirnscans der *nicht* ängstlichen Personen starke neuronale Verbindungen zu ihren stress*freien* Empfindungen. Im Gegensatz dazu wiesen die Ängstlichen eine starke neuronale Konnektivität zu ihren *Stress*empfindungen auf. Wenn wir in erster Linie auf unsere Stressempfindungen eingehen, begeben wir uns auf eine zwar vertraute, aber unerwünschte Route mit dem Ziel: erhöhter Stress. Unsere annehmbaren oder neutralen Empfindungen zu spüren, kann uns wieder auf den Kurs zum Wohlbefinden bringen.

Studien 4 und 5

In zwei von Zotev, Young und Kolleg*innen durchgeführten Studien (Zotev et al. 2013; Young et al. 2014) war bei gesunden Teilnehmer*innen eine nahezu augenblickliche Selbstregulation möglich. Die Forscher*innen entdeckten hierfür einen erfolgreichen und schnellen Prozess im Gehirn der Teilnehmer*innen: die beruhigende Kommunikation zwischen dem Frontalhirn, einschließlich der Areale, die Empfindungen wahrnehmen, und der angstgesteuerten Amygdala im primitiven

Gehirn. Indem sie beruhigende Botschaften von ihrem Empfindungsgewahrsein zu ihrem Stresszentrum schickten, wurden diese Teilnehmer*innen zu wahren Selbstregulierungs-Ninjas!

Wir alle können zu solchen Selbstregulierungs-Ninjas werden. Unser Gehirn verändert sich ständig (das gilt für uns alle – ausnahmslos) und ist bereit für neue, bessere Weisen der Stärkung. Wenn ein gesundes Gehirn sein „Hanteltraining“ durch Spüren absolviert, sollten wir alle ein Gehirn-Workout in Angriff nehmen – mit Spüren als einer der Hauptübungen.

Pause

Experimentieren Sie damit, sich selbst durch eine Seh- und Spür-Übung zu führen. Spielen Sie ruhig damit, passen Sie die Übung an und machen Sie sie zu Ihrer eigenen.

Die Grundidee: Sehen und spüren Sie das Hier und Jetzt.

Wenn das aus irgendeinem Grund unangenehme Gefühle in Ihnen hervorruft, wiederholen Sie entweder die Übung auf Seite 109 oder die auf Seite 117.

Genießen Sie es. Gut gemacht!

5.8 Etwas Evolutionstheorie

Warum tut unser Gehirn das? Wir Menschen lebten früher in weitaus unsichereren Räumen – in der Steppe zum Beispiel – und waren in unserer Umgebung unglaublich gefährdet. Wenn wir in Sicherheit sein und, nun ja, am Leben bleiben wollten, mussten wir stets sehr aufmerksam auf alles achten, was in der näheren Umgebung vorging.

Die Menschen, die in der Steppe überlebten, waren hervorragend darin, ihre Umgebung zu scannen. Immer wussten sie, was um sie herum gerade los war. Wenn Bedrohungen in Sicht- oder Hörweite kamen, mussten sich zähe Selbstschützer ausschließlich auf die mögliche Bedrohung konzentrieren: *Ich sehe den Säbelzahntiger, der von Osten kommt. Ich höre, wie er recht langsam das Gras unter seinen Füßen zertritt und schließe daraus, dass er erst in einigen Minuten bei mir ankommen wird.* Das war nicht der richtige Moment, um es sich eine Weile gemütlich zu machen und den wunderbaren Sonnenuntergang zu genießen oder sich am wirklich schönen Vogelzwitschern zu erfreuen. Hätte sich diese Vorfahrin von Nebensächlichkeiten wie einem Sonnenuntergang oder einem Vogel – oder irgendetwas, das *nichts* mit der

Bedrohung in ihrer Umgebung zu tun hatte – ablenken lassen, dann wäre sie, um es kurz und bündig zu sagen, eine Todeskandidatin gewesen.

Da sind wir nun in unseren heimeligen Häusern und in Autos mit abschließbaren Türen, aber unsere Gehirne funktionieren immer noch genauso wie früher. Unser primitives Gehirn hat sich so entwickelt, dass es unbewusst und nahezu ständig die Umgebung absucht, um einzuschätzen, ob wir sicher oder bedroht sind. Wenn uns etwas triggert, egal, ob es von innen oder außen kommt, dann sind wir einfach so „gebaut", dass es uns in höchste Alarmbereitschaft versetzt. Wir versuchen, möglichst alles zu hören und zu sehen, das mit dieser Bedrohung zusammenhängen könnte. Gleichzeitig ist unser Gehirn so verdrahtet, dass wir automatisch alles andere ausblenden – das heißt, alles um uns herum, das *okay* ist. Menschen mit einer extremen Stressprägung finden sich nur allzu leicht in einer unwillkürlichen Wiederholungsschleife wieder: Sie fühlen Stress, sie sehen Stress, sie blenden alles nicht Stressauslösende aus und sehen und fühlen dann immer mehr Stress. Das ist so, gäbe es in Ihrer Playlist nur einen einzigen Song, der sich unablässig wiederholt.

Springen wir wieder ins Jetzt: Expert*innen sind sich einig, dass Menschen, die extremen Stress und Traumata erlebt haben, in einem Zustand der Hypervigilanz festhängen können – eine jahrtausendealte Lösung für ein sehr modernes Problem. Wenn Nervosität und Stress am Steuer unseres Body-Mind-Systems sitzen, fährt uns die innere Unruhe nach Stressville. Und auf dem Weg dorthin bringt unsere starke Aktivierung uns dazu, rundherum die Gefahren zu „erkennen", die uns nach Auffassung unseres Stressgehirns drohen *müssen*. In diesem Zustand sind wir überreizt und blind gegenüber der Realität. Manchmal fällt es uns sogar schwer, uns zu entspannen, wenn wir tatsächlich in Sicherheit *sind*. Das, was vor vielen Jahren funktionierte, um unsere Vorfahren zu retten, ist für die heutige Welt weniger gut geeignet.

5.9 Wenn Sehen und Spüren uns täuschen

Negative Rückkopplungsschleifen können heikel sein. Sie fühlen sich manchmal derart real an, dass man glauben könnte, sie hätten tatsächlich etwas mit der jeweiligen Situation zu tun, was aber keineswegs der Fall ist. Negativschleifen haben nicht immer einen Bezug zum Heute; sie können gewissermaßen irgendeiner beliebigen Gegebenheit entspringen. Meinen Klient*innen erkläre ich Aktivierung mit dem Bild eines Hubschraubers auf der Suche nach einem Landeplatz: Dysregulation schwebt vielleicht in uns herum und sucht nach einer Situation, bei der sie landen kann. Oder es gibt einen Hinweis mit nur einem winzigen Trigger, der plötzlich auftaucht, und schon kann unser Body-Mind auf den Stresszug aufspringen.

Im folgenden Beispiel geht es um zwei Menschen, die plötzlich in einer negativen Rückkopplungsschleife gefangen sind, getrieben von einem Stresshubschrauber, der nach einem Landeplatz sucht:

Florence und Edie unterhielten sich, während ihre beiden Töchter mit Theaterschminke herumspielten. Für Florence nahm das Gespräch eine aktivierende Wendung, als sie beschrieb, welch große Schwierigkeiten ihre Tochter mit *anderen* Freundinnen hatte. Unter Tränen vertraute sie Edie an, wie belastend und stressreich das für die ganze Familie sei und wie sehr sie sich Tag für Tag um die sozialen Kontakte ihrer Tochter sorge.

Natürlich rief dieses Thema bei Florence eine gewisse Stressreaktivität hervor. Was aber dann folgte, lässt den Schluss zu: Ohne dass Florence es wusste, „verdrehte" ihr Stressgehirn ihr Gespür dafür, was dem Heute und was dem Gestern zuzuordnen war. Und dann fand ihr Aktivierungshubschrauber einen Landeplatz, und zwar auf Edie.

Die beiden Mädchen hatten fröhlich kichernd mit dem Smartphone Musik gehört und sich lustig und wild geschminkt. Plötzlich fiel Florence ein, dass sie und ihre Tochter einen Termin hatten und spät dran waren. Hektik kam auf und schnell wurde mit Make-up-Entferner hantiert. Edies Tochter versuchte, Florence zu helfen, so schnell sie konnte, was aber schwierig war, denn sie hatte nur eine Hand frei. In der anderen hielt sie das musikspielende Handy. Die Schminke ging nicht leicht ab. Florence geriet immer mehr unter Stress. Bereits vorher hatte wegen ihrer andauernden Besorgnis um die schwierige Situation ihrer Tochter ihr Stresslevel bei fünf oder sechs gelegen. Diese Situation hatte aber *nichts* mit dem Treffen hier und jetzt zu tun. Trotzdem schien es, als würde ihr Stresslevel auf einen Wert von sieben oder acht ansteigen.

Niemand bemerkte, dass eine Brille auf den Boden fiel und niemand trat absichtlich darauf – aber es passierte. Keiner wollte den kleinen Hohlraum im Smartphone mit Make-up-Entferner füllen, aber auch das passierte. Und niemand wollte eigentlich Lippenstiftflecken auf die Wangen, Augen und Lippen von irgendjemandem auftragen, doch es passierte. Das Chaos endete mit einem Make-up-verschmierten Gesicht, einer zerbrochenen Brille und einem fürs Erste unbrauchbaren Smartphone.

All das zu verpacken, wäre für niemanden leicht gewesen, doch Florence schickte es direkt in eine Extremstress-Überlastung. Wie bei sehr trockenem Holz schlugen bei ihr die Flammen hoch, kaum dass sich ein kleiner Funke gezeigt hatte. Dieser Funke waren für Florence die Schwierigkeiten ihrer Tochter in einem *anderen* Zusammenhang; ihre durch Stress geschürte Sicht auf ihre aktuelle Situation war das trockene Holz. Offenbar konnte Florence ihren Stress von gestern nicht mehr von ihrem

Stress von heute trennen. Aufgrund ihres Tunnelblicks „sah" sie nun, dass Edies Tochter all das absichtlich getan hatte. Florences gestörte Neurozeption führte sie zu der Überzeugung, Edies Tochter habe die Brille absichtlich auf den Boden geworfen, das Smartphone bewusst schlecht behandelt und das fleckige Make-up mit böser Absicht aufgetragen. Florence ging sogar so weit zu behaupten, dass Edies Tochter sie absichtlich sabotierte und schikanierte und dass das gesamte Chaos vorsätzlich geplant war. Das Stresshirn ist gut darin, solche Ideen zu fabrizieren.

Das hätte leicht das Ende der Freundschaft für diese Frauen und ihre Töchter sein können und Stressreaktivität wäre hier die unsichtbare, die Situation verursachende Übeltäterin gewesen. Doch wenn das Nervensystem einer Person beginnt, sich zu regulieren, können andere Systeme glücklicherweise oft nachziehen. Edie hatte Selbstregulation in ihrem Werkzeugset und war in der Lage, ihr System zu beruhigen und eine klare Sicht auf die Situation zurückzuerlangen. Sie sah, dass die Mädchen einfach nur unbekümmert miteinander gespielt hatten und sie erkannte die unbeabsichtigte Verkettung von Fehlern und Unfällen. Dieses klare Sehen und Spüren gab Edies Regulation einen festen Anker und versetzte sie in die Lage, die gesamte Situation zu stabilisieren.

Mit Edies zunehmender Regulation nahm auch die von Florence zu und sie erkannte schließlich, dass alle Unfälle nichts weiter waren als das: Unfälle. Nachdem beide Frauen wieder ihren Grundzustand zurückerlangt hatten, erkannten sie: Zu keinem Zeitpunkt war böser Wille im Spiel gewesen und diese Situation war *nicht* identisch mit einigen früheren Situationen.

Alle haben sich von dem Tohuwabohu erholt. Aber so etwas passiert tatsächlich. Unser Gehirn tut so etwas. Und wenn wir unserem dysregulierten Sehen und Spüren Glauben schenken, geht es nicht immer so gut aus. Unsere Neurozeption irrt sich ständig und diese Fehlwahrnehmungen sind komplex, überzeugend *und* belastend. Doch es gibt etwas, das die Last etwas erleichtert: Einstimmung und ein Blick rundum.

5.10 Sich auf das einstimmen, was in Ordnung ist

Indem wir uns auf das Hier und Jetzt einstimmen – insbesondere auf das, was im Moment in Ordnung, angenehm oder erfreulich ist –, richten wir uns auf hilfreiche, positive Rückkopplungsschleifen aus. So zu sehen und zu spüren, kann der Neigung unseres Stressgehirns entgegenwirken, alles abzuscannen und sich dabei auf das auszurichten, was *nicht* in Ordnung, *un*angenehm und *un*erfreulich ist. Die Gewohnheit einer ins Negative verzerrten Wahrnehmung trägt zum Aufbau und zur Aufrechterhaltung der negativen Rückkopplungsschleifen bei. Wenn Stressreaktivität Ihr Body-Mind-System gekapert hat und Ihre Wahrnehmungen und Empfindungen verzerrt, kann etwas so Einfaches wie ein Blick rundum und ein Innehalten, um den eigenen Körper zu spüren, wieder für Klarheit sorgen.

Wenn Ihr Stressgehirn Sie in die Vergangenheit geführt hat, helfen Ihnen Sehen und Spüren zudem, sich wieder im Hier und Jetzt zu orientieren. Wer früher überwältigendem Stress ausgesetzt war und ins Hier und Jetzt zurückkehrt, stellt nicht selten fest: Das *Jetzt* lässt sich besser bewältigen als das *Damals*. Außerdem kann Sehen und Spüren ein Weg sein, sich eine kleine Auszeit zu nehmen – vergleichbar mit dem Moment, wenn man im Flugzeug sitzt und aus schweren Wolken und Nebel in einen klaren blauen Himmel aufsteigt. Eine solche Seh-Pause kann den Stressnebel auflösen und Ihnen eine neue Sicht der Dinge vermitteln.

Das ist ein wirklich machtvolles und auch wirkungsvolles Instrument. Unsere Umgebung zu sehen, hat großen Einfluss darauf, wie wir uns fühlen. Und das, was wir spüren, hat wiederum großen Einfluss auf das, was wir sehen. Wie wir von Spiderman gelernt haben (und von Churchill, Roosevelt und einigen französischen Revolutionären … aber ich schweife ab): „Aus großer Macht folgt große Verantwortung." Große Verantwortung deswegen, weil es eine Blitzverbindung zwischen Sehen, Fühlen *und Sicherheit* gibt. Wenn uns das nicht bewusst ist, sind wir möglicherweise immer wieder angstgebeutelt. Setzen wir die Möglichkeit, Einfluss zu nehmen, geschickt ein. Sicherheit zu sehen, kann uns helfen, Sicherheit zu fühlen. Sicherheit zu fühlen, kann uns helfen, Sicherheit zu sehen. Das Gefühl, dass alles okay ist, kann uns helfen, es auch zu sehen. Natürlich gilt auch das Gegenteil: Angst fühlen – Angst sehen. Eine dieser Optionen weckt das Angst- und Stressgehirn, die andere nicht. Für welche entscheiden Sie sich?

Die Fähigkeit, zu sehen und zu spüren, kann auf zwei verschiedene Arten eingesetzt werden: entweder als hilfreicher, beruhigender Einfluss oder als, nun ja, viel weniger hilfreicher, weniger beruhigender Input. Levine beschreibt es so: Das Sehen und Spüren lenkt unsere Aufmerksamkeit dorthin, wo die Heilung beginnen kann – die Heilung unserer grundlegenden Wahrnehmung der inneren und äußeren Welt; die Heilung der Trugbilder des Stressgehirns, mit denen einige von uns täglich leben.

5.11 Kurze Momente des Sehens: Kleine Ursache – große Wirkung

Ständig passiert um uns herum so viel, dass wir uns auf die relevanten Informationen konzentrieren und den Rest ausblenden müssen. Aber vielleicht können wir uns dafür entscheiden, einige angenehme oder neutrale Anblicke um uns herum als relevant einzustufen. Für unser Wohlbefinden *sind* sie es nämlich.

Natürlich müssen wir nicht ständig *alles* um uns herum abscannen und verfolgen. Es reicht, einmal kurz von unserer gerichteten Fokussierung zu pausieren. Wenn wir von unserem Tunnelblick bzw. unserem sehr konzentrierten, aber eng gefassten Fokus für einen Augenblick in einen offeneren Wahrnehmungsmodus wechseln, geben wir unserem System einen spürbaren Anstupser in Richtung Ruhe und Leichtigkeit. Ein kurzer Moment, in dem wir sehen, wie ein heller Lichtstrahl durchs Fenster scheint, wir ein Bild an der Wand betrachten oder eine schöne Aussicht in uns aufnehmen, kann eine positive Rückkopplungsschleife in Gang setzen.

Probieren Sie's jetzt aus

Sehen Sie sich um. Lassen Sie Ihre Augen Ihre Umgebung erkunden. Nehmen Sie sich Zeit, die Dinge um Sie herum zu sehen, die Sie vielleicht bisher nicht bemerkt haben. Lassen Sie Ihre Augen etwas auswählen und ruhen Sie mit dem Blick eine Zeitlang darauf.

Genießen Sie es. Gut so!

Nehmen Sie auch subtile Eindrücke wahr

Die meiste Zeit nehmen wir nur die starken Empfindungen wahr. Tendenziell sind wir darauf eingestimmt, große Annehmlichkeiten, wie eine Massage, oder heftige Schmerzen, wie einen verstauchten Knöchel, zu spüren. In der Regel übersehen wir Empfindungen, die nur *ein bisschen* angenehm oder einfach nur okay sind. Wann haben Sie das letzte Mal wirklich innegehalten, um eine kaum merkliche Veränderung in Richtung Entspannung im Kiefer, im Nacken oder in den Schultern wahrzunehmen? Oder eine Lockerung der Anspannung im Bauch oder ein relativ ruhiges Gefühl in Ihren Beinen, Knöcheln oder Füßen? Sie wissen es nicht? Die meisten von uns nehmen solche Empfindungen kaum wahr.

Probieren Sie's jetzt aus

Nehmen Sie sich nun etwas Zeit, um alle Bereiche Ihres Körpers zu spüren, die auf kaum merkliche Weise angenehm oder neutral sind. Scannen Sie den Körper von den Füßen bis zum Kopf und nehmen Sie Bereiche wahr, die unauffällig okay sind.

Können Sie Ihre Füße auf dem Boden spüren bzw. auf der Oberfläche, die sie berühren? Gibt es irgendwo eine Stelle an Ihren Beinen, an der Sie Ihre Sitzunterlage spüren – den Stuhl, die Couch oder den Boden? Gibt es Bereiche Ihres Rückens, die entspannt sind? Spüren Sie irgendeinen Teil Ihres Nackens oder Kiefers, der sich gerade ein bisschen angenehm anfühlt? Scannen Sie nach etwas, das sich einfach in Ordnung anfühlt.

Gut gemacht!

Wenn wir das Instrument Sehen und Spüren nutzen, befördern wir Resilienz und Wohlbefinden. Die Einstimmung auf beruhigende oder halbwegs annehmbare Empfindungen und Anblicke kann das Blatt wenden – auch im Gehirn. Waren bei Ihnen bislang anhaltend negative, von Ihren Wahrnehmungen und Empfindungen bestärkte Rückkopplungsschleifen an der Tagesordnung, dann sollten Sie ab sofort regelmäßig auf das Instrument des Sehens und Spürens zurückgreifen.

5.12 Das Werkzeug des Sehens und Spürens praktisch anwenden

Es gibt unzählige und verschiedenste Anwendungsmöglichkeiten für Sehen und Spüren. Sie können hier also Ihren ganz eigenen, einzigartigen Ansatz wählen, etwa eine sichere Person in einem Raum finden, so wie Mary in der Synagoge (siehe Seite 118). Ein kurzer Moment der Orientierung könnte für Sie in einer stressauslösenden Umgebung zu einer Zuflucht werden und Ihnen helfen, Ihre negativ verzerrte Wahrnehmung „gerade zu rücken". Manchmal kann ein einziger Mensch, der Ihnen Sicherheit vermittelt, Ihr gesamtes Body-Mind-System von Stressville weglenken. Oder Sie könnten mithilfe von Sehen und Spüren erkennen und verstehen, was hinter einer hektischen Situation steckt, so wie bei Florence und Edie (siehe Seite 125). Wenn durch Aktivierung Ihre Sicht oder die Sicht anderer Menschen getrübt wird, mit der Folge falscher Betrachtungsweisen, dann kann das Instrument „Sehen und Spüren" dazu beitragen, Sie vom Gestern zurück in die Realität und ins Heute zu bringen.

Wir können Sehen und Spüren auch nutzen, um unsere Aktivierung zu unterbrechen und zu verhindern, dass sie uns überwältigt. Dass verschafft uns die dringend benötigte Pause vom Stress. So verfuhr z. B. Helen (siehe Seiten 116). Das Thema ihrer negativen Arbeitsbedingungen schob sie für einen Moment beiseite und sah sich stattdessen in ihrer eigenen sicheren, beruhigenden Umgebung um.

Sehen und Spüren als Zuflucht bei einer ins Negative verzerrten Wahrnehmung, als Ausrichtung auf das Heute oder als Unterbrechung der Aktivierung: Das sind nur einige von vielen Möglichkeiten. Finden Sie heraus, was für Sie wie am besten funktioniert und machen Sie es so zu Ihrem Instrument.

Probieren Sie's aus: Auf leichte Art sehen und spüren, was in Ordnung ist

Diese Übung führen Sie optimalerweise dann aus, wenn Sie etwas Zeit haben und die Situation für Sie grundsätzlich okay ist. Sie ist die Grundlage für andere Anwendungen des Werkzeugs Sehen und Spüren. Und sie ist wirklich ganz einfach – Sie müssen sich nur einmal umsehen.

1. Lassen Sie die Augen Ihr Umfeld scannen. Blicken Sie auf das, was in der Nähe ist, blicken Sie in die Ferne.
2. Erlauben Sie Ihren Augen, sich etwas auszusuchen, auf dem sie ruhen wollen. Fragen Sie Ihre Augen, was sie gern betrachten wollen.
3. Lassen Sie den Blick, während Sie es betrachten, einfach dort ruhen, sanft und leicht. Sie können Ihre Augen sogar einen Moment lang weich werden lassen, bis das Objekt verschwimmt, und es dann sanft wieder in den Fokus bringen. Die Augen *empfangen* den Anblick, auf dem Sie sie ruhen lassen, sie blicken nicht hinaus, um etwas in den Blick *zu nehmen*.
4. Während Sie den Blick ruhen lassen, nehmen Sie wahr, wie es sich im Körper anfühlt, etwas Angenehmes zu betrachten. Wie reagiert Ihr Körper auf diese Sehübung, die Sie gerade machen? Scannen Sie ihn nach Bereichen ab, die sich entspannt oder relativ gelöst anfühlen. Achten Sie auf subtile Veränderungen in Ihrem Körper, während Sie dabei weiterhin mit den Augen bei dem gewählten Anblick bleiben.
5. Nehmen Sie wahr, wie sich Ihr Körper fühlt. Achten Sie auf alle Körperbereiche, die durch Ihre Praxis des Sehens etwas lockerer oder entspannter geworden sind. Nehmen Sie die Empfindungen der Bereiche wahr, die in Ordnung sind. Atmen Sie eine Weile mit dieser Wahrnehmung.

Das soll keine Schwerstarbeit sein, sondern einfach und leicht. Laden Sie einfach sich selbst dazu ein, einige Augenblicke zu sehen. Das muss nicht lange sein, für Ihr Nervensystem sind bereits kurze über den Tag verteilte Momente des Sehens wunderbar. Sie werden so „resettet“, zurück auf Ihren Grundzustand. Dafür müssen Sie sich nicht anstrengen. Dem Stress entkommt man nicht, indem man sich stresst. Alles, was Sie einbringen müssen, ist etwas Aufmerksamkeit und ein sanftes Wahrnehmen dessen, was Sie sehen und fühlen.

Ganz sachte. Weniger ist mehr.

5.13 Sehen bei Stress

Wie wir bereits wissen, blendet unser Gehirn bei Stress die angenehmen Dinge und Ereignisse um uns herum aus und konzentriert sich stattdessen darauf, alle nur erdenklichen Bedrohungen zu erkennen. Wenn wir also auf dem Weg nach Stressville sind, empfiehlt sich deshalb eine Sehpause. Es ist, als würden Sie sich selbst eine Rettungsleine zuwerfen, während Sie im Stress-Meer treiben. Bei der folgenden „Und-auch“-Übung müssen Sie den Stress nicht ausblenden oder versuchen, ihn abzustellen. Sie erkennen an, dass Stress X vorhanden ist und dass Sie von dort aus, wo Sie sitzen, *auch* eine schöne Aussicht haben. Oder Sie sind direkt mit Stress Y konfrontiert *und* können *auch* Ihre Hündin sehen, die sich so niedlich in ihrem Hundebett zusammengerollt hat.

Probieren Sie’s aus: Sehen bei Stress

1. Finden Sie, sobald die Stressreaktion einsetzt, einen Moment, um eine Sehpause einzulegen.
2. Lassen Sie Ihre Augen nach etwas in Ihrem Umfeld suchen, das *nicht* zum Stress beiträgt. Gibt es da einen Baum, eine Blume oder einen Sonnenstrahl, etwas, an dem Ihr Auge Gefallen findet? Gibt es ein schönes Gemälde, ein Haustier oder eine Person in der Nähe, das oder die Sie gern sehen?
3. Können Sie spüren, wie sich Ihre Sehpause auf Ihren Körper auswirkt? Gibt es dort eine Stelle, an der sich Anspannung löst, und sei es nur ein bisschen? Gibt es irgendeine geringfügige Verschiebung in Richtung Entspannung?
4. Lassen Sie zu, dass Sie die Teile, die in Ordnung sind, sehen und spüren, nur einen Moment. Das wird Ihr System ein wenig beruhigen und Ihnen helfen, sich mit etwas mehr Selbstregulation „an Bord“ wieder dem Stressor zu stellen, mit dem Sie konfrontiert sind.

Mithilfe dieser Übungen werden Sie nach und nach Resilienzpfade aufbauen, wodurch die neuronale Konnektivität zwischen Ihrem beruhigenden Frontalhirn und dem panikmachenden Hinterhirn zunehmen wird. Mit der Zeit werden Ihr klarer Blick und das beruhigende Wahrnehmen Ihrer Empfindungen unmittelbarer zu mehr Regulation führen. Je häufiger Sie dieses Werkzeug einsetzen, umso mehr neuronale und somatische Resilienzpfade werden Sie aufbauen und umso stärker und wirksamer werden diese sein.

6. Ein Bild bewirkt mehr als tausend Worte

Bei vielen von uns tauchen regelmäßig Bilder im Kopf auf und nicht immer sind sie belanglos. Jahrelang wanderte ich gern in einer Hügellandschaft, meist ungezwungen und voller Freude. Eines heißen Sommertags jedoch brannte sich ein beängstigender Anblick in mein Gedächtnis ein – so wie beängstigende Bilder das nun einmal tun. Während ich auf einem wohlvertrauten Weg wanderte, tauchte plötzlich eine riesige Schlange vor meinen Füßen auf. Ich schrie. Ich fürchtete mich. Sie war groß. Mein Herz pochte, der Schweiß begann in meinen Achselhöhlen zu prickeln und alle Rückenmuskeln pressten meinen Oberkörper so heftig zusammen, als sei ich eine fast leere Zahnpastatube und die Muskeln entlang meiner Wirbelsäule wollten unbedingt das letzte bisschen Zahnpasta aus mir herausquetschen! Die Schlange wackelte mit dem Kopf – wohl, um mich genauer unter die Lupe zu nehmen. Erst wirkte sie, als wollte sie sich verteidigen, doch dann schlängelte sie sich zu meiner großen Erleichterung doch weiter.

Für etwa eine halbe Meile war ich immer noch wie durchgeschüttelt von dieser unlieben Sichtung und meine Augen spielten mir Streiche. Alle Stöcke, an denen ich vorbeikam, schienen Schlangen zu sein. Wie echte Schlangen sahen sie aus! Außer, dass es in Wirklichkeit keine waren. Dennoch ließ jede „Schlange" meinen Herzschlag schneller werden und meine Knie erneut einknicken. Als ich mit dieser aktivierten Angstreaktion weiterwanderte, lief mein Bedrohungsscanner im Vollbetrieb und ich „erkannte" Gefahren in jedem Schatten, jedem Stock und jedem Loch im Boden, an dem ich vorbeikam. Und als unerwünschte Begleiter hatte ich zudem all die Bilder, die im Kopf aufblitzen, wenn man sich Sorgen macht – wie eine beängstigende Vorschau darauf, welche belastenden Dinge auf einen zukommen *könnten*. All das wirbelte mir im Kopf herum.

Nachdem ich einiges zu meiner Selbstberuhigung unternommen hatte – rhythmisches Atmen; mich auf jedes Bisschen wahrnehmbarer Sicherheit konzentrieren; jegliche Körperbereiche spüren, die *halbwegs* okay waren (mit anderen Worten: Ich wandte die Methoden aus diesem Buch an), kam ich schließlich wieder „runter". Aber Sie werden nicht glauben, was dann passierte. Ich sah nämlich eine weitere Schlange, und zwar eine echte! Eine große. Wieder schoss Adrenalin durch meinen Körper. Denken Sie an „Hau den Lukas" auf der Kirmes: Man schlägt mit dem Hammer auf einen gefederten Kopf, sodass ein Puck hochschießt und eine Glocke zum Läuten bringt. Meine Glocken läuteten laut und klar und durchdrangen meinen gesamten Körper und Geist. „Nicht nur eine, sondern zwei Begegnungen mit Schlangen!“, dachte ich. Diese Angstprägung war inzwischen ziemlich tief in mir und die damit einhergehende Mind-Body-Stressreaktion verflüchtigte sich nicht so schnell.

Bei den Wanderungen im folgenden Monat wusste mein Gehirn zwar, dass die Wahrscheinlichkeit, eine weitere Schlange zu sehen, gegen null tendierte, doch mein Körper war nicht davon überzeugt. Unwillkürlich wappnete ich mich dagegen, hinter der nächsten Wegbiegung einer Schlange zu begegnen und immer, wenn ich unbewusst auf diese Möglichkeit gefasst war, begann ich, Schlangen zu „sehen“. Es war, als würden die Äste um mich herum schlängeln – wirklich, ich schwöre es! Eine negative Rückkopplungsschleife. In endloser Wiederholung.

Mir ist natürlich klar, dass es sich insgesamt gesehen um einen sehr milden Stressor handelt. Wer von Ihnen mit extremen Stressoren konfrontiert war oder ist: Verstärken Sie diese Geschichte, indem Sie die Intensität verdoppeln oder verdreifachen. Das vermittelt Ihnen vermutlich eine recht gute Vorstellung davon, was in uns Menschen vorgeht, wenn wir mit beängstigenden Situationen konfrontiert sind. Wenn Sie andere Menschen fragen, ob sie es schon erlebt haben, dass angesichts einer angstauslösenden Situation plötzlich furchteinflößende Bilder im Kopf hochkommen, dann werden die meisten mit Ja antworten (und Ihnen vielleicht eine Flut an Geschichten über all die grausamen Dinge erzählen, die sie sich schon einmal vorgestellt haben). Solche *imaginierten* Bilder, die einfach auftauchen und vor unseren Augen aufblitzen, können die Intensität des *realen* Stressors und unsere *reale* Stressreaktivität erheblich steigern. Darin ist jedoch auch eine gute Nachricht enthalten: Ebenso, wie wir unser gesamtes Body-Mind-System mit *negativen* Vorstellungen erschrecken können, so können wir es auch mit *positiven* Vorstellungen auf einer viszeralen Ebene beruhigen.

Ich habe positive Bilder eingesetzt, um mich auf meinen Wanderwegen wieder wohlzufühlen. Nicht, weil ich im realitätsfernen La-la-Land leben wollte, sondern um die beängstigenden Bilder, die in meinem Kopf frei in Umlauf waren, auszugleichen. Nach und nach schuf ich positive Bilder, sodass die Wege wieder wie Wege aussahen. Sie waren nicht mehr die in den sich wiederholenden negativen Bildern dargestellten Schlangenbrutstätten mit vielen sich windenden Bestien, die nur darauf warteten, mich zu erwischen! Heute kann ich guten Mutes sagen: Durch meine Arbeit mit Bildern wurden auf meinen Wanderungen mit der Zeit Stöcke wieder zu Stöcken und nirgends zeigte sich mehr eine Schlange.

Der „Dreh-den-Spieß-um“-Ansatz:

Wir können uns etwas Belastendes vorstellen und fühlen uns gestresst.

Und jetzt andersherum: Wir können uns etwas Beruhigendes vorstellen und fühlen uns beruhigt.

In diesem Kapitel wollen wir erkunden, wie man mit positiven Bildern negative Bilder ausgleichen und ihnen die Wirkung nehmen kann.

6.1 Weder neu noch New-Age

Die Arbeit mit Stressbildern und belastenden Erinnerungen reicht ins späte 19. Jahrhundert zurück. Damals erforschte Pierre Janet Stresserinnerungen und erklärte, dass sich belastende Ereignisse in Geist und Körper einprägen und sich in Form von inneren Bildern und Empfindungen wiederholen können. Wie Filme oder Diashows mit stresserzeugendem Inhalt können überwältigende Erinnerungen immer wieder im Geist und dann im Körper ablaufen.

Das blitzartige Ablaufen eines solchen geistigen Films bzw. einer Dia-Show kann auf mental-psychischer Ebene ein echtes Großereignis sein. Während das Bild abgespielt wird, kommt es zu einer Kaskade neuronaler Reaktionen; vielleicht tanzen die Gedanken oder ein innerer Dialog wirbelt im Kopf herum. Doch auch auf der physisch-physiologischen Ebene kann dieser Film zum Ereignis werden: Herzrasen, Schweiß auf der Oberlippe oder unter den Armen, Knoten im Bauch und Kopfschmerzen – all das kann plötzlich auftreten, wenn die Stress-Show beginnt.

Wenn es darum geht, Menschen bei der Neuverarbeitung traumatischer Erinnerungen zu helfen, ist Peter Levine ein Meister. Die Arbeit mit bildlichen Vorstellungen ist dabei ein zentraler Aspekt seines therapeutischen Ansatzes. Levine zufolge ist während extremer Stressereignisse das Bildgedächtnis besonders „empfänglich"; oft ist unsere Wahrnehmung visueller Eindrücke sowie die von Geräuschen und Gerüchen geschärft. Werden diese stressbezogenen Bilder nicht adäquat verarbeitet, können sie sich in unser Gehirn und unseren Körper einbrennen. Beim Einprägen dieser Stresserinnerungen in unser Gedächtnis spielt das Adrenalin, das unser Körper bei Stressereignissen ausschüttet, eine große Rolle. Wer bei als überwältigend empfundenen Stresserlebnissen vollgepumpt mit Adrenalin war oder wer Stress aushalten musste und ihn immer noch „in den Knochen spürt", der ist gut beraten, mit den Bildern zu arbeiten, die mit diesen Ereignissen zu tun haben. So lässt sich die Erinnerung ausreichend verarbeiten und das System beruhigen.

Beth hatte zwar den Krebs erfolgreich bekämpft, doch bei jedem Schmerz, den sie irgendwo spürte, wurde sie jedes Mal von der Angst gepackt, der Krebs zurückkommen. Der kleinste Schmerz konnte einen stresssteigernden Film aufrufen, der ihren Geist beherrschte. So wurden Rückenschmerzen zu einem Tumor, der seiner Entdeckung harrte; Kopfschmerzen zu einem möglichen Gehirntumor; eine Verdauungsstörung ebenfalls zu Krebs. Eher belanglose Körperempfindungen wurden zu einem Einschaltknopf des Projektors in ihrem Kopf, der beängstigende Szenen zeigte und alle endeten damit, dass sie wieder krank wurde.

Bevor Beth und ich mit selbst erzeugten positiven Bildern arbeiteten, lief in ihrem Körper regelmäßig die volle Stressreaktivität ab, mitunter mehrmals täglich. Das schwächte sie und war zutiefst entmutigend. Ihr Verstand wusste, dass es ihr in Wirklichkeit gut ging und sie schon seit Jahren von ihrer ursprünglichen Krebserkrankung genesen war. Sie wollte, dass auch ihr Körper diese Tatsachen begriff. Hier leiteten selbst erzeugte mentale Filme, die *ihr System beruhigten, statt es zu ängstigen,* die Wende ein. Mit jedem neuen beruhigenden Film oder Dia, das sie kreierte, schwächte sich der Stressreaktionskreislauf ab und der Kreislauf der Stressresilienz wurde gestärkt. Noch einmal: Wir ändern nicht die Geschichte, sondern vernetzen nur physiologische Vorgänge neu. Das Bild ist für Ihren Körper eine Aufforderung, sich in Richtung Resilienz statt in Richtung Stress zu bewegen.

Langandauernde innere Filme

Stresserinnerungen können, auch lange nach dem Ereignis, durch Bilder und Geräusche in unsere Umgebung oder und in uns selbst wieder aktiviert werden. Genau daher kommen Flashbacks. So könnte sich ein Kriegsveteran bei der Fehlzündung eines Autos bäuchlings flach auf den Bürgersteig werfen und den Kopf mit den Händen schützen. Ein Geräusch löst alle möglichen inneren Bilder und Empfindungen aus.

Meine Tochter hatte einen schweren Unfall in einem Hauseingang. Selbst ein Jahr danach hatte sie jedes Mal Angstattacken, wenn sie Türrahmen oder Menschen in Türöffnungen sah. Bei jedem Szenario, das dem ihres Unfalls ähnelte, zitterte sie unwillkürlich, geriet in Panik und hatte Flashbacks.

Seit etwas mehr als einem Jahr war Jennifer in einer sehr stressreichen Arbeitsumgebung tätig. In dem Unternehmen gab es für alle neuen Mitarbeiter*innen eine Probezeit, in der genauestens überwacht wurde, dass sie die Arbeitsvorgaben auch einhielten. Unter solchem Druck zeigte sich bei Jennifer eine Stressreaktivität, die ihr gesamtes System erfasste. Auch wenn sie nicht arbeitete, tauchten unwillkürlich intrusive Bilder von ihrer belastenden Arbeitsumgebung auf und lösten regelmäßig Stress und Unwohlsein im ganzen Körper aus.

Ein Bild, das einer nicht gelösten Stressprägung ähnelt, kann Körper und Geist leicht verwirren. Das primitive Gehirn behandelt in diesem verwirrten Zustand das *ähnliche Bild* so, als sei es die damalige Stresssituation. Die Folge ist volle Reaktivität.

Wenn wir von Stressbildern überwältigt werden, schaltet sich unser modernes Gehirn ab und wir sind auf die nonverbalen primitiven Gehirnareale angewiesen, die Emotionen und Empfindungen steuern. Zu diesen Emotions- und Empfindungszentren gehören die Amygdala, die tief in den angstgesteuerten Teilen des Gehirns sitzt, und der Hirnstamm, der für den Großteil unserer automatischen körperlichen Reaktionen zuständig ist.

In diesem Emotions- und Gefühlsareal kann quasi ein Schalter umgelegt werden, der Herzrasen, einen Anstieg oder plötzlichen Abfall der Körpertemperatur, einen trockenen Mund, einen Knoten im Bauch oder ein Engegefühl in der Brust verursacht. All das kann von der Kaskade ungebetener Bilder im Kopf herrühren, hervorgerufen durch eine aktuelle visuelle oder auditive Wahrnehmung, die eine Erinnerung weckt. Bei meiner Tochter zum Beispiel passierte das beim Anblick einer Türöffnung, beim Kriegsveteranen durch die Fehlzündung eines Autos. In diesem Kapitel stelle ich Ihnen Methoden vor, die helfen können, solche unerwünschten Filme und Dias abzuschwächen oder zu verändern. Hierfür wird das Filmteam alles nutzen, was zur Verfügung steht: Gedanken, Empfindungen, Emotionen und natürlich eben jene Bilder im Kopf.

Probieren Sie's aus: Innere Filme oder Dias erkunden

Machen wir uns nun mit einigen inneren Filmen oder Dias vertraut.

Möglicherweise wissen Sie schon, welch starken Einfluss Ihre inneren Bilder auf Ihr gesamtes Body-Mind-System haben können. Doch vielen ist das vielleicht vollkommen neu. Lassen Sie uns ein wenig damit spielen.

1. Wählen Sie eine *positive* Erinnerung, die so lebendig ist, dass Sie den Ort, an dem Sie sich befanden, die Menschen, die bei Ihnen waren und das, was dort geschah, vor Ihrem inneren Auge sehen können. Nehmen Sie sich eine Weile Zeit, um sich die Szene vorzustellen. Verweilen Sie ein wenig in dieser Erinnerung und rufen Sie sich möglichst viele Details ins Gedächtnis. Sie müssen nicht historisch genau sein; Sie können es ausschmücken oder es sich nach bestem Vermögen vorstellen. Achten Sie nur darauf, dass Sie bei den positiven Details der Erinnerung verweilen.
2. Spüren Sie nun, wie es sich *genau jetzt* in Ihrem Körper anfühlt, in dieser Erinnerung zu verweilen. Versuchen Sie nicht, sich daran zu erinnern, wie Sie sich damals in Ihrem Körper gefühlt haben. Genau hier, genau jetzt: Was geht in Ihrer Brust, Ihrem Bauch, Ihren Schultern, Ihrem Nacken, Ihrem Gesicht und so weiter vor, wenn Sie diese Erinnerung heraufbeschwören und ein wenig darin schwelgen?
3. Lassen Sie uns nun eine *leicht negative* Erinnerung erkunden. Stellen Sie sich wieder den Ort, die Akteure, die Umstände vor. Verweilen Sie etwas darin; sehen, hören, ja, riechen Sie sogar, was dort passiert ist.
4. Nehmen Sie nun erneut wahr, was in Ihrem Körper in diesem Moment geschieht. Wie fühlen sich Bauch, Brust, Nacken, Rücken und so weiter in diesem Moment an? Spüren Sie einen Unterschied zu Ihren Körperempfindungen beim positiven Bild?

5. Verweilen Sie nicht lange darin. Schauen Sie sich um, finden Sie etwas in Ihrer Umgebung, das Sie gern ansehen. Atmen Sie ein paar Mal langsam und tief ein und aus. Kommen Sie ins Heute zurück.
6. Wenn Sie das Gefühl haben, dass sich ein Teil von Ihnen immer noch in der negativen Erinnerung befindet, nehmen Sie sich Zeit, um Ihre Lieblingsmusik zu hören, eine Tasse Tee zu trinken, einen kurzen Spaziergang zu machen oder eine*n Freund*in anzurufen.
7. Kommen Sie zurück ins Heute, zu dem, was hier und jetzt in Ordnung ist.

Gut gemacht!

Ich hoffe, Ihr Körper hat Ihnen gezeigt, wie sehr innere Bilder und körperliche Empfindungen miteinander verbunden sind. Auch die aktuelle Forschung bestätigt das.

Bilder beeinflussen Körper und Geist – und sie sind veränderbar

In jahrzehntelanger Forschungsarbeit, von 1975 bis 2005, hat die Psychologin Elizabeth Loftus nachgewiesen, dass das Gedächtnis formbar ist. Ihre vielleicht berühmteste Studienreihe ist unter dem Namen „Lost in a Mall"-Studien („im Einkaufszentrum verloren gehen") bekannt geworden (Loftus & Pickrell 1995; Loftus 2005). U. a. wurden Teilnehmer*innen vier Erinnerungen aus ihrer Kindheit erzählt, von denen drei stimmten; es waren Berichte von Familienmitgliedern eingeholt worden. Die vierte „Erinnerung" hingegen hatten die Wissenschaftler*innen erfunden. Sie handelte davon, dass die Teilnehmer*innen als kleine Kinder in einem Einkaufszentrum ihre erwachsenen Begleitpersonen verloren hatten. Die Umstände – wo sie verloren gingen und wer sie schließlich fand – wurden den Studienteilnehmer*innen im Detail beschrieben. Später wurden die Teilnehmer*innen gebeten, sich an dieses Einkaufszentrumserlebnis zu „erinnern" und viele von ihnen glaubten, dass es tatsächlich passiert war. Einige Teilnehmer*innen beschrieben visuelle Details; andere sagten, sie erinnerten sich daran, Angst gehabt zu haben. Interessanterweise wurden einige dieser erfundenen Erinnerungen mit der Zeit sogar noch stärker. Wochen, nachdem ihnen die Einkaufszentrumsgeschichte zum ersten Mal erzählt worden war, empfanden die Teilnehmer*innen diese eingepflanzten „Erinnerungen" noch viel lebhafter.

In einer weiteren Studie stellten Björkstrand und Kolleg*innen (2015) fest, dass eine *Neuverarbeitung* negativer Erinnerungen während des Erinnerungsvorgangs die Stressreaktivität für diese Erinnerungen signifikant senkt. Die Wissenschaftler*innen maßen die Amygdala-Reaktivität und Schweißproduktion bei einer Neuverarbeitung der Erinnerungen. Es zeigte sich, dass beides bei den Proband*innen abnahm, wenn die negativen Bilder *unterbrochen* und unmittelbar nach dem Erinnerungsvorgang *umgeformt* wurden. Das Ergebnis wurde 18 Monate später in einer Follow-up-Untersuchung bestätigt. Bei den Studienteilnehmer*innen, die ihre negativen Erinnerungen unterbrochen hatten, gab es bei dieser Erinnerung weiterhin weniger Angstgehirnreaktivität und Schweißausbrüche. Die Ergebnisse zeigten auch, dass das Unterbrechen angsterfüllter und stressreicher Erinnerungen vergleichsweise wenig mentale Anstrengung erfordert, insbesondere im Angstgehirn. Das setzt wertvolle Gehirnkapazitäten frei, um mit Freunden und Familie in Verbindung zu sein, sich auf die Arbeit zu konzentrieren oder sich einfach nur daran zu erinnern, wo die Schlüssel sind.

> Eine in das Gedächtnis eingepflanzte bildhafte Erinnerung hielt das Body-Mind-System der betreffenden Person für real, unabhängig davon, ob es tatsächlich geschehen oder nur eingebildet war.

Insgesamt zeigen diese Studien: Um starke geistige, emotionale und körperliche Reaktionen hervorzurufen, müssen mentale Filme weder wahr sein, noch muss man das, von dem sie handeln, tatsächlich erlebt haben. Auf eine selbst erzeugte „Erinnerung" reagieren wir ebenso zuverlässig wie auf eine reale. In unserem Body-Mind-System bringt uns das in die „Fahrerposition": Wir können uns selbst unterstützen, indem wir anstelle der stressenden Bilder und Filme solche kreieren, die uns beruhigen.

6.2 Etwas Evolutionstheorie

„Warum machen mein Gehirn und mein Körper das?" Allem Anschein nach waren die Menschen, die vor Äonen überlebten, wirklich gut darin, *gefährliche Bilder geistig zu speichern* und diese Informationen parat zu halten, um sie von einem Moment auf den anderen abrufen zu können. Außerdem konnten sie sich dabei hauptsächlich die Top-Treffer merken, die eine Google-Suche nach „Was ist für mich gefährlich oder bedrohlich?" erbringen würde.

Würden wir draußen in der Steppe leben und bestünde unsere tägliche Aufgabe darin, einfach nur am Leben zu bleiben, dann müsste uns *ganz klar* sein, was eine Bedrohung für uns darstellt und was nicht. Würden wir einen kleinen Vogel sehen, der auf uns zufliegt, müssten wir wissen: *Der ist ungefährlich – keine Panik!* Sähen wir stattdessen einen Löwen auf uns zu rennen, müssten wir schnell wissen: *Der ist nicht ungefährlich – Alarmstufe rot!* In der Urzeit konnten die Menschen beim Anblick der Gestalt eines Elefanten in der Ferne nicht schnell ihr Smartphone zücken und bei Wikipedia nachlesen, um eine schnelle Bestätigung zu erhalten, was diese sich bedrohlich abzeichnende Gestalt war. Sie hatten auch nicht den Luxus, alle Türen und Fenster schließen und verriegeln zu können, während sie überprüften, wie bedrohlich eine bestimmte Situation möglicherweise war.

> Das primitive Gehirn unserer Vorfahren hat sich offenbar mit der frappierenden Fähigkeit entwickelt, Dia-Shows und Dokumentationen zu kreieren, in denen die angsteinflößendsten, gefährlichsten Aspekte ihres Lebens die Hauptrolle spielten. Sie konnten diese wohl im Hintergrund in einer Art geistigen Endlosschleife abspielen lassen, während sie ihren anderen Höhlenleben-Erledigungen nachgingen.

Machen wir einen Sprung ins Heute. Wenn unser Body-Mind-System etwas als Bedrohung identifiziert, und sei sie noch so gering, dann graben wir mit großer Wahrscheinlichkeit diese jahrtausendealte Fähigkeit wieder aus und fangen an, besagtes gefährliches Szenario im Kopf in einer Endlosschleife abzuspielen. Sowohl reale als auch imaginäre Dias und Filme laufen geistig im Hintergrund ab, während unsere Stress- und Angstphysiologie hoch- und immer höherfährt. Die Kiefer sind fest zusammengepresst, der Magen ist angespannt und die Gliedmaßen zittern: So macht sich der Körper bereit, sich zu verteidigen oder wegzulaufen. Und das alles, während wir eigentlich nur dasitzen und an vergangene Stressereignisse zurückdenken oder uns mögliche zukünftige Stressereignisse vorstellen.

Der Körper kann nicht gut unterscheiden

Bei extremem Stress reagiert unser Körper ganz ähnlich wie der Körper unserer Vorfahren. *Sie* standen damals vielleicht einem Säbelzahntiger gegenüber. *Wir* stehen heute möglicherweise vor der Herausforderung, öffentlich reden zu müssen. Doch der Körper erkennt keinen Unterschied. Für ihn ist es in beiden Fällen extremer Stress, der das Überlebensgehirn und die Einsatztruppen des Nervensystems auf den Plan ruft.

Wenn Alexandra vor einem Publikum stehen und einen Vortrag halten musste, dann, so erzählte sie mir, fühlte es sich an, als habe sie eine Gruppe von Alligatoren vor sich, bereit, sie aufzufressen! Blitzartig aufscheinende negative Bilder nahmen sie geistig derart in Beschlag, dass es ihr schwerfiel, zu atmen oder einfach nur aufzustehen, geschweige denn zu denken und zu sprechen. Ihr Geist wurde von schrecklichen Bildern überflutet und körperlich war sie einer Ohnmacht nahe.

6.3 Die innere Show kann nur allzu leicht einsetzen

Bei Menschen mit extremen Stressprägungen treten häufig schwierige Bilder in Erscheinung. In den unterschiedlichsten Situationen können diese Stressbilder erneut ablaufen und es sind manchmal starke, manchmal aber auch eher nichtige Auslöser, die die Stress-Diashow in Gang setzen.

Cynthia hatte im Lauf der Jahre leider viel Schlimmes erlebt, das nun zu einer Bedrohung für das Wohlergehen ihrer Kinder wurde. Die Notaufnahme des Krankenhauses war ihr wohlvertraut und sie hatte schon viele besorgniserregende Situationen durchgemacht.

Manche Menschen fühlen sich häufig in Situationen überwältigt, die für andere – die keine Vorgeschichte mit extremem Stress haben und nicht unter intrusiven Bildern leiden – überschaubar sind. Denken Sie daran: Nicht Ihre aktuelle Situation verursacht Ihre Reaktivität, vielmehr ruft Ihre frühere Prägung diese Art von Body-Mind-Ausbrüchen hervor.

Pierre Janet hob hervor: Wenn wir bei belastenden Ereignissen vom Stress *überwältigt* werden, können wir die Erinnerungen nicht vollständig verarbeiten. Unverarbeitete Erinnerungen führen zu furchterregenden intrusiven Bildern.

Cynthia machte sich zunehmend Sorgen um den schulischen Lernerfolg ihrer Kinder. Sorgen um deren Wohlbefinden waren oft ein Trigger für sie. Als dann die Kinder tatsächlich in der Schule zurückfielen und ihre Noten sich verschlechterten, stieg ihr Stresspegel deutlich an. Es tauchten unerwünschte mentale Bilder davon auf, wie ihre Kinder bei den Prüfungen am Jahresende durchfielen, und später, wie sie an der weiterführenden Schule, an der sie sich beworben hatten, nicht angenommen wurden. Dann sah sie, dass die Kinder nicht aufs College gingen. Und ihr letztes Bild zeigte ihr ihre erwachsenen Kinder, wie sie ihr Dasein im Souterrain von Cynthias Haus fristeten. Als Cynthia das erzählte, tat sie es zwar mit einer Prise Humor. Doch bei allen Versuchen, diese weit hergeholte Verkettung von Bildern mit Heiterkeit zu nehmen, spürte sie auch die realen Auswirkungen von Stress in ihrem Body-Mind. Die invasiven Stressbilder verstärkten ihre Reaktivität, lösten Panik bei ihr aus und sorgten für Migräneanfälle.

Solche invasiven Bilder mögen bei denjenigen von uns, die unter extremem Stress leiden, sehr häufig vorkommen; dennoch sind sie sehr leidvoll und sogar schwächend. Die nächste Übung kann Ihnen helfen, herauszufinden, was bei Ihnen solche Bilder triggert.

Erkunden Sie: Was sind Ihre gängigen Stressreize oder Trigger?

Personen	**Orte**
■ Menschen, die Sie oder Ihre Lieben schlecht behandelt haben ■ Angehörige und Ihnen nahestehende Menschen, die bedroht werden oder gefährdet sind ■ Menschen in Machtpositionen oder Autoritätspersonen ■ Menschen in großer Not oder Abhängigkeit	■ ..., an denen Sie verletzt oder in Angst versetzt wurden ■ ..., an denen Sie sich unfähig fühlten oder herabgesetzt wurden ■ ..., an denen Sie das Gefühl hatten, gefangen zu sein oder hilflos auf dem Trockenen zu sitzen ■ ..., an denen Sie sich als Zielscheibe oder schikaniert fühlten
Klänge ■ Bestimmte Geräusche ■ Bestimmte Stimmen ■ Ein zu hoher oder zu niedriger Geräuschpegel	**Düfte / Gerüche** ■ Gerüche, die Sie an negative Situationen erinnern ■ Der Geruch eines bestimmten Ortes, einer Person ■ Ein Geruch, den Sie mit einer bestimmten Zeit in Verbindung bringen
Gefühle oder Gedanken ■ Sorge ■ Furcht, Angst ■ Zorn, Ärger ■ Gewalt	**Empfindungen** ■ Temperatur (heiß / kalt) ■ Zittrigkeit, Unsicherheit ■ Anspannung ■ Schwindel ■ Taubheit, Benommenheit ■ Beengtheit
Situationen, die ... ■ gefährlich sind ■ mit Eile oder Gehetze verbunden sind ■ Sie in Bedrängnis / unter Druck bringen ■ Sie als Falle erleben ■ Sie als einsam empfinden ■ Sie hilflos machen	**Dinge** ■ Gegenstände ■ Farben ■ die Beschaffenheit von Oberflächen

Van der Kolk beschreibt Trigger als Spuren des ursprünglichen Ereignisses. Wenn diese Spuren Empfindungen *vergangener Stressereignisse* wiederaufleben lassen, wird die *ursprüngliche Stressreaktion* im Körper neu entfacht. Wir stehen vor einem Gebäude, das den anderen Vorübergehenden in einem einwandfreien Zustand erscheint, doch unser Körper reagiert vielleicht, als stünde das ganze Gebäude in Flammen. Glücklicherweise gilt das auch umgekehrt. Situationen und Bilder, die wir mit Sicherheit, Leichtigkeit und Schutz assoziieren, können ebenfalls zuverlässige Reaktionen im Körper auslösen. So können wir uns in einem sicheren Raum Zeit dafür nehmen, das Erlebnis mit dem brennenden Haus zu verarbeiten und allmählich dafür sorgen, dass unser System beim Anblick ähnlicher Gebäude wieder ins Gleichgewicht kommt.

Einen Sommer lang arbeitete Richard als Anstreicher und stürzte bei dieser Tätigkeit von einem zweistöckigen Gebäude. Als es passierte, war er allein. Er bat mich um Hilfe, denn noch viele Jahre später durchlebte er jedes Mal beim Anblick von Leitern, Hochhaus-Baustellen und Szenerien mit einem ähnlichen Sturzrisiko erneut und ganz intensiv ein Beben des Schmerzes und den Schrecken, allein und verletzt zu sein. Er wollte sich bei einem solchen Anblick anders fühlen. Er wollte bei Erinnerungen an diesen schon so lange zurückliegenden Sommer keine derart starke körperliche Reaktivität mehr durchmachen. Ihm war bewusst, dass Teile seines Gedächtnisses das Ereignis im Lauf der Zeit verstärkt hatten und dass es immer schlimmer geworden war.

Forschungen zeigen: Wenn wir Erinnerungen oder mentale Bilder geistig aufnehmen, sind sie anfangs gewissermaßen in einem neuronal „transluzidem“ Zustand. Das bedeutet, dass das Bild noch nicht ganz verfestigt, noch keine voll ausgebildete Erinnerung ist. In diesem Zustand können wir eine alte Erinnerung entweder bestätigen oder verändern. Wenn wir eine Erinnerung so bestätigen, wie sie vorher war, rufen wir die gleiche körperliche Reaktion hervor, die wir ursprünglich hatten. Dasselbe angstauslösende Bild erzeugt dieselben Kopfschmerzen, Schweißausbrüche, dieselbe Kieferanspannung und so weiter, die wir erlebt haben, als sich dieser mentale Film zum ersten Mal abspielte. Und oft *steigern* die aktuellen Schweißausbrüche und Kopfschmerzen den Alarmzustand, sodass das ursprüngliche Bild sich jedes Mal, wenn wir die Erinnerung an die Oberfläche holen, *verschlimmert.* Wir alle kennen wahrscheinlich jemanden, dessen erster erfolgreich geangelter Fisch jedes Mal, wenn er die Geschichte erzählt, ein paar Zentimeter länger, größer und schwieriger mit der Angel einzuholen ist. Ihr Körper gibt den Betreffenden das Signal, die Geschichte zu *intensivieren;* das Adrenalin, das sie durchströmt, ist die Ursache der Ausschmückung, nicht nur das Vergnügen an einer tollen Geschichte.

Wir können uns diese neuronale „Transluzenz“ zunutze machen, indem wir ein Bild kreieren, das unsere Reaktivität *deeskaliert.* Das alte Bild kann sich dann nicht mehr innerlich so „festkrallen“ wie früher. Ein neues Bild, das Ruhe statt Stress hervorruft, bedeutet mildere oder gar keine Kopfschmerzen, weniger Schweißausbrüche, einen entspannten Kiefer und so weiter.

Richard spielte mit unterschiedlichen Gedächtnis-Optionen. Er stellte sich vor, den Sturz stark zu verlangsamen, statt mit der Geschwindigkeit zu fallen, die für sein Gefühl der Überwältigung eine große Rolle gespielt hatte. Als er sich vorstellte, sehr langsam zu fallen, verhielt sich sein Körper ganz anders. Anstelle des intensiven Engegefühls, das sich normalerweise einstellte, wenn er sich an diesen Tag erinnerte, spürte er nun im Rücken, im Bauch und in seiner Kehle eine Entspannung. Sein Schrecken milderte sich und wurde zu einer Wachsamkeit, die für ihn viel besser zu bewältigen war. Damit wurde auch sein Herzschlag erheblich langsamer, was seine gesamte Angstreaktivität verringerte.

Dann stellte er sich vor, statt der schrecklichen Einsamkeit, die er erlebt hatte, wäre jemand *da gewesen,* als er auf dem Boden aufschlug. Er wählte einen guten Freund, von dem er wusste, dass er ihn unterstützt und sich um ihn gekümmert hätte, und stellte sich vor, dieser Freund war bei ihm, als er benommen am Boden lag. Bei dieser imaginären Unterstützung kämpfte Richard ein wenig mit Tränen und er spürte, wie das Gefühl der Isolation, das so lange in ihm und Teil dieser Erinnerung gewesen war, allmählich schwand. Eine Weile schwelgte er in dem Bild und fühlte die Linderung, die möglich gewesen wäre, wenn damals alles langsamer abgelaufen wäre und jemand ihn freundlich unterstützt hätte. Die gute Nachricht war, dass ihm jetzt diese Unterstützung zur Verfügung stand. Durch kleine Veränderungen des Bildes war nun seine Reaktion auf die Erinnerung eine ganz andere geworden.

Wir schreiben keineswegs die Geschichte neu – ganz und gar nicht. Vielmehr kehren wir die Drehbücher für die negativen Filme und Diashows um, die wir *unwillentlich* im Kopf ablaufen lassen, sobald Stress aufkommt. Wir spielen *willentlich* einige „Clips“ mit positiven Bildern ab und schaffen ein Gegengewicht zu den schädlichen Erinnerungen.

Denken Sie daran: Dank der Evolution sind unser primitiver Verstand und Körper wild darauf versessen, sich mögliche Gefahren einzuprägen. Es bleibt also dem modernen Gehirn und Körper überlassen, solche mentalen Bilder auszugleichen. Wenn wir ein Gegengewicht bilden und die Waage ausbalancieren, kommt unser System zur Ruhe. Wenn unser System beruhigt ist, fühlen wir uns gut, denken klar und haben Zugang zu „nicht überlebenswichtigen Dingen“ wie Kreativität, Empathie, Unbeschwertheit. Außerdem haben wir dann die Fähigkeit zu erkennen, was gerade jetzt passiert und was in der Vergangenheit liegt. Das ist Selbstregulation mithilfe von Bildern.

Probieren Sie's aus: Selbstregulation mithilfe von Bildern

1. Denken Sie an ein Stresserlebnis, bei dem alles viel zu schnell ging oder Sie ohne die Unterstützung anderer auskommen mussten.
2. Nehmen Sie sich etwas Zeit, um sich vorzustellen, wo Sie waren, was passiert ist und wie es dazu kam.
3. Achten Sie darauf, was in Ihrem Körper vorgeht, wenn Sie sich an dieses Szenario erinnern. Wie fühlen sich Ihre Brust, Ihr Bauch, Ihr Rücken, Ihr Hals, Ihre Beine und Arme an?
4. Experimentieren Sie nun damit, dieses Bild ein wenig zu verändern. Wie wäre es, wenn Sie das Ganze verlangsamen? Oder wenn Sie einen guten Freund / eine gute Freundin oder eine andere von Ihnen geachtete Person in der Szene auftreten lassen? Wenn diese vertrauenswürdige Person anwesend gewesen wäre, was hätte sie wohl gesagt oder getan?
5. Lassen Sie sich die Zeit, die Sie brauchen, um sich diese neuen Ergänzungen zu dieser Erinnerung bildlich vorzustellen. Vielleicht bemerken Sie, dass Sie sich währenddessen allmählich anders fühlen.
6. Möglicherweise sind dies für Sie nicht die richtigen Veränderungen in dieser Erinnerung. Wenn das so ist, versuchen Sie es vielleicht mit einer anderen Version. Experimentieren Sie, bis Sie eine finden, die für Sie funktioniert.

Denken Sie daran: Wir verändern nicht die Wahrheit, sondern wir sorgen dafür, dass unser Körper ruhiger auf die Wahrheit reagiert. Wenn diese Erinnerung erneut aufkommt, werden Sie immer noch wissen, was *tatsächlich* passiert ist. Aber vielleicht schlägt Ihr Herz nicht mehr so schnell und Sie spüren nicht mehr, wie sich Schweißperlen auf Ihrer Oberlippe bilden, jetzt, wo Sie Ihrem Nervensystem ein beruhigendes mentales Bild einer leichter annehmbaren Situation vermittelt haben.

In einer sehr stressreichen, dysregulierten Phase ihres Lebens nahm Maria eine einfache Umgestaltung ihrer mentalen Bilder vor. Die Gesichter der Menschen, mit denen ein Austausch bevorstand, stellte sie sich ganz anders vor. Maria war in einem ziemlich feindseligen Umfeld aufgewachsen und hatte Jahre später in einer oft feindseligen Umgebung gearbeitet. Deshalb hatte sie häufig Angst vor schroffen Reaktionen anderer Menschen. Bei neuen Begegnungen *wollte* Maria sich nicht vorstellen, die anderen würden ihr Ablehnung entgegenbringen, doch im Vorfeld einer Begegnung tauchte genau diese Vorstellung immer wieder auf. Bilder von unfreundlichen Reaktionen schossen ihr durch den Kopf, während sie am ganzen Körper zitterte.

Bei der Drehbuchumkehrung stellte sich Maria zunächst einige einladende, freundliche oder warmherzige Gesichter vor, die sich in der Gruppe zeigten, mit der sie gleich zusammentreffen würde. Dann nahm sie sich Zeit, um zu *fühlen,* was dieses

Bild in ihrem Körper bewirkte. Dabei entspannte sich ihre Kehle, ihr Herzschlag verlangsamte sich und ihr Bauch wurde lockerer. Diese kurzen Momente der Umgestaltung ihrer Bilder halfen Maria, in einem relativ regulierten Zustand in solche ungewohnten Situationen zu gehen. Ihr kreatives und auf Verbindung ausgerichtetes Frontalhirn war ihr nun zugänglich.

Dies ist eine Möglichkeit, wie wir die Waage von negativen zugunsten von positiven Bildern im Kopf ausgleichen können. Wenn wir in einem Denkmuster feststecken, das negative „Was-wäre-wenn"-Bilder hervorbringt, dann sind wir gut beraten, uns einige positive Möglichkeiten *auszudenken.* Wenn wir dann etwas für die Zukunft planen, sind die negativen Bilder nichts weiter als das: Möglichkeiten. Unserem Body-Mind-System jedoch erscheinen sie als etwas, das zukünftig sicher oder wahrscheinlich ist – und diese „Vorhersagen" versetzen uns in Panik.

Wir schreiben nicht die Geschichte neu, sondern wir verändern die Physiologie.

6.4 Es beginnt im Geist oder es beginnt im Körper

Stresserfüllte Bilder können Stressempfindungen auslösen und Stressempfindungen können wiederum stresserfüllte Bilder auslösen. Erlebt Ihr System einen Zustand hochgradigen Stresses, wiederholt sich der Kreislauf.

Nur allzu leicht wandert der Stress vom Körper in Richtung Geist. Erinnern Sie sich an meine Begegnung mit der Schlange? Spulen Sie viele Monate vor: Ich wandere und höre einen Podcast; es ist nicht einmal mehr Schlangensaison. Im Podcast geht es um ein Thema, das schwer zu ertragen, aber wichtig ist, und durch das Gehörte wird meine Angstreaktion aktiviert. Ich spüre, wie meine Anspannung wächst und meine Gefühle sich von „okay" zu „furchtsam" wandeln. Und dann merke ich, wie mein Gehirn plötzlich in einen längst vergangenen Modus umschaltet. Stöcke sehen wieder aus wie Schlangen. Meine körperliche Reaktion auf den Podcast – flache Atmung, hochschießende Herzfrequenz, übermäßige Anspannung im Bauch und so weiter – signalisiert meinem Verstand, dass etwas nicht stimmt und schon greift er ein, um die Sache zu lösen und sieht dann Schlangen. Das Ganze ist auch bekannt als angstbezogene Bilder selbst erzeugen.

Uns allen kann es passieren, dass wir in Stress geraten und uns dann, ohne es zu wollen, Stress-Bilder *vorstellen.* Dieser Kreislauf hängt damit zusammen, dass Körper und Geist tief miteinander verbunden sind und unser gesamtes System sich bei einem hohen Maß an Aktivierung außerordentlich stark fokussieren kann. Bei äußerstem Stressempfinden schaltet unser stressgesteuertes Gehirn in den Gefahren-

Scan-Modus. Es erkennt dann oft *nur* das als Beweis an, was seine Sichtweise unterstützt. Viele Aspekte der Realität nehmen wir mit diesem stressgesteuerten Gehirn überhaupt nicht mehr wahr. Sie erinnern sich: Überleben steht für die Evolution als obersten Punkt auf der Tagesordnung. Wenn wir die *Bedrohung* – zum Beispiel einen Löwen – bemerken, nehmen wir den schönen Sonnenuntergang hinter der riesigen Gestalt des wilden Tieres überhaupt nicht wahr. Wer hat in einem solchen Moment noch Platz im Gehirn frei, um sich mit der schönen Himmelsfärbung zu beschäftigen?!

Robert Sapolsky sagt: Wenn Stress primär psychisch ist – wie bei mentalen Bildern und Narrativen –, dann kann vom System freigesetzter Disstress für uns tatsächlich schädlicher sein als der Stressor selbst. Denn bei psychischem Stress ist das, was *tatsächlich* stattfindet, nur ein mentales Bild oder eine innere Erzählung, die im Kopf abläuft. Doch das, was im Körper passiert, ist womöglich eine starke, unangenehme oder sogar schmerzhafte Stressreaktion! Bei meiner Wanderung mit den Schlangen und Stöcken lag das große Problem nicht in der Tatsache, dass ich einige Monate lang Stöcke für Schlangen hielt. Problematisch war vielmehr, dass mein Body-Mind-System sich fortwährend selbst in Schrecken versetzte. Und das größere Problem war, dass sich mit jedem Schreck, den ich erlitt, die Angstreaktion immer tiefer in meinem System verankerte. Unter diesem Dilemma leiden viele: Die Stressreaktion ist so tief verwurzelt, dass sie sich einfach immer in Gang setzt, auch dann, wenn wir sie nicht wirklich brauchen. Wir haben aber die Möglichkeit, in solchen Fällen unsere Stressgefühle mit Bildern zu beruhigen, die Ruhe und Erleichterung erzeugen.

Beruflich und persönlich habe ich die Erfahrung gemacht, dass während intensiver Stressphasen selbst mäßig belastende Ereignisse Stressbilder, -filme oder -dias hervorrufen können. Wenn unser Body-Mind-System aus dem Gleichgewicht geraten ist und in Richtung Stressüberlastung kippt, stehen Körper und Gehirn in den Startlöchern für die Stressreaktion. Und wenn diese sich so leicht auslösen lässt, tauchen oft auch negative Bilder auf, denn sie liegen dicht an der Oberfläche des Geistes und werden so zu einem regulären Bestandteil der Routine, mit der unser Body-Mind-System Stress „ausübt".

6.5 Wie arbeitet man mit regulierenden Bildern?

Mithilfe dieses Tools können wir wieder ein Gleichgewicht herstellen, indem wir den überwältigenden Einfluss des angstgesteuerten primitiven Gehirns ausgleichen durch positive Bilder, die aus unserem modernen Gehirn kommen.

Schritt 1: Lernen Sie, die Stressreaktion Ihres Körpers zu erkennen. Diese äußert sich u. a. in einer erhöhten Herzfrequenz, Trockenheit im Mund, Anspannung im Nacken oder in den Schultern, in Bauchschmerzen, muskulärem Zittern oder Benommenheit. Vergessen Sie nicht, dass wir alle unsere jeweils eigene Stresssignatur haben, unsere einzigartige körperliche Reaktion auf großen Druck oder Überforderung.

Schritt 2: Werden Sie sich der Bilder, Filme oder Dias bewusst, die während einer Stressreaktion im Kopf aufkommen. Wann ist tatsächlich Stress der Hauptdarsteller in Ihrer mentalen Show und wann sind es die Was-wäre-Wenns? Das erkennen zu können, ist sehr hilfreich, um den Ausgang der Szene zu ändern.

Schritt 3: Fragen Sie sich: „Wenn es anders hätte ablaufen können, was wäre dann weniger stressig für mich gewesen?" Lassen Sie Ihre Gedanken etwas schweifen – manchmal ist die Antwort sehr realistisch, manchmal entspringt sie eher der Fantasie. Beides kann eine enorm positive Wirkung auf Ihr Nervensystem haben.

Schritt 4: Schauen Sie sich das Menü an Veränderungsoptionen für Ihre inneren Bilder an, wählen Sie eine oder mehrere aus – und lassen Sie Ihre Vorstellung ihre Arbeit tun.

Ihr Film-Menü

Aus der körperorientierten Therapie kennt man inzwischen einige verlässliche Vorgehensweisen für die Arbeit mit selbstregulierenden Bildern, die ich mir gern als Menü vorstelle, aus dem man wählen kann. Lassen Sie mich dazu ein Beispiel geben: Nach einem Wahlkampf mit knappem Ausgang hatte die von mir bevorzugte Kandidatin nicht gewonnen. Ich schlief unruhig und es plagten mich Alpträume darüber, was nun passieren könnte. Ich schreckte aus dem Schlaf hoch, mir war heiß und kalt zugleich, mein Herz pochte, Nacken und Schultern waren verkrampft und Bilder aus meinen Träumen überfluteten mich.

Als ich so im Dunkeln dalag, sagte ich mir: *Rebekkah, du machst dir selbst Angst.* Die Bilder, die mir durch den Kopf schossen, waren schrecklich. Ich ging daraufhin mein Menü an Bildern durch und *fragte meinen Körper,* welches Element ihm am besten gefiel. Denken Sie daran: Das ist keine Entscheidung des Gehirns, sondern des Körpers. Ich wählte dann etwas aus, das mir half, das rasende Herz zu beruhigen, Schultern und Nacken zu entspannen und mich darauf zu besinnen: Hier und jetzt, genau in diesem Moment um zwei Uhr morgens, war in meinem stillen Haus alles in Ordnung.

Ihre gefühlte Erfahrung – die im Körper und nicht im Gehirn entsteht – ist Ihr Leitfaden.

Wenn Ihre Stressreaktion aktiviert ist und derart außer Kontrolle gerät, können Sie, genau wie ich, sich aus einem Menü an Möglichkeiten bedienen, um Ihre Aktivierung zu lindern und einen Zustand zu erreichen, den Sie als „okay" empfinden.

Das Menü

Punkt 1: Unterstützung
Punkt 2: Abgrenzung
Punkt 3: Verteidigung
Punkt 4: Lösungen finden
Punkt 5: Zeitliche Anpassung

Als Entscheidungskriterium für die Auswahl aus dem Menü sind Ihre körperlichen Empfindungen ausschlaggebend. Es geht hier nicht um eine ausgereifte, vom Verstandesgehirn getroffene Entscheidung, sondern um reines Bauchgefühl. Lassen Sie Ihren Körper ein Bild wählen, das Ihnen wirklich ein *Gefühl* der Erleichterung vermittelt. Wie *fühlt es sich an,* sich ein weniger stressiges Ergebnis vorzustellen? Hilft es Ihnen, sich Unterstützung in der Situation vorzustellen oder ist vielleicht eine Form der Abgrenzung hilfreicher? Vielleicht trägt auch eine Verlangsamung eines Ablaufs dazu bei, dass Sie das *Gefühl* haben, Sie könnten sich endlich ausruhen und erholen. Wer weiß? Vielleicht stoßen Sie dort auf ein paar nette Zebras (mehr dazu auf Seite 151).

Menüpunkt 1: Unterstützung

Aus Kapitel 2 wissen wir noch: Bevor unser System in den Flucht-, Kampf- oder Erstarrungs- / Shutdown-Modus verfällt, zeigt sich zunächst der Instinkt, Unterstützung zu suchen. Ein Verbündeter, eine Beschützerin oder ein vertrauenswürdiger Gefährte kann für unser Stressgehirn den entscheidenden Unterschied ausmachen. Für unser Gefühl der Überwältigung spielt manchmal die Tatsache, dass wir mit unserem Stress allein sind, die zentrale Rolle. Wir können uns nachträglich diese Unterstützung holen, indem wir uns eine Person vorstellen, die mit uns am Ort des Geschehens ist. Vielleicht jemanden aus dem Bekanntenkreis – es könnte sogar jemand sein, dem wir noch nie persönlich begegnet sind. Archetypische Figuren sind manchmal sehr unterstützend, ebenso wie Fremde, die wir bewundern. Auch Tiere können sehr entlastend für unser System sein. Manchmal ist es einfach nur ein kurzer Moment, in dem wir uns eine gute Freundin vorstellen, von der wir wissen, dass sie uns den Rücken freihält und hinter uns steht, während wir uns dieser schwierigen Situation stellen.

Sie können sich auch vorstellen, dass der Mensch, der *tatsächlich dort war,* Ihnen mehr beigestanden und sie besser getröstet hat, als es tatsächlich der Fall war. Vielleicht wurde diese Person, mit der Sie zusammen waren, ebenfalls von ihrem Stressgehirn beherrscht und Sie beide haben sich zusammen in die Angst und den Stress hineingesteigert. Die Vorstellung, dass diese Person präsenter und freundlicher war oder emotional mehr auf Sie einging, kann für Ihr Body-Mind-System sehr viel verändern.

Menüpunkt 2: Abgrenzung

Eine Abgrenzung kann etwas so Einfaches sein wie die Vorstellung, dass sich zwischen Ihnen und einer negativen Situation, Person oder einem Ort etwas befindet. Eine Mauer? Ein Wald? Ein Schutzschild? Ein Ozean? Einigen Menschen gibt die Vorstellung, sie wären einfach ein paar Straßen oder ein paar Gebäude weiter weg gewesen, ein sichereres Gefühl. Auch die Vorstellung, sich in eine kuschelige Decke einzuwickeln, wird manchmal zu der schützenden Abgrenzung, die Ihnen in dieser stressigen Zeit gutgetan hätte.

Wenn Sie etwas zwischen sich und dieser hässlichen Szene hätten haben können, was wäre das gewesen? Lassen Sie zu, dass Sie es sehen, und nehmen Sie wahr, wie es sich anfühlt.

Menüpunkt 3: Verteidigung

Dieser Menüpunkt könnte sich wie etwas anfühlen, das tabu ist. Er ist auch nicht für jede Situation die beste Wahl, aber für manche passt er wie angegossen. Meinen Klient*innen sage ich dazu immer scherzhaft: „Niemandem kommt zu Schaden, weil Sie dieses Bild erzeugen." Wir überlassen hier das Terrain dem primitiven, reaktiven und bestimmt nicht höflichen Teil des Gehirns. Wenn wir ihm einige Minuten Zeit geben, sich *auszumalen,* wie wir uns verteidigen, können wir damit abschließen. Wir müssen künftig nicht immer wieder in eine Verteidigungshaltung gehen. Passiert ihnen das manchmal, wenn Sie aufgebracht sind? Ich weiß, dass mir das schon passiert ist. Wenn Sie hin und wieder zulassen, dass Ihr *geistiger* Film Sie verteidigt, bewahrt Sie das davor, kopflos auf die Person loszugehen, die Ihnen tatsächlich gegenübersteht.

Menüpunkt 4: Lösungen finden

Manchmal bewirkt unser Angstgehirn, dass wir uns auf den schlechten Teil eines Stressereignisses fixieren und kaum sehen oder fühlen, wie sich schließlich doch alles gut fügt. Wenn Ihr System nun diese finale Lösung sehen und fühlen kann, weiß es auch, dass es die alte Last und mit ihr all die durch das Stressereignis immer noch verursachte unnötige Aktivierung ablegen und loslassen kann. Und vielleicht wäre ein besserer Ausgang dieses Stressereignisses möglich gewesen als der, der tatsächlich eingetreten ist. Auch das können Sie sich vorstellen.

Manche Menschen stellen sich ein Ende vor, das noch nicht stattgefunden hat und in der Zukunft liegt. Das unterstützt ihr Gefühl, einer Lösung nähergekommen zu sein. Eine solche beruhigende Aussicht bringt enorm viel Erleichterung, die Sie körperlich und seelisch spüren können.

Menüpunkt 5: Zeitliche Anpassung

Wenn Sie Abläufe verlangsamen, wird Ihr Nervensystem häufig ganz anders auf ein Stressereignis reagieren. Wenn Sie den zeitlichen Rahmen einer Stresserinnerung anpassen, verschafft Ihnen das mehr Raum, sich auf einen schwierigen oder unangenehmen Teil dieser Erinnerung vorzubereiten. Doch auch andersherum wird ein Schuh draus: Manchmal fühlt es sich viel besser an, nicht in bestimmten Abschnitten der Erinnerung zu verweilen, sondern durch sie hindurchzurasen. Welchen Umgang mit der Zeit Sie auch wählen mögen: Sie können sie so verschieben, dass sie auf Ihrer Seite ist. Doch dafür müssen Sie sich die Zeit nehmen, ein Stressbild zu verändern.

Weitere Möglichkeiten, sich am Menü zu bedienen

In seinem Buch *Warum Zebras keine Migräne kriegen* erklärt Sapolsky, nun ja, genau das: Als clevere Säugetiere, die sie sind, folgen Zebras ihren Instinkten und zwar so lange, bis der Antrieb dazu – und hoffentlich auch die Bedrohung – nicht mehr vorhanden ist. Sie finden dann auf einem Stück Grasland zusammen, um sich auszuruhen und zu erholen. Wir Menschen hingegen können versuchen, unsere Instinkte zu unterdrücken, um anschließend nach außen so zu tun, als sei uns gar nichts passiert.

Wenn Ihr primitives Gehirn nicht die Zeit bekommt, seinen Impulsen zu folgen und die damit verbundene Aktion zu Ende zu führen – egal, ob in der Realität oder in einer bildlichen Vorstellung –, steht es quasi immer Gewehr bei Fuß, bereit für den Moment, Sie endlich schützen zu können. Das könnte evolutionär bedingt sein: Stellen Sie sich vor, ein Säbelzahntiger läuft in der Nähe Ihres Höhleneingangs auf und ab, aber er kommt nicht zu Ihnen herein. Sie ignorieren das keineswegs und schauen einfach weiter Ihr Höhlen-Netflix. Nein, Sie verharren in Anspannung, bereit zu reagieren, sobald die Bedrohung ernster wird. Und bei unseren Vorfahren war es tatsächlich so: Höhlenbewohner, die eine drohende Gefahr zwar registriert, aber noch nicht auf diesen Stressor reagiert hatten, verfügten über ein Überlebenssystem, das ihnen befahl: Halte dich bereit, damit du später schnell reagieren kannst, wenn das hier wirklich bedrohlich wird.

Doch in unserer modernen Welt kommt das Später nie und deshalb sind unsere Selbstschutzinstinkte tief in unserem Körpergewebe vergraben. Sie mögen versteckt sein, aber sie sind trotzdem aktiv. Sie werden zu Magengeschwüren, Migräne, Schlaflosigkeit, Reizdarm, chronischen Infektionen, Panikattacken, anhaltenden Ängsten und so weiter und so fort.

Was Zebras außerdem von uns Menschen unterscheidet: Sie leiden nicht unter anhaltendem *mentalem* Stress. In ihrem Kopf spielen sich keine Stressfilme in Dauerschleife ab und das ist ein wichtiger Grund dafür, dass sie keine Magengeschwüre bekommen. Liegen Sie nachts wach und machen sich Gedanken über den Kredit fürs Eigenheim? Nicht so die Wale. Regen Sie sich wegen einer Auseinandersetzung mit dem Ex auf? Ein Känguru tut das nicht. Sind Sie voller Wut, weil jemand aus einem anderen „Rudel“ Sie kürzlich beleidigt hat? Nashörner sind das nicht.

Wir Menschen haben einen betriebsamen Geist ohnegleichen und wir können all die inneren Bilder, die in unserem Obergeschoss aufblitzen, nicht einfach stoppen. Aber wir können unseren mentalen Muskel auch ein wenig zu unserem Vorteil nutzen und im Kopf einige kreative Neugestaltungen vornehmen. Wenn also ein Ereignis, das eigentlich schon lange vorbei ist, immer noch in Ihrem Bauch weiterlebt oder wenn Ihre Stressreaktion deutlich größer ist als der eigentliche Stressor oder wenn ein in einer Katastrophe endendes Was-wäre-wenn-Szenario die größte Bedrohung für Ihre Gesundheit ist – dann könnte eine Veränderung Ihrer inneren Bilder genau das sein, was Sie brauchen.

Selbstregulation durch innere Bilder – ein kurzer Leitfaden

1. Rufen Sie sich eine Zeit in Erinnerung, in der Sie eine deutlich spürbare Stressreaktion hatten. Oder malen Sie sich ein zukünftiges Was-wäre-wenn aus, das Ihnen zusetzt. Stellen Sie sich jeweils die Zeit, den Ort und die Umstände vor.
2. Sehen Sie den mentalen Film, wie es gelaufen ist oder wie es Ihrer Einschätzung nach laufen könnte.
3. Achten Sie darauf, wie sich das in Ihrem Körper anfühlt:
   Angespannt?
   Heiß?
   Zittrig?
   Steif?
   ...?
4. Spüren Sie Ihre Empfindungen in Bauch, Herz und Kehle.
5. Schreiben Sie nun das Drehbuch um. Wenn es anders hätte laufen können, was wäre weniger belastend für Sie gewesen?
   - Unterstützung: Ein guter Freund oder eine Person, die Sie bewundern, war an Ihrer Seite.
   - Abgrenzung: Sie waren sicher durch etwas Großes oder Mächtiges abgeschirmt.
   - Verteidigung: Sie waren in der Lage, sich zu schützen, sich zu wehren.
   - Lösung: Sie springen ans Ende Ihres Films und sehen, wie alles gut ausgeht, wie es sich löst.
   - Zeitliche Anpassung: Verlangsamen oder beschleunigen Sie den ganzen Film oder bestimmte Szenen.
6. Spüren Sie jetzt, was nun in Ihrem Körper passiert. Wie geht es Ihrem Bauch, Ihrem Herz oder Ihrer Kehle?
7. Spielen Sie weiterhin so lange mit Ihren bildlichen Vorstellungen herum, bis Sie eine Linderung spüren. Hier ist schon eine kleine Verschiebung in Richtung Linderung ganz wunderbar. Wir brauchen keine großen, gewaltigen Änderungen. Kleine Änderungen sind wie ein Trittstein, der auf Ihrem neuen Resilienzpfad verlegt wird.

Beispiele für die einzelnen Menüpunkte

Von der Angst gepackt, erwachte ich aus einem Albtraum. – Anhand dieses eigenen Beispiels will ich zeigen, wie ich die einzelnen Menüpunkte durchgegangen bin. Dabei fand ich heraus, dass meinem Körper eine Mauer aus Menschen, die mich beschützten, am liebsten war (Punkt 1: Unterstützung und Punkt 2: Abgrenzung). Ich stellte mir ein ganzes Beschützerteam vor, dessen Mitglieder in der Regierung arbeiten, um als Wächter auf alle Bürger*innen aufzupassen. Bei diesem Bild spürte ich eine leichte Entspannung in meiner Brust. Ich ließ mich dann voll und ganz darauf ein, wobei sich meine Atmung allmählich vertiefte und meine angespannten Muskeln sich lockerten. Nach und nach fühlte sich mein Körper *sicher genug.* Das hieß natürlich nicht, dass sich die ganze Welt für mich plötzlich perfekt anfühlte und ich hätte soeben eine Reise auf die Bahamas gewonnen. Nein. Ich bewegte meinen Körper lediglich in Richtung Resilienz, indem ich Veränderungen für einige meiner Alptraumbilder fand. Dann konnte ich mich zusammenrollen, nicht im Gras, sondern in meinem Bett, und wieder einschlafen.

Meine Klientin mit den Kindern, die in der Schule einiges nachzuholen hatten (siehe Seite 141), beruhigten die Bilder einer Lösung (Punkt 4) und einer zeitlichen Anpassung (Punkt 5). Sie ließ sich „sehen“, wie sich ihre Kinder nach und nach die nötigen Mathematikkenntnisse aneigneten und ihr Leseverständnis langsam, aber sicher verbesserten. Sie stellte sich die Zukunft vor und sah, dass ihre Kinder es am Ende schaffen und ihre Tage nicht im Souterrain ihres Hauses zubringen würden.

Richard (siehe Seite 143) empfand große Erleichterung, als er seinen Sturz aus dem zweiten Stockwerk verlangsamen und abbremsen konnte (Punkt 5). Die gewonnene Zeit half ihm, sich in seinem somatischen Gedächtnis auf den Sturz vorzubereiten, sodass er den Moment des Aufpralls auf dem Boden nun anders empfand.

Beth, die den Krebs erfolgreich bekämpft hatte (siehe Seite 135), stellte sich manchmal vor, dass ein weiser alter Mensch (Punkt 1: Unterstützung) ihr mitteilte, ihr Krebs sei überstanden. Oder sie konzentrierte sich auf die guten Nachrichten ihrer Onkologin, dass sie nach ihren Testergebnissen krebsfrei war (Punkt 4: Lösung) und sie stellte sich dies auch für die Zukunft vor.

Eine meiner Klientinnen stellte sich vor, zwischen ihr und einigen Menschen, die bei ihr sehr viel Stress verursachten, gäbe es einen schönen Garten (Punkt 2: Abgrenzung). Eine weitere Klientin fand Erleichterung in der Vorstellung, dass sie sich wehrte (Punkt 3: Verteidigung), nachdem sie Jahre zuvor von einigen Mitgliedern ihrer Familie misshandelt worden war. Sie erzählte mir, sie wolle zwar die Beziehung zu ihrer Familie aufrechterhalten, aber die Wut und den Stress aus ihrem Körper hinausbefördern. Ich erklärte ihr, unsere Sitzungen seien dafür der perfekte sichere

Ort: Dort konnte sie zulassen, dass ihr primitives Gehirn sich verteidigte und Wut und Stress aus ihrem System entfernte. Gleichzeitig konnte sie die Beziehungen, die sie gepflegt und um die sie sich so sehr bemüht hatte, aufrechterhalten.

Es kann uns guttun, die Macht mentaler Bilder zu unserem Vorteil zu nutzen. Ich möchte Sie ermutigen, sich viel Zeit zu nehmen, um den richtigen „Dreh herauszubekommen" und diese Fähigkeit zu erlernen. Üben Sie zunächst mit kleinen Stressoren und arbeiten Sie sich dann weiter hoch zu mittleren Stressereignissen. Für die Arbeit mit einem großen Stressereignis empfehle ich Ihnen, sich bei jemandem Unterstützung zu holen, der eine körpertherapeutische Ausbildung hat. Seien Sie geduldig mit Ihrem Gehirn und Ihrem Körper. Bei beiden könnte die Stressreaktion noch sehr stabil und der Resilienzpfad ziemlich schwach sein. Doch diesen Resilienzpfad können Sie (wieder) aufbauen, nach und nach, ein Bild nach dem anderen. Und je nach Bedarf können Sie Ihr Body-Mind-System auf diesen Pfad führen. Auf alle Fälle sollten Sie dieses Instrument Ihrem Body-Mind-Werkzeugset hinzufügen. Dann haben Sie es zur Hand, wenn die Situation es erfordert.

7. Den Körper bewegen – sich in den Körper hineinbewegen

Ich hoffe, Sie haben sich von Ihrem Körper *inspirieren* und *begeistern* lassen und befinden sich *in* Ihrem Körper. Doch es ist wahrhaftig nichts Ungewöhnliches, einen Körper zu *haben* und trotzdem die meiste Zeit nicht *in* ihm zu sein. (Von James Joyce stammt der bekannte Satz: „Mr. Duffy … lebte etwas auf Distanz zu seinem Körper.") In diesem Kapitel geht es darum, wie Sie sich in Ihren Körper hinein*bewegen* können. Bewegung kann Ihnen nämlich extrem gut helfen, *wieder* oder *weiterhin* in Ihrem Körper zu sein, ihn quasi zu bewohnen. Diese Art von Hilfe, die uns zurück zu uns selbst – oder besser: zurück *in* uns selbst – bringt, benötigen wir alle. Denn, wie heißt es so schön bei jeder Tombola-Ziehung: „Sie müssen anwesend sein, um zu gewinnen." Wir alle müssen *in* uns selbst sein und zu gewinnen gibt es in diesem Fall: einen regulierten Körper, der sich ruhig, sicher und verlässlich anfühlt; und einen regulierten Geist, der kreativ und klar ist und in Verbindung gehen kann. Ein zur Ruhe gekommener Körper und ein klarer Geist befreien Sie aus dem Überlebensmodus. Erst ohne die Last, ständig Ihr Leben zu retten, können Sie es wirklich leben. Und in Bewegung zu kommen, hilft Ihnen, diesen Preis zu erhalten!

In diesem Kapitel lernen Sie drei verschiedene Arten kennen, sich dem Thema Bewegung zu nähern.

> Bewegen Sie sich, und erhalten Sie …
>
> einen Körper, der *ruhig*, *sicher* und verlässlich ist.
>
> einen Geist, der *kreativ*, *verbindungsfähig* und *klar* ist.

1. **Bewegung als Quelle der Selbstregulation:** Das ist vergleichbar mit der Wahrnehmungsübung in Kapitel 5 (siehe Seite 109), diesmal aber in Verbindung mit Bewegung: Beim Laufen die wohltuenden Empfindungen des Augenblicks in sich aufnehmen; beim Radfahren spüren, wie befreiend es ist, die Beine einzusetzen und zu koordinieren; beim Tanzen oder Dehnen den Körper bewusst wahrnehmen und genießen, wie die Schwerkraft Sie dabei beeinflusst.
2. **Bewegung als eine weitere Methode zum Erhöhen des vagalen Tonus:** Es gibt einfache, leicht auszuführende Bewegungen, die den Vagus aufwecken und ihn stärken. Sie ergänzen die in Kapitel 4 beschriebenen Atemübungen zur Aktivierung des Vagusnervs (siehe Seite 84 ff.).
3. **Bewegung als wirkungsvolles Werkzeug, um das Eis der Freeze-Reaktion – der Erstarrung – aufzutauen:** Hier hilft uns Bewegung, zu den verkörperten und zu den „frei flottierenden" Teilen unseres Selbst zurückzufinden. Wir arbeiten sowohl mit nahezu unmerklichen Bewegungen, die dieses Auftauen einleiten,

als auch mit solchen, die den ganzen Körper einbeziehen. Beide Formen können hilfreich sein, um schon seit langem bestehende Muster der Unbeweglichkeit zu durchbrechen.

7.1 Bewegung als Quelle der Beruhigung

Bewegung kann wie eine stärkende Suppe für die Seele sein; etwas Warmes, das gut und leicht die Kehle hinunterrinnt. Um uns somatisch zu regulieren, müssen wir jeweils für uns selbst herausfinden, welche Art der Bewegung am besten geeignet ist und in welcher Situation: Langsam oder schnell? Kurz oder lange? Draußen oder drinnen? Allein oder zusammen mit wenigen bzw. mit vielen anderen? Das alles hängt von Ihrem Körper ab, davon, was Sie brauchen und was Ihnen hilft, sich zu in sich selbst zu entfalten; was Ihnen hilft, zu erfahren und zu spüren, in dem Körper, in dem Sie *leben,* zu *sein.* Vergessen wir nicht, dass dieser Körper – der, in dem Sie gerade sind – Ihr erstes und letztes Zuhause ist. Und der Ort, an dem Sie Ihr ganzes Leben verbringen.

Um Bewegung als Quelle der Selbstregulation zu nutzen, müssen Sie die Bewegungsart finden, mit der Sie sich wirklich wohlfühlen. Der Spaß an der Sache ist hier der beste Ratgeber. Sie brauchen nichts voranzutreiben, sich nicht anzustrengen oder zu brillieren. Sie müssen nur eine Bewegungsart finden, an der Ihre Muskeln und Knochen, Ihre Haut und Ihr Atem insgesamt Freude haben.

Mein Chiropraktiker sagte mir einmal: „Haben Sie schon gehört, dass Sitzen das neue Rauchen sein soll?" Na, das ist ja wirklich motivierend, dachte ich. Trotzdem sollten wir nicht zu extrem an die Sache herangehen, denn das habe ich selbst schon ausprobiert und auch anderweitig gesehen: Es hilft nicht. „Bewegungsextremismus" hat mir mehrere Verletzungen beschert und insgesamt habe ich beobachtet, dass er eine gestörte Beziehung zum Sporttreiben hervorruft, die dann wieder rückgängig gemacht werden muss. Also …, so wollen wir uns nicht bewegen. Vielleicht ist Sitzen nicht unbedingt das neue Rauchen. Aber nehmen wir uns trotzdem Zeit für dieses wichtige Privileg, das uns verliehen wurde. Und welches Privileg wäre das? Einen Körper zu haben. Einen Körper, der einige Zeit damit verbringen darf, sich zu bewegen. Und natürlich auch etwas Zeit im Sitzen.

Bewegung zur Beruhigung des Gehirns

Tränen der Erleichterung liefen Samantha über die Wangen, als sie sich bei ihrem wöchentlichen Kurs die Seele aus dem Leib radelte. Diese Spinning-Kurse waren für sie zu einem Ritual in einer sehr stressreichen Lebensphase geworden.

Molly tanzte in einer Gruppe, die sich zu etwas traf, das man als Bewegungsmeditation beschreiben könnte. Die Tanzenden wurden ermuntert, sich mit dem und durch das hindurch zu bewegen, was sie an diesem Tag mit sich herumtrugen, egal, was es war. Molly half das Tanzen, sich aus ihrer emotionalen Last, die sie zu tragen gewohnt war, herauszubewegen und jede Geste half ihr, sich davon zu befreien.

Jeff jubelte vor Freude, als er einen abgeschiedenen Pfad in einem nahegelegenen Naturschutzgebiet entlangradelte. Er fühlte sich beschwingt, während er sich mit seinem Atem und seinen Muskeln ganz auf die Aufgabe konzentrierte, den Berg hinaufzufahren.

Die Freiheit, nach draußen zu gehen und den Stress im Haus hinter sich zu lassen, war für Beverly eine große Erleichterung, die sich über den Rücken hinunter bis in den unteren Bauch hinein ausbreitete. Die beruhigende Wirkung des weiten, offenen Himmels und des Raums um sie herum war spürbar. Sie ließ zu, dass sie weinte und seufzte, und bewegte sich instinktiv durch die Spannungen hindurch, die sich in ihr aufgebaut hatten.

Ian pflegte zu scherzen, er sei wie ein Hund, denn er müsse sich selbst oft spazieren führen, sonst funktioniere er nicht gut.

Für extrem Gestresste sind dies nicht nur verschiedene Bewegungs- oder Sportarten oder simple Formen, den Körper fit zu halten, sondern Praktiken, um sich wohlzufühlen. Der Schlüssel liegt jeweils im bewussten *Wahrnehmen der Linderung*, die durch die Bewegung ermöglicht wird. Wenn dieses Wahrnehmen bzw. Gewahrsein hinzukommt, kann sich die wohltuende Wirkung der Bewegung dem Nervensystem einprägen und eine positive Rückkopplungsschleife erzeugen. Das verkörperte Bewusstsein der Erleichterung, der Freude oder des Wohlbehagens trägt dazu bei, diese somatische Erfahrung in Ihren Zellen zu verankern. Laut dem Neuropsychologen und Autor Rick Hanson hat es eine positive Wirkung auf uns, wenn wir uns einen Moment Zeit nehmen, um das Gute in uns einsinken zu lassen. Wenn wir, statt den Moment kaum zu beachten, bewusst das gute Gefühl spüren, das unser Körper während der Bewegung empfindet, hilft uns das, solche positiven Erfahrungen in uns aufzunehmen, statt sie ohne bleibenden Eindruck vorbeiziehen zu lassen.

Zu spüren, wie gut Bewegung ist, hebt den einfachen Akt des Sichbewegens auf eine ganz neue Ebene. Rein physisch profitiert Ihr Körper auch ohne Körpergewahrsein von der Bewegung: Die Bewegungsmuskeln werden gestärkt, ebenso wie Herz und Lunge. Aber dennoch: Ergänzt durch ein Gewahrsein körperlichen Wohlbefindens *und* der Wahrnehmung dieses Guten, oder wenn Ihnen bewusst wird, was sich in Ihrem Körper durch die Bewegung gut anfühlt *und* Sie das für einen Moment in sich einsinken lassen, dann wird auch Ihr primitives Gehirn zur Party eingeladen.

Körpergewahrsein ist eine besonders effektive Art der Kommunikation mit Ihrem primitiven Gehirn, denn *Empfinden* ist seine *Muttersprache.*

Lassen Sie es in sich einsinken

Bewusstes Wahrnehmen angenehmer Empfindungen fördert positive Rückkopplungsschleifen und sorgt dafür, dass Sie die Selbstregulationskraft Ihres Nervensystems spüren.

Das *wahrzunehmen,* was im Körper in Ordnung ist *und es in sich einsinken zu lassen,* während Sie sich bewegen: Diese Methode beruhigt Ihr Gehirn – das heißt, sie reguliert es. Um Ihr Gehirn in einen dysregulierten Zustand zu bringen, müssen Sie einfach nur das Gegenteil tun: Auf all jene Stellen achten, die mit Sicherheit *nicht* in Ordnung sind und sich sehr erfolgreich selbst aus der Fassung bringen.

In Kapitel 5, wo es um das Sehen geht, haben wir bereits geübt, das zu sehen, was in Ordnung ist und in uns *einsinken zu lassen,* dass wir so etwas gesehen haben. In den nun folgenden Übungen bewegen wir uns mit einem gewissen Maß an In-Ordnung-Sein und *lassen es einsinken.* Wir spüren, wo sich vielleicht Anspannung löst oder Genuss aus der Bewegung entsteht und *spüren bewusst* solche Empfindungen der Entspannung und des Genusses. Wir übergehen diese Momente nicht. Wenn wir uns erlauben, dass Entspannung, Genuss und Wohlbefinden auf uns wirken, dann werden Entspannung und Genuss zu *gelebten Erfahrungen,* die das angestrebte Wohlbefinden fördern.

Wie bei allen somatischen Praktiken gilt auch hier: Immer mit der Ruhe! Sie brauchen sich nicht anzustrengen, um die Entspannung einsinken zu lassen. Versuchen Sie nicht krampfhaft, das Bewusstsein die Annehmlichkeiten des Augenblicks *wirklich* fühlen zu lassen (ja, ich spreche aus eigener Erfahrung). Hier geht es um einen Hauch von Präsenz, ein momentanes Gewahrsein, dass alles in Ordnung ist. Es geht darum, sanft auf Ihre Empfindungen zu achten, während physische Entspannung Sie durchdringt.

Probieren Sie's aus: Bewegung, um zur Ruhe zu kommen

Können Sie sich, wenn Sie das nächste Mal spazieren gehen, Rad fahren, tanzen, sich dehnen, schwimmen oder sich auf andere Weise bewegen, einen Moment Zeit nehmen, um die positiven Auswirkungen der Bewegung zu spüren? Das muss nicht mehr sein als ein kleines „Ja", das Sie irgendwo im Körper spüren. Vielleicht nehmen Sie insgesamt eine gewisse Leichtigkeit wahr oder ein Gefühl der Lockerung in der Brust, ein Lösen der Anspannung, Freude an einem tiefen Atemzug? Es braucht nicht viel zu sein. Nur ein Moment des Spürens, ob es da irgendeine positive Auswirkung der Bewegung gibt. Weniger ist mehr. Und von diesem Weniger gibt es eine Fülle.

Ein leichtes Gewahrsein gibt Ihrem Körper etwas Treibstoff für die Regulation. Keine große Sache. Seien Sie einfach Sie selbst und spüren Sie Ihren Körper. Gut so!

Die Wissenschaft, etwas in sich aufzunehmen

In einer Studie mit 147 Sportlehrerinnen mittleren Alters wurden die Auswirkungen von vier verschiedenen Arten körperlicher Aktivität untersucht. Die Studie beleuchtet, wie bewusste Wahrnehmung – Gewahrsein – die positive Wirkung von Bewegung beeinflusst. Yoga, Feldenkrais, Schwimmunterricht und Aerobic wurden miteinander verglichen, als Kontrollgruppe diente ein Computerkurs. Die Ergebnisse zeigten, dass Yoga-, Feldenkrais- und Schwimmkurse das Angstniveau der Teilnehmerinnen signifikant senkten und ihr Wohlbefinden erhöhten. Bei den Aerobic- und Computerkursen zeigte sich diese Wirkung nicht. In der Studie wurde dieser Unterschied auf das Körpergewahrsein und die Präsenz zurückgeführt, die in Yoga-, Feldenkrais- und Schwimmkursen entstehen. Die Wissenschaftler*innen gelangten zu dem Schluss, dass achtsames Wahrnehmen von Bewegung positive Stimmungsänderungen hervorruft (Netz & Lidor 2003).

7.2 Feldnotizen zu einer MBR-Studie

An einem regnerischen Nachmittag kamen die Teilnehmerinnen an meiner MBR-Studie zusammen, alle in verschiedenen Stresszuständen. Eine kam gerade von einem unerfreulichen Treffen mit den Lernhelfer*innen ihres Kindes. Aufgrund der besonderen Entwicklungssituation des Kindes war diese Unterstützung gesetzlich vorgeschrieben. Eine andere musste sich mit dem tragischen Tod eines jungen Vaters in ihrer Gemeinde auseinandersetzen. Bei einer Mutter von kleinen Kindern war kürzlich eine lebensbedrohliche Krankheit diagnostiziert worden und sie wollte natürlich wieder gesund werden. Wieder andere hatten mit finanziellen Herausforderungen und Ehestreitigkeiten zu tun oder auch mit seit langem bestehenden Ängsten und Spannungen.

Wir standen im Kreis, bewegten uns behutsam, atmend. Während alle den Kopf von einer Seite zur anderen neigten, spürten einige, dass ihre Haare im Nacken noch feucht waren wegen des Sprints durch den Regen vom Auto zum Seminarraum. Einige trugen Gummistiefel, die meisten Jeans, wir alle waren noch ein bisschen durchgefroren. Doch mit jeder Bewegung, mit jeder Wahrnehmung von Wohlbefinden, von Okay-Sein, verschob sich etwas. Nach ein paar kurzen Dehnübungen spürte ich, wie meine Schultern weicher wurden und blickte auf die Gruppe, um zu sehen, ob auch die Schultern der anderen sich lockerten. Wir alle streckten nun den Oberkörper von einer Seite zur anderen, mit der Ermunterung, zu spüren, was im Körper in Ordnung war. Da konnte ich sehen, wie sich die Stimmung aller Anwesenden aufhellte und gleichzeitig spürte ich, wie sich auch meine Stimmung veränderte.

Nach knapp zehn Minuten setzten wir uns hin und tauschten uns aus. Die Frauen berichteten, sie würden sich nach diesen wenigen Augenblicken des Bewegens und Atmens ein bisschen besser fühlen, ein bisschen ruhiger und allgemein wohler. Ich sah es in ihren sanften, aber präsenten Augen, erkannte es an ihrer entspannten Atmung, hörte es in ihrem Tonfall – alles Faktoren, die vom Vagusnerv beeinflusst werden. Und ich spürte: Wir alle waren in der Lage, in wenigen Augenblicken dafür zu sorgen, dass wir ankommen und zur Ruhe kommen konnten. So wirkungsvoll kann Bewegung sein.

Sich zu bewegen – bewusst und mit einer gewissen Aufmerksamkeit für das, was im Körper in Ordnung ist – ist für viele, die nach mehr Selbstregulation streben, ein sehr wertvolles Werkzeug. Experimentieren Sie mit Bewegung. Finden Sie heraus, was Sie beruhigt – wo und auf welche Weise. Ihre Freude kann Ihnen den Weg weisen. Wenn Sie in sich hineinhorchen, sagt Ihr Körper Ihnen normalerweise, was ihm am besten gefällt.

Als Nächstes erkunden wir den zweiten Ansatz: Ihren regulierten Körper wirklich zu bewohnen. Hierzu unternehmen wir eine Reise zu Ihrem Vagus.

7.3 Auf zum Vagus!

Auf nach Las Vegas, mit all den Lichtern und der Aktivität? Nein. Bewegen Sie Ihren Körper auf eine Art und Weise, die Ihren Vagus kräftigt – Ihr wichtiges Bremssystem, das den Körper verlangsamt, beruhigt und ihn daran erinnert, dass ihm Sicherheit zugänglich ist. Der lange „umherschweifende" Nerv (abgeleitet von lat. vagare, „umherschweifen"), den wir in Kapitel 5 behandelt haben, beginnt am unteren Schädel und setzt sich den Rumpf hinunter fort, wobei er sich in der Brust und dann im Verdauungstrakt verzweigt. Das also ist der Vagus, um den es hier gehen soll.

Der Vagus ist im Rumpf sehr präsent und deshalb können Bewegungen in diesem Körperbereich tatsächlich Einfluss auf ihn haben. Einfache, leichte Bewegungen, die Ihren Rumpf dehnen, strecken und sanft drehen, können dazu beitragen, die vagale Bremse zu betätigen. Vielleicht erinnern sich noch an die Ausführungen zur vagalen Bremse in Kapitel 4.2. Danach kann sie Ihre Kampf- / Flucht-Reaktivität deutlich verringern und Ihre Reaktionen, sich zu kümmern und anzufreunden (tend and befriend) sowie zu ruhen und zu verdauen (rest and digest), deutlich erhöhen. Wenn Sie nur für wenige Momente den Nacken dehnen oder die Wirbelsäule drehen, kann allein das Ihren Vagus besser in die Lage versetzen, die bewaffneten Wachen zurückzurufen – und vielleicht sogar den roten Teppich für die bevorstehende Erfahrung auszurollen.

Es genügen wirklich nur ein paar Bewegungen und schon können Sie zur nächsten Sache übergehen. Ich habe mich oft wie Superwoman, als weibliches Pendant zu Superman, gefühlt. Während Letzterer sich für seine Turbo-Verwandlung in eine Telefonzelle zwängt und mit blauem Trikot und Cape wieder rauskommt, bin ich bekannt dafür, mich in einen ruhigen Raum oder eine Ecke zurückzuziehen, um meinen Vagus zu bewegen: Aus meinem Angst-Reaktivitäts-Alarmstufe-Rot-Ensemble wechsle ich in ein Outfit der ruhigen Aufmerksamkeit, das mir hilft, klarer zu fühlen und zu sehen. Glücklicherweise sind die Bewegungen, die ich hier empfehle, nicht auf Superheld*innen beschränkt. Sie funktionieren bei uns allen. Wir sind auch auf keine Telefonzelle angewiesen, sondern können die Bewegungen bequem im Wohnzimmer genießen, im Büro und im Notfall auf der Firmentoilette. Wo auch immer Sie gerade sind, Ihr Vagus ist ebenfalls dort. Und als langfristige Investition in solche Fähigkeiten der persönlichen Transformation ist es absolut empfehlenswert, diese den Vagus-Tonus erhöhenden und sehr behaglichen Bewegungen in Ruhe und über längere Zeit auszuführen.

Dacher Keltner vom Greater Good Science Center der University of California, Berkeley, hat den Vagus eingehend erforscht und darüber geschrieben. Man darf wohl davon ausgehen, dass er ein großer Fan des Nervs ist. Seine Forschung zeigt, dass der vagale Tonus Emotionsregulation und Gelassenheit fördert und mit einem prosozialen Verhalten zusammenhängt, das Keltner als Verlässlichkeit, Empathie und allgemeine Freundlichkeit *sich selbst* und anderen gegenüber definiert (Keltner et al. 2014). Sie haben richtig verstanden: Es ist ein Nerv, der uns hilft, weniger selbstkritisch zu sein und freundlicher mit uns umzugehen. Wem würde der nicht gefallen? Etwas so Einfaches wie Nacken und Oberkörper zu bewegen, kann eine Art schlafenden Riesen in Ihnen wecken – einen Riesen der Gelassenheit, Verlässlichkeit und Fürsorge.

Nicht zuletzt fanden Keltner und seine Kolleg*innen heraus, dass immer mehr vagaler Input *nicht* zu immer mehr Stressabbau führt. In ihren Studien zeigte sich ein sogenannter „Sweet Spot". Das ist ein optimaler Punkt, an dem die positiven Auswirkungen am größten sind; und ist dieser Punkt überschritten, lassen sie wieder nach. Es zeigte sich sogar: Eine zu starke vagale Bremsung kann zum Bumerang werden. Zu viel dieses Guten fördert also *nicht* mehr Gutes. Unter Umständen lässt eine Bremsung sie sogar *unter*fordert, *nicht* vertrauend oder *nicht* verbunden zurück. Auch das stützt wieder die Denkrichtung „Weniger ist mehr und mehr ist zu viel", für die ich in diesem Buch eintrete. Immer mit der Ruhe. Spüren Sie für sich, wie Sie es am besten angehen. Ihre angenehmen Empfindungen sind der beste Wegweiser.

Probieren Sie's aus: Sanfte Nackendehnungen für den vagalen Tonus

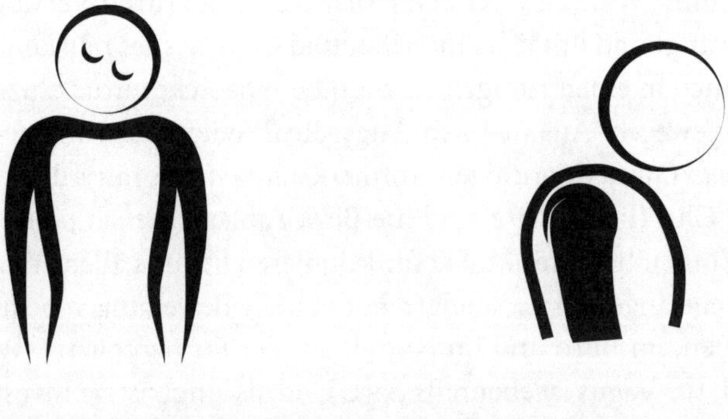

1. Sitzen oder stehen Sie bequem, atmen Sie zur Entspannung einmal ein und aus und laden Sie dann Ihre Nacken-, Schulter- und Rumpfmuskeln ein, sich ein bisschen zu lockern.
2. Neigen Sie Ihren Kopf sanft zur Seite und lassen Sie Ihr Ohr in Richtung Schulter sinken. Lassen Sie zu, dass Ihre Schulter entspannt nach unten sackt, weg vom Ohr. Wenden Sie keine Mühe auf, lassen Sie sich einfach von der Schwerkraft unterstützen. Atmen Sie in diese Dehnung hinein.
3. Bringen Sie Ihren Kopf zurück in die Mitte. Atmen Sie schön langsam und tief ein und aus.

4. Kippen Sie Ihren Kopf sanft auf die andere Seite. Lassen Sie nun dieses Ohr zur Schulter hin sinken und die Schulter dann auf dieser Seite von Ihrem Ohr weg nach unten sacken. Entspannen Sie den Nacken und schaffen Sie Raum für das Dehnen der Muskeln.
5. Bringen Sie Ihren Kopf wieder in die Mitte und atmen Sie erneut ganz langsam und tief ein und aus.
6. Kippen Sie nun Ihren Kopf sanft nach vorn in Richtung Brust, ohne jegliches Ziel. Lassen Sie einfach den Kopf leicht nach vorn fallen, das Kinn sanft zur Brust hin gesenkt. Ganz ruhig und langsam. Genießen Sie einige lange Atemzüge in dieser Dehnung.
7. Bringen Sie Ihren Kopf wieder in die Mitte und atmen Sie ein paar Mal ein und aus.
8. Schauen Sie sich um. Nehmen Sie irgendetwas um sich herum wahr, das Ihnen gefällt? Eine Aussicht, eine bestimmte Art des Lichts, einen Gegenstand ...
9. Nehmen Sie als Letztes wahr, wie sich Ihr Körper jetzt anfühlt.

Gut gemacht.

Bewegungen zur Beruhigung Ihres Systems

Welche Bewegungen wecken diese positiven Kräfte? Sie sind ebenso leicht auszuführen, wie den Kopf von einer Seite zur anderen zu kippen (a) oder das Kinn zur Brust hin sinken zu lassen (b), was Sie eben in der angeleiteten Übung getan haben. Sie können auch das Verlängern der Wirbelsäule durch sanftes Drehen zu jeder Seite (c) (s. Abbildungen) hinzufügen. Von allen zauberkräftigen vagalen Bewegungen ist diese am leichtesten überall ausführbar. Aber auch ein ausgiebiges Dehnen nach oben (d) und dann zu jeder Seite (e) lässt sich leicht zwischendurch einbauen, wenn Sie etwas mehr Platz haben. (Weitere Anleitungen finden Sie im Abschnitt „Sanfte Dehnübungen im Stehen" auf Seite 169.) Und wenn Ihnen ein sauberer Boden und ein paar Minuten mehr Zeit zur Verfügung stehen, erweitern sich Ihre Möglichkeiten beträchtlich. Sie können im Vierfüßlerstand beginnen und den Rücken abwechselnd nach oben wölben und nach unten durchdrücken (f); sich dann auf den Rücken legen und die Knie an die Brust ziehen, sodass ein sanfter Druck entsteht (g), und ein wenig Zeit in einer liegenden Drehung verbringen, um sich zu entspannen, zu atmen oder zu plaudern (h). Danach können Sie sich etwas auf dem Rücken ausruhen, Knie gebeugt, Fußsohlen auf dem Boden (i); und schließlich können Sie sich eine Weile Zeit nehmen, um sich zu einem Ball zusammenzurollen, leicht zu atmen, sich nach innen zu wenden und es zu genießen (j). (Weitere Anleitungen finden Sie im Abschnitt „Sanfte Dehnübungen auf dem Boden" auf Seite 170).

Die Abbildungen dienen als visuelle Anleitung zu all diesen Bewegungen. Wenn Sie damit schon vertraut sind – nur zu, vergnügen Sie sich so, dass Sie sich dabei wohlfühlen. Falls Sie gern Anleitungen zu noch mehr Bewegungen haben möchten, nutzen Sie als Unterstützung weiterhin die Anleitungen zu den Nackendehnungen, den Dehnübungen auf dem Boden und zu denen im Stehen aus diesem Kapitel. Sie können Ihrer Übungsfolge auch einige lange „Ahhhhs“ oder „Oohhhhhs“ hinzufügen und so die positiven Auswirkungen verstärken, denn der Vagusnerv ist mit den Stimmbändern verbunden. Und falls Sie sich Zeit für eine längere Reise zum Vagus nehmen wollen, können auch Ihre Ohren zum Zuge kommen: Musik, die Sie genießen, ein Podcast, der Sie entspannt oder andere Klänge, die Sie mögen, beeinflussen Ihren Vagus ebenfalls positiv.

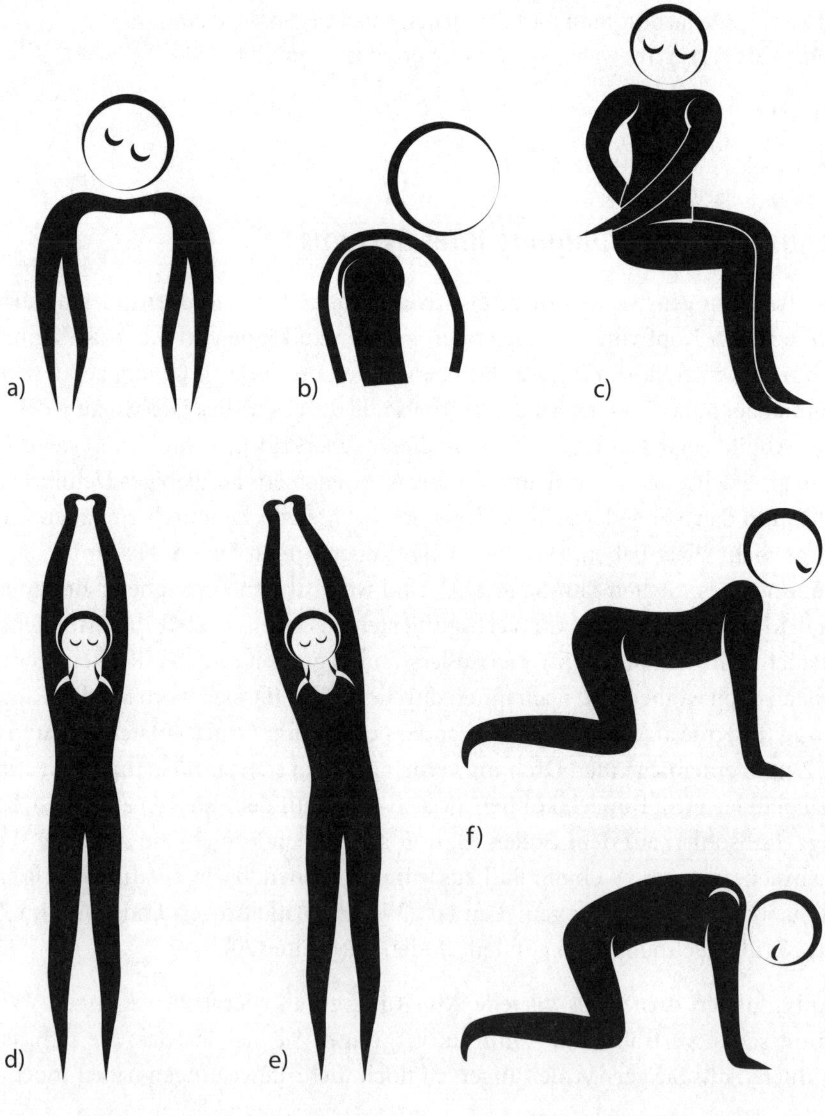

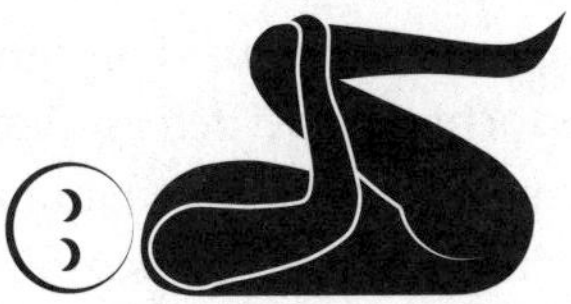

g)

h)

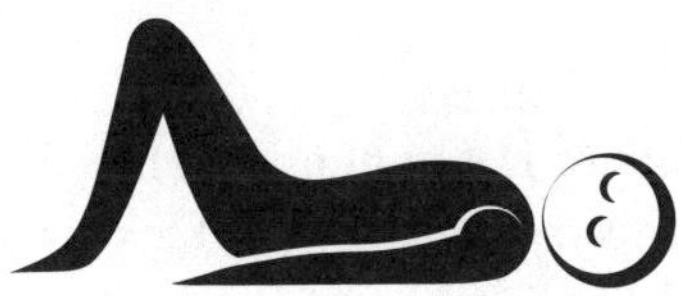

i)

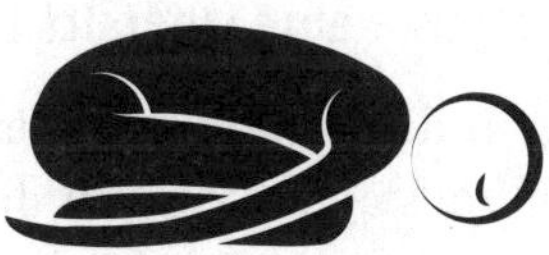

j)

Übung

So erreichen Sie Ihren Vagus im Nu:

1. Strecken Sie den Nacken von einer Seite zur anderen oder den Oberkörper in einer leichten Drehung.
2. Atmen Sie mehrmals lange aus und tönen Sie dabei „ahhhhhhh“ oder „ooohhhhh“.
3. Hören Sie beruhigende Klänge: Naturgeräusche, Musik, ein entspannendes Hörbuch.

Vagus-Wissenschaft

In einer Studie wurden drei Gruppen – eine, die Yogastellungen übte, eine, die im Park spazieren ging, und eine Kontrollgruppe, die keine Bewegungsaktivität ausübte – miteinander verglichen. In der Yoga-Gruppe stellte man eine signifikante und *unmittelbare* Erhöhung des Vagustonus fest, jedoch nicht bei den Proband*innen, die spazieren gingen oder bei denen, die sich gar nicht bewegten (Khattab et al. 2007). Yoga war zwar die einzige Bewegungspraxis, die den Vagustonus sofort veränderte, aber die Wissenschaftler*innen fanden heraus: In den folgenden 24 Stunden wirkten sich *sowohl* die Yogastellungen *als auch* das Gehen positiv auf den Vagustonus.

So bestätigt sich: Yogadehnungen – also Haltungen und/oder Bewegungen, die Kopf, Brust und Becken anvisieren – eignen sich am besten, um eine unmittelbare Auswirkung auf den Vagustonus zu erzielen. Doch mit etwas *zeitlicher Verzögerung* haben auch andere Bewegungsaktivitäten wie Gehen eine positive Wirkung auf unseren Wohlfühlnerv, den Vagus.

Die Bewegungen – eine Übersicht

Die Liste der in den Abbildungen dargestellten Dehnübungen erhebt zwar keinen Anspruch auf Vollständigkeit, aber die Übungen sind leicht und für die meisten körperlich durchführbar. Natürlich sollten Sie keine Dehnungen ausführen, die sich für Sie nicht sicher anfühlen. Vielleicht kennen Sie ja auch andere, ähnliche Bewegungen, die Sie diesem Mix hinzufügen möchten. Oder Sie nutzen die hier aufgeführten Dehnungen als Ausgangsbasis, um neue, andere Bewegungsarten zu entdecken, die Sie mögen und anwenden können, um sich wohler zu fühlen. Wenn die Bewegung Ihnen Erleichterung bringt und sich beruhigend anfühlt, haben Sie wahrscheinlich Ihren Vagus mit einbezogen. Werden Sie kreativ. Nutzen Sie Ihr Gespür. Vertrauen Sie auf Ihren Körper.

Probieren Sie's aus:
Sanfte Dehnübungen im Stehen für den vagalen Tonus

1. Stehen Sie bequem, die Füße etwa schulterbreit auseinander. Strecken Sie die Arme über den Kopf und verschränken Sie die Finger.
2. Drehen Sie mit weiterhin verschränkten Fingern die Handflächen nach oben zur Decke und strecken Sie sich in die Höhe. Atmen Sie eine Weile in dieser Haltung.
3. Strecken Sie als Nächstes die immer noch verschränkten Hände mit den Handflächen nach oben und nach rechts. Machen Sie sich lang und kippen Sie dann den Oberkörper, sodass Ihre linke Seite ganz lang und offen wird.
4. Richten Sie sich wieder zur Mitte auf, machen Sie sich erneut lang und kippen Sie dann nach links. Machen Sie diesmal den Körper auf der rechten Seite lang, sodass die rechte Seite sich verlängert und dehnt.
5. Kehren Sie in die Mitte zurück. Lassen Sie die Arme sinken und locker am Körper herabhängen. Entspannen Sie sich. Bleiben Sie einen Moment lang so stehen und atmen Sie.
6. Achten Sie darauf, ob sich irgendwo im Körper ein kleines Wohlgefühl, etwas Erleichterung oder sogar ein leichtes „Okay"-Gefühl einstellt. Lassen Sie diese Empfindungen einen Moment in sich einsinken. Ganz sachte, ohne großes Bemühen.

Gut gemacht!

Probieren Sie's aus:
Sanfte Dehnübungen auf dem Boden zur Erhöhung des vagalen Tonus

1. Beginnen Sie im Vierfüßlerstand. Die Hände sind schulterbreit, die Knie hüftbreit auseinander.
2. Drücken Sie nun den Rücken sanft durch, sodass der obere Teil Ihres Kopfes und Ihr Steißbein nach oben zur Decke weisen, während sich der Bauch nach unten wölbt.
3. Kehren Sie dies nun um in eine entgegengesetzte Wölbung, sodass der obere Teil Ihres Kopfes und Ihr Steißbein zum Boden weisen, während Ihr mittlerer Rücken nach oben zur Decke hin gebogen ist.
4. Wiederholen Sie dies ein paar Mal mit langen, ruhigen Atemzügen.
5. Legen Sie sich nun auf den Rücken und ziehen Sie Ihre Knie sanft in Richtung Brust. Umarmen Sie sie, wenn es angenehm ist. Atmen Sie einige Male lang ein und aus.
6. Senken Sie die Knie sanft nach rechts ab, sodass sie auf dem Boden zu liegen kommen, und drehen Sie den Kopf nach links. Strecken Sie Ihre Arme zu beiden Seiten aus wie bei einem „T“. Atmen Sie langsam und tief.

7. Bringen Sie die Knie nacheinander wieder zur Brust und rollen Sie dann zur anderen Seite, indem Sie beide Knie links von sich auf den Boden sinken lassen und den Kopf nach rechts drehen. Die Arme sind zu beiden Seiten ausgestreckt, schön weit. Atmen Sie langsam und tief.
8. Bringen Sie die Knie wieder in die Mitte, eines nach dem anderen. Stellen Sie dann die Fußsohlen auf den Boden, etwas mehr als hüftbreit auseinander. Lassen Sie die Knie zusammenfallen und aneinander ruhen. Entspannen Sie sich eine Weile so und atmen Sie.
9. Spüren Sie, wie Sie sich jetzt im Vergleich zu vorher, vor der Streck-Pause, fühlen. Spüren Sie, ob sich ein Bereich leichter oder entspannter anfühlt.

Gut gemacht!

7.4 Bewegung zum Auftauen der Erstarrung

Nun kommen wir zur dritten Bewegungsoption zur Förderung der Selbstregulation: Bewegung, um Ihre Erstarrung – Ihren Freeze-Zustand – aufzutauen. Der Erstarrungs- bzw. Freeze-Zustand stammt ungefähr … aus der Vorgeschichte; das Eis Ihrer Freeze-Reaktion könnte aus der Eiszeit stammen. Ohne genau festlegen zu können, wann diese Überlebensstrategie sich bei unseren frühen Vorfahren etablierte, genügt es wohl zu sagen: Bei diesem Reaktivitätsmodus hatte mit Sicherheit die Evolution ihre Finger im Spiel. Laut Stephen Porges – Hochschullehrer, Wissenschaftler und Entwickler der Polyvagal-Theorie – wird die Erstarrungsreaktion vom ältesten und primitivsten Zweig unseres Vagus gesteuert, den wir mit den Reptilien gemeinsam haben.

Das „Eis“ ist im Verlauf unserer evolutionären Entwicklung entstanden

Wenn Stress uns überwältigt und Selbstschutzmaßnahmen wie Flucht oder Kampf nicht möglich sind, wird aufgrund unserer evolutionären Veranlagung ein Bremsvorgang ausgelöst, der uns in den Erstarrungs- bzw. Freeze-Zustand versetzt. Zeitgleich kommt es zu einem starken Anstieg der Sympathikus-Aktivierung (Gaspedal) und zu einer übermächtigen parasympathischen Aktivität (Bremse). Wenn Sie Vollgas geben und gleichzeitig eine Vollbremsung hinlegen, haben Sie den Freeze-Zustand. Denken Sie an ein Reh im Scheinwerferlicht. Das Reh erkennt, dass das Auto hinter den nahenden Scheinwerfern viel stärker und schneller als es selbst ist und insgesamt sehr furchterregend. Und das Reh weiß: Bei einem Zusammenstoß mit dem Auto hat es im Grunde keine Chance. Also vergräbt es die aufflutende Reaktivität tief in sich und erstarrt.

Wenn Sie schon einmal einem Reh im Scheinwerferlicht begegnet sind, ist Ihnen wahrscheinlich aufgefallen, dass seine Augen alles andere als eine ruhige Bewegungslosigkeit verraten. Lassen Sie sich nicht täuschen, verwechseln Sie diese Reglosigkeit nicht mit Ruhe. Was nach außen wie eine Statue wirkt, entpuppt sich im Inneren als massiver Adrenalinschub und eine in den Muskeln festsitzende Anspannung, und beides muss irgendwann einen Weg aus dem Körper finden. Das Reh hat, wie von der Evolution vorgesehen, in den meisten aktivierungsauslösenden Situationen die Möglichkeit, davonzuspringen und all die vergrabene Reaktivität nach Herzenslust und zur Freude seines Nervensystems abzulassen. Auch für Sie kann Bewegung eine Möglichkeit sein, *Ihren* Freeze-Zustand aufzutauen, um dann nach einer Begegnung mit Ihrem inneren Eis dasselbe zu tun wie das intelligente Reh.

Das Schmelzen ist unerlässlich

Porges (1996) stellt fest: Wenn Stress auf den Körper einwirkt, kommuniziert Ihr Vagus mit den primitiven Gehirnzentren, um Sie dazu zu bewegen, entweder entsprechend Ihrer mobilisierten Energie zu *handeln* oder diese erfolgreich zu *beruhigen*. Ihr Vagus – der Hauptnerv des Hirnstamms, des Herzens und der Bauchorgane, der längste Hirnnerv des Körpers – will eine Auflösung. Er will nicht mit all der durch den Körper strömenden Überlebensenergie gänzlich *ohne* Handlungsmöglichkeit in einem Schwebezustand gefangen sein. Ebenso wenig will er ohne Aussicht auf Beruhigung und ein zufriedenstellendes Abebben der Erregung in selbiger feststecken. Ein Schwebezustand ist insgesamt verheerend, denn mit einem im Zuge der Überlebensreaktion eingefrorenen Bewegungsimpuls arbeitet Ihr gesamtes Body-Mind-System suboptimal.

Wenn Sie wiederholt *nicht* auf Ihre Bewegungsimpulse reagieren, kann das schwerwiegende Folgen haben. Eine anhaltende Erstarrung im Vagus könnte ein Einflussfaktor bei Krankheiten wie chronische Müdigkeit, Reizdarmsyndrom und Zwangsstörungen sein. Doch wir müssen nicht in der Erstarrung eingefroren bleiben, wir können das innere Eis schmelzen, auch Monate oder sogar Jahre nach dem „Einfrieren". Wir müssen nur zulassen, dass unsere körperlichen Instinkte wieder Bewegungen hervorbringen und diesem Bewegungsdrang auch nachgeben können. Auf diese Bewegungen warten Ihr primitives Gehirn und der Vagus schon lange, denn das wollten sie erreichen, als sie Sie aufforderten, Ihre Reaktivität entweder wirklich zu beruhigen oder ihr entsprechend zu handeln. Man könnte auch sagen: „Bewegt euch!"

Bei den bisher besprochenen Vagus-Beruhigungsmöglichkeiten ging es um eine Abmilderung Ihrer Aktivierung. Jetzt aber wollen wir uns dem Reh im Scheinwerferlicht zuwenden, das wegspringt und sich in Sicherheit bringt. Sie werden also lernen, wie Sie nach der Erstarrung Ihren Bewegungsimpulsen folgen können, denn das kann im primitiven Gehirn, im Vagus und sogar im gesamten Body-Mind-System eine tiefe Erleichterung hervorrufen. Um zu erklären, wie Bewegung hilft, das Eis des Freeze-Zustands zu schmelzen, erzähle ich oft eine Geschichte über meinen Hund Atlas, die besonders Kinder sehr mögen. Aber auch das Kind in uns allen kann Gefallen an diesem einfachen Beispiel finden und es sich als Vorbild nehmen.

Mein Hund Atlas ist ziemlich klein. Er ist schon größer als eine Teetasse, aber nicht viel größer als ein Schuhkarton – ein etwas größerer, stellen Sie sich einen Karton für Schneestiefel vor. Als wir eines Tages zu einem Spaziergang aufbrechen wollten, lief ein großer Hund aus der Nachbarschaft an uns vorbei. Schon beim Herannahen des großen Hundes erstarrte Atlas. Der viel größere Hund beschnüffelte den kleinen Atlas gründlich und knurrte ein- oder zweimal bedrohlich. Währenddessen regte sich auf Atlas‘ Kopf kein einziges Haar, er war wie eine Statue.

Ich selbst habe ganz Ähnliches schon erlebt und Sie vermutlich auch. Wenn wir einem Stressor begegnen, der sich übermächtig anfühlt oder es auch ist, ist Kampf oder Flucht eindeutig keine Option. Unwillkürlich erstarrt unser Körper dann, er fällt in einen Freeze- bzw. Shutdown-Zustand.

Mein Hund stand stocksteif da und schien kaum zu atmen, der arme Kerl. Diese einschüchternde Bedrohung musste schnell ein Ende nehmen. Der Nachbar und ich waren nicht stehengeblieben, um uns zu unterhalten, und so lief der große Hund zu Atlas‘ und meiner Erleichterung recht bald weiter. Kaum hatte mein Hund gemerkt, dass die Luft rein war, ging es ab. Er rannte auf dem Weg hin und her, bellte, hüpfte und schüttelte sich heftig. Es war wirklich ein komischer Anblick. Doch gleichzeitig zeigte sich – direkt vor meinen Augen – eine tiefe evolutionäre Intelligenz und das gefiel mir. Nachdem Atlas all seine in sich festgehaltene Angst und Anspannung genug abgelassen hatte, lief er direkt auf mich zu und leckte mir die Knöchel. Er war wieder der fröhliche, gesellige Atlas. Weil er seinem instinktiven Bewegungszyklus von Anfang bis Ende gefolgt war, blieb kein Rest von Erstarrung oder Angst in ihm zurück. Er war, seinen Instinkten folgend, zunächst erstarrt und hatte gewartet, bis die Bedrohung vorüber war. Dann hatte er seine lustige Renn-, Schüttel- und Bellnummer dargeboten, um die demoralisierende Wirkung der Einschüchterung „wegzuschmelzen“, damit sie sich nicht langfristig bei ihm festsetzen konnte.

Von diesem Hund (oder einem anderen Tier) können wir uns eine Scheibe abschneiden. Auch wir müssen auf unsere instinktiven Impulse hören, um die Stromstöße zu entladen, die beim Wecken unseres Überlebenssystems durch uns hindurchpulsieren. Das könnte etwa so aussehen, dass Sie, nachdem ein anderes Auto Sie gefährlich geschnitten hat, mit der Faust aufs Lenkrad schlagen. Oder Sie gehen nach einem Streit mit Ihrem Partner in ein anderes Zimmer und lassen Ihren Körper alles abschütteln oder treten vielleicht ein- oder zweimal gegen die Couch (möglichst ohne sich die Zehen zu brechen). Es ist auch möglich, Frustrationen beim Wandern oder Joggen durchs Viertel loswerden. Der Stanford-Professor Sapolsky empfiehlt körperliche Aktivität als Form der aktiven Stressbewältigung und als wirksame Methode, um unsere Stressantworten zu verändern.

Für eine Klientin war es sehr befreiend, den Ärger über eine vergangene Situation endlich durch ihren Körper hindurch und aus ihm herausfließen zu lassen. Gabriella hatte in ihrer Ehe viel Schwieriges und zeitweise Entsetzliches durchlebt. Immer mal wieder wurde sie während unserer Sitzungen von einer Wut erfasst, die durch ihren Körper lief. Sie spürte die Spannung vor allem in den Armen und Händen und hatte den Drang, zu schlagen. Also haben wir geschlagen: manchmal in die Luft, manchmal so, dass eine ihrer Hände der anderen einen Widerstand bot, manchmal auf ein Kissen. Das Schlagen wirkte befreiend auf sie, beruhigte ihr Body-Mind-System und verhinderte, dass ihre Wut aufwallen und beim Entladen Unbeteiligte treffen konnte.

Wir arbeiteten mehrere Monate lang mit dem Schlagen und mit jeder befreienden Erfahrung war Gabriella weniger wütend auf ihren Mann und eher in der Lage, ganz natürlich Vergebung und Mitgefühl für ihn zu empfinden. Sie lebte diese Instinkte im sicheren Rahmen der Therapie aus und konnte ihre Wut an der Luft, einem Kissen usw. auslassen und nicht an Arbeitskolleg*innen, Familienmitgliedern oder Fremden, die zufällig im falschen Moment vorbeikamen. Mit der Zeit spürte sie, wie die Wut allmählich nachließ und einem, wenn auch schwer erkämpften, Wohlbefinden Platz machte. Tatsächlich erholte sie sich von dem, was in ihrer Ehe zunächst wie eine unüberwindliche Kluft gewirkt hatte.

Große und kleine Bewegungen – große Wirkung

Nicht nur große Bewegungen tragen dazu bei, dass wir uns vom Stress erholen, sondern wir können auch von viel subtileren körperlichen Äußerungen enorm profitieren. Das kann etwas wie ein kaum wahrnehmbares Zittern sein, das sich einstellt, wenn der Körper Zeit und Raum erhält, auf diese Weise eine langanhaltende Stressreaktion endlich abzulassen. Eine solche subtile und doch tief berührende körperliche Befreiung ereignete sich während eines Gesprächs mit einer jungen Frau. Sie entledigte sich dabei einer Last, die sie lange bedrückt hatte.

Charlotte hatte in ihrer frühen Teenagerzeit regelmäßig meine Kurse besucht. Wir hatten uns länger nicht mehr gesehen, bis sie sich eines Tages meldete. Wir verbrachten einige schöne Stunden miteinander, in denen wir gegenseitig von uns erzählten. Gegen Ende unserer gemeinsamen Zeit kam das Gespräch auf einen gravierenden Vorfall, den sie mir als junges Mädchen anvertraut hatte. Vorsichtig, um sie nicht zu beunruhigen oder aufzuregen, fragte ich danach. Zwar erinnerte sich Charlotte, dass sie sich mir vor so vielen Jahren anvertraut hatte, doch bis zu unserer Wiederbegegnung an jenem Nachmittag hatte sie alles über den Vorfall vergessen.

Es stellte sich heraus, dass sie vor etwa acht Jahren das Szenario stark ausgeschmückt hatte. Mich brachte das nicht im Geringsten aus der Fassung, weiß ich doch, dass junge Gemüter manchmal zur Übertreibung neigen. Ich war sogar erleichtert, dass ihre ursprüngliche Geschichte nicht ganz der Wahrheit entsprach. Das sagte ich ihr auch. Sie gestand mir, sie habe sich geschämt und schuldig gefühlt, weil sie mir diese Geschichte vor all den Jahren erzählt hatte. Als sie meine Empathie, meine Unterstützung und mein Verständnis für ihre damaligen Ausschmückungen spürte, begann sie zu zittern und beschrieb mir, was sie in ihren Körper wahrnahm. Ich erklärte ihr, das Zittern könnte ein Zeichen einer gesunden Befreiung sein. Ihr Körper nahm diese Gelegenheit wahr, um den Erstarrungszustand aufzulösen, der vor so vielen Jahren beim Erzählen des ursprünglichen Lügenmärchens zustande gekommen sei.

Das erschien ihr wahrscheinlich und sie erlaubte diesem sanften Zittern, seinen Lauf zu nehmen, indem sie ihrem Körper Zeit und Raum gab, Anspannung loszulassen und zur Ruhe zu kommen. Sie spürte, wie sich einige Schuld- und Schamknoten, die sie wegen ihrer jugendlichen Schwindelei in sich trug, langsam lösten. Auch weiterhin ließ sie ihre Empfindungen zu und hin und wieder beschrieb sie, was sie wahrnahm. Nach einigen Minuten sagte Charlotte, dass es ihr wieder besser ginge und sie sich präsenter und wohler in unserem Gespräch fühle. Für uns beide, aber – viel wichtiger noch – vor allem für sie selbst sah es nun so aus: Die Vergangenheit war vergangen und ihre damalige Übertreibung als Schulmädchen war verständlich und völlig verzeihlich. Ihr Körper löste die Erstarrung auf, dann folgte ihr Verstand mit neuen Sichtweisen. Die Selbstverurteilung wich dem Verständnis, und das mithilfe einer sanften Welle von Muskelkontraktionen und -entspannungen, die letztlich in Ruhe mündeten.

Probieren Sie's aus: Den Körper aus der eisigen Erstarrung auftauen lassen

Wir können keinen genauen Zeitpunkt für das Auftauen unserer in uns gespeicherten Reaktivität einplanen. Leider können wir unsere Muskeln nicht anweisen, frühere Belastungen auf Stichwort wegzuzittern. Jedoch *können* wir wie Atlas sein und Gelegenheiten, Belastungen abzuschütteln, dann ergreifen, wenn sie sich bieten. Oder wie Charlotte können wir dem subtilen Zittern seinen Lauf lassen, wenn es ganz natürlich von selbst auftritt. Oder wir können uns, wie Gabriella, Zeit und einen sicheren Ort zum Schlagen (oder Stampfen oder Treten) zugestehen, wenn ein solcher Drang in uns aufkommt.

Halten Sie mit dem, was Sie inzwischen über das Auftauen Ihres Freeze- bzw. Erstarrungszustands wissen, Ausschau nach Momenten, in denen Ihr Körper ein wenig Unterstützung braucht, um eine instinktgesteuerte Reaktion zum Abschluss zu bringen. Erkennen Sie Momente, in denen Sie unruhig sind, zittern oder zappelig sind. Was passiert, wenn Sie diesen Empfindungen freundliche Bewusstheit entgegenbringen? Beobachten Sie, was als Nächstes passiert, wenn Sie diesen Bewegungen erlauben, sich durch Sie hindurch und dann aus Ihnen herauszubewegen.

Ganz wesentlich ist, dass Sie fühlen, was Ihre Bewegung bewirkt. Wenn Sie wahrnehmen, dass sich da etwas entspannt, verändert oder es (auch nur teilweise) zum Abschluss gebracht wird, dann fördert das Ihr „Auftauen“.

Denken Sie daran, es sachte anzugehen. Weniger ist mehr. Gut gemacht!

Scham ist oft kalt wie Eis

Legt sich Scham wie eine Decke über Ihre Stressereignisse, kann Ihr System nur allzu leicht von Erstarrung erfasst werden. In Gedanken, Gefühlen oder Handlungen, die Sie selbst als inakzeptabel oder unzulässig erachten, bleiben Sie unter Umständen „gefangen“. Unter dieser Last ihrer Scham hatten sowohl Gabriella als auch Charlotte zu leiden. Als sie sich von dieser Last befreien konnten, trug das mit dazu bei, dass eine körperliche „Entladung“ möglich wurde. Falls auch Ihre Stresserinnerungen schambehaftet sind, kann es hilfreich sein, sich die Rolle der Scham in der menschlichen Evolution bewusst zu machen, und wie wichtig es ist, sie aufzulösen bzw. „aufzutauen“. Scham kann sich in viele Situationen einschleichen und es ist sinnvoll, sie im Auge zu behalten.

Bei Charlotte schlich sich die Scham ein, als sie die Ausschmückungen ihrer Jugendzeit als inakzeptabel bewertete. Bei Gabriella fand sie einen Nährboden durch die gesellschaftlichen „Vorgaben“ für die Ehe und die weitverbreitete Fehlannahme: „Bei anderen läuft immer alles gut. Warum nur haben wir Probleme?“

Ein weiteres Beispiel: Im Leben meiner Klienten Shauna zeigte sich, wie Scham Erholungsprozesse unterbrechen kann. Die Ursache war eine große Tragödie, die zunehmend die Realität verschattete. Es ging um Waffengewalt an Schulen und die mit der Reaktivität zusammenhängende Scham war hier so fest eingefroren wie die Reaktivität selbst.

Die Mitarbeiterin eines Colleges, an dem es eine Schießerei auf dem Campus gegeben hatte, vertraute sich Shauna an und erklärte: Der Faktor, der den Genesungsprozess der Studierenden am meisten erschwerte, sei die Art und Weise gewesen, wie sie dazu gedrängt wurden, für den Schützen zu beten. Sie sollten Mitgefühl für ihn aufbringen und ihm vergeben, während sie mit ihrer eigenen Angst oder Wut im Grunde ohne Unterstützung allein gelassen wurden. Die Studierenden waren also darin bestärkt worden, ihre Wut zu verleugnen und sie umgehend durch Mitgefühl zu ersetzen. Deshalb schämten sich viele ihrer eigentlich ganz natürlichen Reaktion auf solch sinnlose Gewalt – ihrer Empörung. Angst und Wut lassen sich nicht durch Vermeidung beseitigen oder lindern. Ganz im Gegenteil: Durch Vermeidung verankern sie sich möglicherweise noch tiefer im System einer Person und es fehlt dann ein gesundes Mittel, sie wieder hinauszubringen. Gleichzeitig übernimmt Scham die Rolle, Gefühle im Inneren zurückzuhalten, die im Grunde überhaupt nicht unzulässig sind.

Solche Umstände sind erstklassige Gelegenheiten, um Bewegung, sei sie kaum wahrnehmbar oder offensichtlich, durch Sie hindurch und aus Ihnen herausfließen zu lassen. Das ist etwas völlig anderes, als impulsgetrieben zu *handeln.* Wenn wir uns bewegen, um Stressresilienz zu erreichen, dann bedeutet das *nicht,* dass wir Gewalttaten begehen. Mithilfe dieser Bewegung, die Stressresilienz erzeugt, kann der Körper vielmehr die Angst, Wut oder Trauer *fühlen,* die direkt unter der Oberfläche liegen. Er kann ihnen einen Moment zu geben, sich allmählich durch Sie hindurch und *aus* Ihnen *heraus*zubewegen. Angst zum Beispiel könnte danach verlangen, dass Sie die Hand heben und Ihr Gesicht verdecken. Wut möchte vielleicht schubsen oder treten. Trauer hat vielleicht das Bedürfnis, sanft gehalten zu werden oder sich in einen kuscheligen Pullover zu hüllen. Das alles sind Empfindungen, die gefahrlos zugelassen werden können, *ohne* jemanden zu verletzen. Wenn solche Impulse in einer geeigneten Situation oder Umgebung zugelassen werden, zum Beispiel in der Ruhe Ihres Zuhauses, im sicheren Rahmen einer Praxis für Körpertherapie oder bei einer friedlichen Wanderung in der Natur, können sie zum Abschluss kommen und dann *Ihren Körper verlassen.*

Wenn wir uns derart schämen, dass wir unseren „unschönen“ primitiven Reaktionen aus dem Weg gehen oder sie nicht wahrhaben wollen, schaffen wir ihnen gewissermaßen einen netten Raum, wo sie einziehen und sich langfristig in uns einnisten können. Gerade wenn wir uns *nicht* erlauben, Gefühle wie Wut, Angst oder Trauer zu äußern, *prägen* sie sich in unserem Body-Mind *noch stärker aus.* Wenn wir es mit Vergebung und Empathie überstürzen, bleibt unsere auf der Evolution fußende Body-Mind-Erholung auf der Strecke. Finden wir stattdessen (siehe dazu die in diesem Kapitel vorgestellten Bewegungen und die bildlichen Vorstellungen aus Kapitel 6) gesunde Möglichkeiten, unsere primitiven Reaktionen herauszulassen, fördern wir sehr wahrscheinlich das Aufblühen von Empathie und Verständnis aus unserem Inneren heraus. Ganz anders sieht es aus, wenn wir uns zwingen, Empathie und Verständnis über unseren Schmerz zu legen.

Probieren Sie's aus:
Unterstützen Sie Ihr primitives Gehirn bei Angst, Wut oder Trauer

Diese Art der Selbstunterstützung ist ein zutiefst persönlicher Prozess. Spielen Sie deshalb mit verschiedenen Möglichkeiten, um hier Ihren eigenen Weg zu finden.

Wenn Sie feststellen, dass bestimmte Empfindungen Ihnen wiederholt zusetzen, hören Sie ihnen zu. Solche Empfindungen äußern sich als plötzlich aufblitzende Impulse zu körperlicher Aggression oder in Phasen scheinbar unerklärlicher Traurigkeit. Vielleicht wiederholt sich bei Ihnen auch eine Angstreaktivität, die sich körperlich in Form von intensiver Hitze, Engegefühlen oder Taubheit äußert.

Experimentieren Sie damit, instinktgeleitet zu reagieren. Richten Sie dabei Ihre Reaktionen auf *unbelebte Objekte in einer sicheren Umgebung.*

Wie wäre es damit? Lassen Sie Ihre Angstreaktion zu, während Sie sicher und geschützt zu Hause sind. Oder Sie lassen Ihren Körper bei einer Wanderung in der Natur die Gefühle aus sich „herausstampfen“. Vielleicht bringt es Ihnen auch eine gewisse Erleichterung, wenn Sie sich in eine Decke wickeln und dem Kummer oder der Traurigkeit im Inneren etwas geben, das sie umfängt.

Manchmal sind die Bewegungen viel subtiler und vollziehen sich eher auf der Ebene des Empfindens als auf der des Handelns. Lassen Sie sich von Ihrer Gewebestruktur zu Mikrobewegungen der Entspannung führen – Zyklen der Anspannung und der Entspannung, Schwankungen von Wärme zu Kälte oder kaum wahrnehmbare Schwingungen, die sich durch Sie hindurch bewegen.

Denken Sie daran: Immer langsam, weniger ist mehr. Gut so!

7.5 Linderung durch Bewegung

Für uns alle kann es zutiefst heilsam sein, unserem Körper Zeit und Raum zu geben, um lange im Inneren festgehaltene Spannungen zu entladen. Bei einer tief in Ihrem Gewebe eingefrorenen Erinnerung kann Bewegung helfen, die Stressprägung zum Schmelzen zu bringen. Ob Sie einem subtilen oder eher groben Muskelimpuls folgen, hängt von Ihren individuellen Bedürfnissen ab. Eine entspannende Entladung kann von sehr subtilen Veränderungen in Muskeln, Sehnen oder Knochen reichen bis hin zu „großen" Ausdrucksformen, etwa – auf sichere, nicht verletzende Weise zu pressen, laufen oder zu schlagen. Folgen Sie Ihrem Instinkt und wenn der Impuls schwer zu entschlüsseln ist, warum nicht beides ausprobieren und spüren, was Ihnen mehr Erleichterung bringt?

Während sich Ihr Körper aus dem Muster des Festhaltens herausbewegt, in dem er während Ihres früheren Stressereignisses eingefroren war, werden von innen heraus neue Freiheiten spürbar. Diese sind die Bausteine Ihrer Resilienzpfade, die wiederum die überaus wichtige Körperintelligenz aufbauen, über die Sie den Weg heraus aus Ihrer Stressreaktivität finden. Eine solche Resilienz kann James Joyces Mr. Duffy helfen, nicht mehr „etwas auf Distanz zu seinem Körper", sondern wieder in sich selbst zu leben. Wie nah an Ihrem Körper leben Sie gerade? Wie nah an Ihrem Körper würden Sie gern leben?

Es braucht zwar Zeit, Geduld und Übung, die Sprache des Körpers zu lernen, aber Sie können das schaffen. Wenn Sie auf Ihre subtilen körperlichen Bedürfnisse, Wünsche und Empfindungen hören, wird Ihnen das auf dem Weg zur somatischen Regulation gute Dienste leisten. Ob Sie sich Zeit für entspannende Bewegung nehmen, für Bewegung zugunsten Ihres Vagus oder für Bewegung zum Auftauen Ihres erstarrten Freeze-Zustands: In Ihnen gibt es eine individuelle Landkarte und Wegweisung, die stets für Sie da ist. Die in diesem Kapitel vorgestellten Methoden und Übungen werden Ihnen helfen, Ihren Weg zu finden. Und nicht vergessen: Folgen Sie den Empfindungen der Entspannung und Linderung, suchen Sie nach Gefühlen der Sicherheit und vertrauen Sie darauf, dass Ihre Muskeln Ihnen zeigen, wo es lang geht.

8. | In sich zu Hause sein

Wir sind nun am Ende dieses Buches angelangt – und am Beginn eines neuen Wegabschnitts: Ihre Weiterreise zu anhaltendem Wohlbefinden. Sie haben jetzt die Aufgabe, die Ihrem Empfinden nach für Sie wichtigsten Buchabschnitte für sich selbst zusammenzustellen und sie so anzupassen, dass sie genau *auf Sie* zugeschnitten sind. Wir alle kennen den Ausdruck „nicht aus der Reihe zu tanzen". Nun, im Zusammenhang mit Selbstregulation, Resilienz und verkörperten Erfahrungen der Sicherheit und Ruhe ist „in der Reihe zu tanzen" nicht das, was gefragt ist. Auf dieser Etappe der Reise geht es nur um Sie. Das sind Ihre Werkzeuge, die Ihnen dienlich und für Sie maßgeschneidert sein müssen. Und um hier das Passende zu finden, ist der beste Weg, Ihr geübtes Body-Mind-Gewahrsein einzusetzen. Und ob es das Passende ist, merken Sie daran, dass es sich besser *anfühlt;* Sie merken es an einer verkörperten Erfahrung des Wohlbefindens, die allmählich im Inneren aufsteigt. Verkörpertes Wohlbefinden und zuverlässige Werkzeuge zur Selbstregulation helfen Ihnen, wieder unter der Stressbelastung hervorzukommen, zurück zu Sicherheit, Lebendigkeit und Ruhe.

So wie wir unseren ganz eigenen Stress und unsere Zustände der Dysregulation verstehen können, können wir ein ebenso persönliches Wissen über unsere Resilienz und den Weg zurück zur Regulation entwickeln. Eine solche starke Selbstwahrnehmung – ein *somatisches* Gewahrsein – hilft uns, die nötige Selbstwirksamkeit und Handlungsfähigkeit entwickeln, um das Heft unseres Wohlbefindens wieder in eigenen Händen zu halten. Mit individuell zugeschnittenen Werkzeugen müssen wir uns nicht fühlen, als würden wir in der Aktivierung feststecken. Wir wissen: Es *gibt* Wege, wieder hinauszugelangen. Wir „fühlen" uns aus extremem Stress wieder heraus und erfahren dabei unsere eigene Stärke, vertrauen unseren Fähigkeiten und wenn unser Nervensystem um Hilfe ruft, fühlen wir uns zur Selbstregulierung befähigt. Wir nehmen uns als stark und fähig wahr und finden wieder zu dem *inneren Wissen* („felt sense") zurück, handlungsfähig zu sein. Wir gewinnen eine oft lange verlorene Vitalität zurück und können letztlich das Vertrauen in uns selbst und in unsere Fähigkeiten wiederherstellen: Bei allem, was das Leben bringt, sind wir resilient.

Eine Aufgabe für Geist und Körper

Ich hoffe, dieses Buch hat Ihnen klar vermittelt, dass der Ausweg aus extremem Stress eine Aufgabe für Geist *und Körper* ist. In unserer Kultur wurde lange Zeit die Kraft des Geistes verherrlicht, sie galt im Vergleich zur Kraft des Körpers als überlegen. Unsere Intelligenz haben wir deshalb lange auf den Kopf beschränkt. Hier zeigt uns die Wissenschaft der somatischen Regulation (und das nicht nur in diesem Buch), dass es höchste Zeit ist, die Kraft des Körpers ebenso zu rühmen wie die des Verstandes und unsere Auffassung von Intelligenz zu erweitern: Neben der Klugheit oben im Schädel gilt es auch, die äußerst versierten Zentren im Bauch und im Herzbereich miteinzuschließen.

> Die Werkzeuge aus diesem Buch und aus dem umfassenderen Gebiet der somatischen Regulation vereinen Körper und Geist als aneinandergebundene Behältnisse, in denen Leichtigkeit, Wohlbefinden, Vitalität und Entspannung gedeihen können.

Um die Pfade, die zu Ausgeglichenheit und Wohlbefinden führen, aufzubauen und zu verstärken, müssen wir die Sprache *unseres* Nervensystems lernen; unseres eigenen Systems, das Körper und Geist elegant zu *einem Ganzen* verbindet. Jede*r von uns ist ein komplexer, vielschichtiger, empfindsamer Körper *und* ein ebensolcher Geist. Beide sind vollständig miteinander verwoben. Wir sind keine Teile; wir sind ein Ganzes.

8.1 Das komplette Werkzeugset für das ganze Selbst nutzen

Beim Entwickeln personalisierter Hilfsmittel und Methoden für Ihr komplexes und wunderschönes vielschichtiges Selbst kann man nicht nach dem Motto vorgehen: „Ein Werkzeug für ein Problem." Wir alle brauchen einen vielfältigen Werkzeugsatz. Wir alle profitieren von einer Reihe von Hilfsmitteln und Methoden, die jeweils einzeln, aber auch in Kombination eingesetzt werden können und sollen. Sie werden merken, dass es Zeiten gibt, in denen eine einzelne Methode oder eine einzelne somatische Fähigkeit Ihr System nicht so beruhigt, wie Sie es brauchen. Sie müssen zwei, drei oder mehr Werkzeuge nach- oder miteinander anwenden, um sich selbst zu helfen, dem Griff einer Stressreaktion zu entkommen.

Mussten Sie schon einmal etwas in Ihrem Haus reparieren, sind los gegangen, um sich ein Werkzeug zu holen und haben den Werkzeugkasten durchwühlt, nur um zurück am Ort der Reparaturarbeit festzustellen, dass Sie doch etwas anderes brauchten? Vermutlich mussten Sie mehrere Werkzeuge bereitlegen und erst dann konnten Sie sich endlich daran machen, die kaputten Teile auszubessern oder zu reparieren. Mit den Werkzeugen in diesem Buch verhält es sich ganz ähnlich. Es kann sehr hilfreich sein, wenn Sie, sobald Stress aufkommt, bildlich gesprochen all Ihre Werkzeuge vor sich ausbreiten. Nehmen Sie eines oder zwei auf einmal in die Hand oder nur eines für einen kurzen Moment und dann für eine Weile ein anderes. Fragen Sie dabei immer wieder Ihr *gefühltes Stressempfinden,* welche Hilfe es braucht, um wieder zu einem *gefühlten Empfinden der Sicherheit* und Entspannung zu werden.

Zum Beispiel könnte es Ihnen ein Gefühl der Erleichterung vermitteln, wenn Sie einige rhythmische Atemzüge mit einigen einfachen Nackendehnungen kombinieren. Vielleicht lassen Sie darauf einen kurzen Moment folgen, in dem Sie vor Ihrem geistigen Auge ein beruhigendes Bild der Unterstützung oder des Schutzes sehen. Ein anderes Mal nehmen Sie sich vielleicht etwas Zeit, etwas Angenehmes oder Tröstliches in Ihrer Umgebung zu sehen und spüren dabei gleichzeitig, was in Ihrem Inneren in Ordnung ist. Ihre Regulation könnten Sie noch weiter unterstützen, indem Sie in ein paar langen seufzenden Atemzügen „Aaahhhs" oder „Ooohhhs" ausstoßen, die bis in den Bauch hinein vibrieren.

Die Möglichkeiten sind vielfältig und es gibt keine falsche Art, diese Werkzeuge zu kombinieren. Wenn Ihr Körper Ihnen sagt, dass er eine bestimmte Art und Weise mag, wie Sie sich selbst aus dem Stress hinausbugsieren, nur zu! Denken Sie daran: Das Gehirn ist hier nicht der einzige nützliche Entscheidungsträger; auch Ihr Körper verfügt über enorme Intelligenz. In den Kapiteln 2 und 3 haben Sie erfahren, dass Sie bei extremem Stress normalerweise mit dem primitiven Gehirn kommunizieren, das in Empfindungen spricht, und nicht mit dem sehr auf Sprache und Denken ausgerichteten Frontalhirn. Wir alle können *maßgeschneiderte* Methodenkombinationen zur Selbstregulation nutzen, die Geist *und* Körper Erleichterung bringen.

Für diejenigen unter uns, deren Body-Mind-System einfach sehr gut darin ist, in Stress zu verfallen, könnte eine Kombination mehrerer Werkzeuge genau der Weg zur Resilienz sein. Wie sich das ganz natürlich bei einem besonders schwierigen Stressereignis umsetzen lässt, sehen Sie gleich im Beispiel von Leah und ihrer Freundin – zwei Frauen, die beide sehr versiert im Umgang mit ihren somatischen Resilienz-Werkzeugsets sind.

Tränenüberströmt lief Leah durch einen Stadtteil, in dem sie sich nicht auskannte. Sie wusste nicht genau, wo sie war und sie fand einfach ihre Freundinnen nicht, mit denen sie in dieser Gegend verabredet war. Alte, länger zurückliegende Stresserfahrungen mischten sich mit dem aktuellen Stress und erzeugten einen heftigen Reaktivitätssturm in Leahs Body-Mind-System. Ihr war heiß, sie hatte Herzklopfen, Magenschmerzen und sie fühlte sich allein, verängstigt und überwältigt.

Nach etwa zehn Minuten, die sich für Leah aber wie eine Ewigkeit anfühlten, erreichte sie eine ihrer Freundinnen auf dem Handy. Es stellte sich heraus, dass sie nur wenige Blocks voneinander entfernt waren. Die immer noch völlig überwältigte, weinende und schwer atmende Leah bat ihre Freundin, sie an der nächsten Straßenecke abzuholen, um gemeinsam zum Restaurant zu gehen. Die Tatsache, dass eine gute Freundin da war, half Leah, die Stressreaktion zu überwinden, die ihren BodyMind in Aufruhr versetzte.

Leah hatte all ihre Werkzeuge „vor sich ausgebreitet" und machte sich nun daran, die passenden auszuwählen. Als Erstes nahm sie *Sicherheit sehen* in die Hand, eine Methode, die sie schon sehr oft praktiziert hatte und mit der sie sich gut auskannte. Deshalb gelang es ihr jetzt auch, ihrer Freundin entgegenzusehen, die auf dem Bürgersteig direkt auf sie zukam. Das war in diesem Moment ein sehr angenehmer Anblick, den sie in sich aufnahm und dessen Wirkung sie so gut wie möglich zu fühlen versuchte. Tatsächlich brachte ihr das ein wenig Erleichterung und verringerte das Gefühl des Alleinseins und der umfassenden Aktivierung. Bei der Begrüßung *spürte* Leah bewusst, wie *ihr Körper die Umarmung empfing*, als sie und ihre Freundin sich schließlich trafen. Sie nahm auch bewusst wahr, welchen Trost sie durch diesen Kontakt empfand und merkte, wie ihr Herz sich beruhigte. In ihrer Brust spürte sie ein kleines bisschen Leichtigkeit aufkommen und jetzt waren ihr auch ein paar tiefere Atemzüge möglich.

Leah nutzte noch ein drittes Hilfsmittel: Weil ihr Brustkorb, der zuvor die Lunge beengt hatte, sich nun entspannte, leitete sie sich selbst dazu an, noch einige weitere Male *tief ein- und auszuatmen* und dabei innerlich der beruhigenden Wirkung jedes Atemzugs nachzuspüren. Mit zunehmender Selbstregulation ihres Nervensystems konnten sich einige körperliche Spannungen entladen, die (wie bei so vielen von uns) mit Panik einhergingen. Etwas von der Anspannung, die sich aufbaute, als sie sich verlaufen hatte und ihre Freundinnen nicht fand, ließ sie ihren Körper nun *abschütteln*, und zwar in Form einiger kleiner „Schauderer" und eines kaum merklichen Zitterns. Sie empfand zunehmende Entspannung und das Gefühl der Leichtigkeit weitete sich aus. In ihrem Angstgehirn und ihrem Körper war für Leah deutlich vernehmbar die Lautstärke heruntergedreht worden. Während sich ihr angstgesteuerter Körper und Geist zunehmend beruhigten und sie mit ihrer Freundin in Richtung Restaurant unterwegs war, richtete Leah nun die Aufmerksamkeit nach außen und *achtete* auf die ersten Frühlingsblumen in den Blumenkästen vor einigen Schaufenstern. Sie merkte, wie viel besser sie sich jetzt fühlte. Der Sturm war vorüber und sie spürte ihre Resilienz. Vor allem aber wusste sie jetzt, dass es ihr wieder gut ging.

Ihren Erholungsprozess bewerkstelligte Leah, indem sie stetig auf ihre Selbstregulation achtete und parallel dazu Hilfsmittel zur Stressresilienz einsetzte. Zuerst nutzte sie das Sehen: Sie ließ das Bild ihrer Freundin, die auf sie zuging, auf sich wirken. Als Zweites nutzte sie das Spüren: Sie fühlte das Unterstützende in der Umarmung und die anschließende Erleichterung in ihrem Körper. Als Drittes setzte sie die Atmung ein: Sie beobachtete ihren spontan tiefer werdenden Atem und nahm dann bewusst einige weitere tiefe Atemzüge. Als Viertes nutzte sie Bewegung: Sie schüttelte etwas von der Anspannung ab, die sich in ihren Armen, Beinen, Schultern und im Rücken festgesetzt hatte. Als Fünftes und Letztes nutzte sie erneut das Sehen und ließ etwas von der Schönheit in ihrer unmittelbaren Umgebung auf sich wirken: einige blühende Blumen.

Das mag sich nach vielen Schritten anhören, doch der Körper lernt sie auf ganz natürliche Weise, denn er wünscht sich einen Zugang zu dem ihm eigenen ruhigen Wohlbefinden. Und eine Erholung, wie sie am Beispiel von Leah zu sehen war, lässt sich über die Einprägung (Imprinting) des Selbstregulationsprozesses erreichen. Und wie können Sie für sich dieses Imprinting erreichen? Indem Sie Ihre kleinen und großen „Resilienz- und Stresserholungserfolge" körperlich verankern, bzw. verkörpern. Und diese Verkörperung wiederum wird möglich, indem Sie Ihre Werkzeuge praktisch anwenden.

> Wenn Sie Ihre Rückkehr zum Wohlbefinden körperlich verankern, entsteht eine Prägung (ein Imprint) der Selbstregulation.
>
> *Prägungen* werden zu Landkarten Ihres Body-Minds. Wenn Sie aus einem Stresszustand hinausgelangen möchten, helfen sie Ihnen, sich zu orientieren.

Bei der Anwendung der Werkzeuge geht es zunächst ums (Durch-)Denken. Wir müssen anfangs mental entscheiden, mit welchem Tool wir es versuchen wollen und uns kognitiv orientieren, wie es zu benutzen ist. Mit etwas Übung können diese kognitiven Vorgänge jedoch zu natürlichen, reflexartigen Reaktionen auf Stress werden. Irgendwann wird der Körper sie bei Stress ganz von selbst einleiten; sie werden also zu einer *erlernten* Antwort auf *automatische* Stressreaktionen. Mit der Aneignung von Fähigkeiten prägen wir *willentlich* regulierende Gewohnheiten ein, um den dysregulierenden Gewohnheiten entgegenzuwirken, die sich uns *unwillkürlich* eingeprägt haben und die unser Überlebenssystem entwickelt hat (ob wir sie nun wollten oder nicht).

8.2 Aus der Übung wird eine Gewohnheit

Wenn ich mit Gruppen arbeite, vergleiche ich das Verkörpern regulierender Gewohnheiten oft mit der verkörperten Fähigkeit des Fahrradfahrens. Das ist anfangs ein etwas schwerfälliger Prozess, der oft stark vom Verstand geleitet wird. Doch mit der Zeit wird alles schon flüssiger und funktioniert schließlich ohne größeres geistiges Bemühen. Genau diesen Prozess hatte ich vor Augen, als ich meiner Tochter half, von der Rücktritt- auf die Handbremse umzusteigen und damit ihrem Aufstieg in der Hierarchie zweirädriger Abenteuer-Transportmittel Beihilfe leistete.

Meine Tochter war recht geübt mit ihrem Fahrrad mit Nabenschaltung und Rücktrittbremse. Sie wissen schon: Man bewegt die Pedale rückwärts, um anzuhalten, und vorwärts, um zu fahren. Die meisten von uns haben mit einem solchen Fahrrad angefangen und sind dann irgendwann auf ein Fahrrad mit Kettenschaltung und Handbremse umgestiegen. Wenn Sie bei einem solchen Fahrrad rückwärts treten, drehen sich die Füße einfach nur im Kreis, während das Rad weiterfährt, ohne langsamer zu werden.

Dieses Gefühl, dass sich die Füße immerzu rückwärts im Kreis drehen, war für meine Kleine beängstigend. Um anzuhalten, versuchte sie, langsamer zu werden und sie wünschte sich dafür keineswegs Pedale, die sich bei voller Fahrtgeschwindigkeit drehten. Aber mit den Füßen nach hinten zu treten, war zu einer tief verwurzelten Gewohnheit geworden – zu einer Art somatischer Prägung. In den ersten Tagen der Umstellung lief ich also neben ihrem Fahrrad her und trainierte mit ihr eine neue Körperreaktion – und sie entwickelte dabei eine neue Prägung. Ihr alter Impuls war: Sie wollte anhalten und trat *mit den Füßen* rückwärts. Ihre neue Reaktion sollte sein: Sie wollte anhalten und betätigte *mit den Händen* den Hebel am Lenker. Die Füße durch die Hände ersetzen. Auf den ersten Blick eigentlich ganz einfach.

Also suchten wir uns eine ebene Strecke; sie trat in die Pedale, ich joggte nebenher. Und sobald ich sah, dass ihre Füße rückwärts kreisten und in ihren Augen sich etwas Angst bemerkbar machte, rief ich: „Drück mit den Händen, drück mit den Händen!" Das tat sie und wurde langsamer. Ihre Ängstlichkeit wich dem Spaß an der Sache. Es war zwar ein etwas schwerfälliger Prozess, aber sie lernte dazu. Irgendwann verkürzten sich meine verbalen Hinweise zu „Hände drücken!" und schließlich nur noch zu „Hände!". Mit der Zeit war sie nicht mehr auf eine *von außen kommende* Anleitung angewiesen, um die Handbremse zu betätigen, sondern konnte sich nun selbst *von innen her* anleiten, die Handbremse zu benutzen – so wie alle Radfahrer*innen. Die ersten äußeren Anweisungen kamen also von meiner Wenigkeit, darauf folgten innere Anweisungen von ihr selbst und am Ende benutzte sie einfach *automatisch* ihre Handbremse, wann immer sie langsamer werden oder anhalten wollte.

Stellen Sie sich einmal eine Welt vor, in der wir alle ständig von außen gecoacht werden müssten, um richtig zum Stillstand zu kommen! Zum Glück ist das *nicht* nötig. Denn diesen Prozess des Verinnerlichens und Automatisierens unserer Reaktionen können wir alle durchlaufen, nicht nur mit dem Fahrrad, sondern auch mit unseren Stressresilienz- und Stress-Reset-Fähigkeiten. Zuerst befolgen wir *Anweisungen von außen,* dann die *Anweisungen von innen* und mit der Zeit werden diese Resilienzpfade zu unserer individuellen, speziell auf uns zugeschnittenen *automatischen Antwort* auf Stress. Diese neu eingeprägte Handlung wird zu einer völlig neuen Stressreaktion, einer *positiven Rückkopplungsschleife.* Wie in Leahs Fall kann der Anfang noch etwas holprig sein, aber dann, mit etwas Zuwendung und Fürsorge, führt die Schleife zur Beruhigung und Entspannung. Den ungefähren Verlauf zeigt die folgende Abbildung:

Perioden extremen Stresses können bewirken, dass Ihr System sehr gut darin wird, mit Stressreaktivität und ihrer Schwester, der Dysregulation, zu antworten. Vermutlich haben Sie es dann mit einer Rückkopplungsschleife mit viel negativem Feedback oder ungewollter Reaktivität zu tun. Aber Sie *können* solche Rückkopplungsschleifen umkehren, sodass Sie gut darin werden, stressresilient zu sein und zu wissen, wie Sie *sich wieder regulieren können.* So entwickeln sich positive Rückkopplungsschleifen mit einer erwünschten Form von Reaktivität und der entsprechenden Art, auf sie zu reagieren. Sie können das. Es funktioniert wirklich.

Sich selbst coachen

Um solche positiven Schleifen zu kreieren, laufen Sie zunächst gewissermaßen „neben sich her“ und geben sich Einsatzzeichen bzw. *Hinweise von außen*. Vielleicht nutzen Sie die Erinnerungsfunktion Ihres Smartphones oder Sie planen in Ihrem Tagesablauf etwas Zeit für das Üben mithilfe Ihrer Werkzeuge ein. Sie könnten es sich auch an einem bestimmten Ort mit diesem Buch gemütlich machen und die Übungen durchgehen. Es gibt aber immer auch Möglichkeiten für Mini-Übungssitzungen, etwa wenn Sie an einer Ampel warten oder sich zwischendurch beim Wandern ein paar Minuten nehmen oder die ruhige Zeit abends vor dem Einschlafen nutzen.

Mit etwas Übung laufen Ihre positiven Wiederholungsschleifen mit subtileren *inneren* Hinweisen ab:

- Sie erinnern sich mental daran, ein bisschen Sehen und Spüren zu üben, weil Ihnen im Café eine Person über den Weg gelaufen ist, mit der Sie verfeindet sind und Sie jetzt sehr verschreckt sind.
- Sie leiten sich selbst zu rhythmischer Atmung an, wenn Sie mitten in der Nacht wach werden und sich Sorgen machen.
- Sie verbringen vielleicht Zeit mit einigen regulierenden Bildern, wenn sich in Ihrem Kopf ein beunruhigendes Ereignis immer wieder abspielt.
- Vielleicht nehmen Sie sich nach einem stressigen Telefonat Zeit für ein paar leichte Dehnübungen, die Ihr System beruhigen.

Neue Prägungen entwickeln

- aufgrund äußerer Hinweise reagieren
- aufgrund innerer Hinweise reagieren
- Reaktionen, die automatisch ablaufen

Schließlich werden diese positiven Schleifen zu *automatischen* Reaktionen. Der Trigger ist nicht mehr da und Ihre Atmung vertieft sich automatisch. Sie-wissen-schon-wer hat Ihr Büro verlassen und Ihre Augen suchen sich von selbst einen angenehmen oder auch nur neutralen Anblick. Sie haben eine schwierige E-Mail abgeschickt und Ihr Nacken zieht sich von selbst in eine einfache Dehnung von einer Seite zur anderen, begleitet von ein paar „Ahhhhs“ oder „Ooooohhhs“. Sie merken, dass Sie eine beruhigende Version des inneren Films entwickeln, der in Ihrem Kopf abgelaufen ist und Sie aufgeregt hat.

Das Coaching kommt von innen

Sind diese regulierenden Prägungen erst einmal stark geworden, ertappen Sie sich vielleicht dabei, wie Sie bei einem Stressereignis Ihren Hilfsmitteln einfach erlauben, in Ihrem Body-Mind „ihr Ding durchzuziehen“. Als ich auf einer verschneiten Autobahn nur knapp einem Unfall entkommen war, kümmerten sich zu meiner großen Überraschung meine Werkzeuge darum, dass ich mich wieder regulieren konnte.

Wir waren mit dem Auto auf einem Familienausflug unterwegs, mein Mann und ich vorne, die beiden Kinder hinten, und fuhren langsam in Richtung Osten eine zweispurige Gebirgsautobahn hinauf. Dabei kamen wir auf eine Höhe von 1.800 Metern über dem Meeresspiegel. Die Straße war von einer zentimeterdicken Schneeschicht bedeckt, womit Winterreifen und Allradantrieb bis dahin ganz gut zurechtkamen. Doch plötzlich geriet unser Auto ins Schleudern und außer Kontrolle. Innerhalb von etwa 30 bis 45 Sekunden drehte sich der Wagen um 180 Grad, sodass wir in Richtung Westen blickten und auf die gegenüberliegende Seite der zweispurigen Straße rutschten. Wenigstens hatten wir die richtige Ausrichtung für den Verkehrsfluss! Während wir uns drehten, beobachtete ich, wie mein Körper zuerst mit Fluchtinstinkten reagierte. Für den Bruchteil einer Sekunde hatte ich den Impuls, aus dem Auto zu springen. Zum Glück stoppte mich mein logischer Verstand, denn so wie der Wagen schleuderte, hätte jeder Fluchtversuch damit enden müssen, dass ich vom eigenen Auto überrollt würde.

Dann setzte die Kampfreaktion ein und ich hatte kurz den Impuls, irgendjemanden, egal wen, im Befehlston anzuschreien. Aber ich weiß nicht, wie man bei Schnee fährt, weshalb ich selbst auch nicht am Steuer saß. Deshalb erschien mir auch diese Reaktion unklug. Als Nächstes warfen sich meine Arme ganz von selbst in die Luft und erstarrten in einer seltsamen Position, etwa wie Torpfosten in einem American-Football-Spiel. Meine Fingerspitzen streiften das Innendach unseres Autos. Meine weit aufgerissenen Augen, die sich anfühlten, als könne ich sie nicht schließen, starrten die dreieinhalb Meter hohe Schneewehe an, auf die wir zusteuerten. Als das Auto stillstand und das Schleudern aufhörte, ohne dass es zu einer Kollision gekommen war, fuhr uns unser geschickter Fahrer – mein Mann – langsam und sicher zu einer Stelle, an der wir wenden und uns wieder nach Osten ausrichten konnten, um so auf die richtige Straßenseite zu gelangen. Wir hielten sicher auf dem Seitenstreifen. Nie habe ich einen Seitenstreifen so geliebt wie diesen in diesem Moment!

Kurz überkam mich ein Anflug von Übelkeit und für den Bruchteil einer Sekunde hatte ich das Gefühl, ich müsse mich übergeben, denn der intelligente ventrale Vagus sprach zu mir („Klar Schiff machen, alles Überflüssige weg!“). Ich erkannte, wie viel Angst meinen Körper durchströmte. Wir redeten alle gleichzeitig, erklärten, wie sehr wir uns freuten, in Sicherheit zu sein und schilderten, was in jedem von uns im Moment des Schleuderns vorgegangen war. Eine solche soziale Annäherung ist der erste adaptive Schritt des intelligenten Vagusnervs; sie beruhigt unser Nervensystem durch die Schwingungen unserer Stimme. Wir erleben die von den Lächelmuskeln ausgelöste Entspannung und nehmen über die Ohren die Freude und sichere Verbundenheit mit uns nahestehenden Menschen auf. All das trägt zu einer starken vagalen Bremsung bei. Niemand in meiner Familie hat sich in der eben beschriebenen Situation selbst innerlich darum gebeten, sich so zu verhalten. Wir taten es einfach, dank gut eingeprägter Resilienzpfade.

Ich begann dann instinktiv, rhythmisch zu atmen und verlängerte dabei meine Ausatmung. Auch das war keine bewusste Entscheidung. Meine Lunge fing einfach damit an, es für mich zu tun. Danke, Lunge, für diese rhythmischen Atemzüge! Als Nächstes sah ich mich selbst die schneebedeckte Umgebung mit den Augen abscannen und mir wurde bewusst, wie viel Glück wir gehabt hatten. Während wir uns um die eigene Achse gedreht hatten (die eine Hälfte mit Schleuder-, die andere Hälfte mit Motorantrieb), gab es kein anderes Auto auf der Straße, auch etwa zwei Minuten danach. Ich danke euch, Augen – ihr habt gesehen, dass wir in Sicherheit waren. Dann bemerkte ich, dass meine Beine zitterten und sagte laut: „Ich zittere", zu niemandem im Besonderen, nur aus einem Instinkt heraus, diesem wichtigen Ereignis Zeit und Raum zu geben. Ich gratulierte meinen Beinen innerlich und ließ sie kaum merklich zittern; währenddessen entspannten sich endlich meine Arme und sanken aus ihrer Torpfostenposition nach unten. Danke, Beine und Arme, für das Entladen all der Angst und der Erstarrungsreaktivität. Dann spielte mein Verstand als Videoclip die Szene ab, wie wir auf die Schneewehe zuschleuderten, und den Teil, als wir *nicht* auf die Schneewehe prallten, zoomte er heran und spulte ihn noch einige Male vor und zurück. Und meine innere Filmemacherin genoss es, Szenen der sicheren Wendung in Richtung Osten und dieses herrlich ruhigen, stillen Standstreifen, auf dem wir geparkt hatten, herauszuarbeiten. Danke, geistige Filmcrew: Dieser Film war für mich oscarreif.

Ich hatte keinesfalls von meinem Körper oder Geist verlangt, all das zu tun; vielmehr gab ich Körper und Geist Zeit und Raum, es für sich selbst zu tun. Das sind die Pfade, die ihre Fähigkeiten zum Einsatz bringen: Resilienz, Resilienz, Resilienz. Danke, Resilienzpfade: Ihr habt einen tollen Job gemacht!

Das war wirklich eine große Erleichterung – auf sehr vielen Ebenen. Nicht nur, dass wir in Sicherheit waren, sondern ich fühlte mich wirklich stark und war sehr stolz auf mein Body-Mind-System. Und Sie können das auch. Wirklich, Sie können das.

Ich muss allerding einräumen: Nicht immer ist es so einfach wie Schritt eins, zwei und drei. Manchmal finden wir uns in einem verworrenen Netz wieder, wo eine Stressreaktion auf die andere folgt, ein Trauma auf noch mehr Traumata. Und obwohl das vorliegende Werkzeugset sehr wirkungsvoll ist, ist es sicherlich nicht in jedem Fall ausreichend. Es gibt durchaus Situationen, für die Sie mehr Werkzeuge, mehr Hilfe und mehr Anleitung benötigen, als dieses Buch Ihnen bieten kann.

8.3 Wann ist es sinnvoll, sich Hilfe zu holen?

Der Weg zurück zur Regulation ist eine Reise, die man nicht immer allein antreten kann. Oft brauchen wir vertrauenswürdige Gefährt*innen, die uns ein Stück des Weges begleiten. Wir können zwar dafür sorgen, dass uns echte Entspannung und Resilienz leichter zugänglich werden, doch manchmal brauchen wir auch die Anleitung einer kompetenten Beratung. In solchen Phasen können fachkundige körperorientiert arbeitende Therapeut*innen Sie unterstützen, die in diesem Buch beschriebenen und darüber hinausgehende Methoden einzusetzen, um wirksam die Ursachen und Symptome Ihrer spezifischen Dysregulation anzugehen.

Aber woher weiß man, wann es auf eigene Faust zu schaffen ist und wann man Hilfe braucht? Ich empfehle die Skala von eins bis zehn, die wir bereits aus Kapitel 2 kennen. Eins steht hier für leichten, fünf für mittleren und zehn für extremen Stress. Bei einem Stresspegel zwischen eins und fünf auf der Skala können Sie Ihre Reaktivität mit hoher Wahrscheinlichkeit selbst wirksam abmildern. Schlagen Sie in solchen Fällen dieses Buch auf, frischen Sie Ihr Gedächtnis auf und erinnern Sie Ihren Körper an seine Fähigkeiten zur Selbstregulation.

Wenn Ihr Stress regelmäßig zwischen fünf und sechs auf der Skala schwankt, ist es wichtig, Ihr Unterstützungssystem zu verstärken. Sorgen Sie dafür, dass Sie mit vertrauenswürdigen Freund*innen und / oder Familienmitgliedern in Kontakt sind und holen Sie sich, ergänzend zur Arbeit mit den in diesem Buch vorgestellten Hilfsmitteln, bei ihnen Unterstützung zur Förderung Ihrer Stressresilienz. Vielleicht gründen Sie eine Gruppe, die mit diesem Buch arbeitet und in der Sie sich gegenseitig von Ihren Resilienz-Erfolgen erzählen. Und sprechen Sie auch noch mit anderen Menschen, mit denen Sie sich sicher fühlen, offen über die realen menschlichen Erfahrungen auf Ihrem Weg. Hin und wieder (oder falls möglich: regelmäßig) könnte es auch in dieser Situation hilfreich sein, Unterstützung in einer körperorientierten Therapie zu suchen.

Wenn Ihr Stresslevel dauerhaft bei sieben bis zehn liegt, sollten Sie alles, was in Ihrer Macht steht, tun, um zusätzlich zu den Hilfsmitteln in diesem Buch professionelle Unterstützung zu erhalten. Suchen Sie sich jemanden, der in körperorientierten somatischen Verfahren qualifiziert ist und bei dem Sie sich gut aufgehoben und verstanden fühlen. Arbeiten Sie mit dieser fachkundigen Person an den zugrundeliegenden Stressprägungen, die Sie beeinträchtigen. Parallel dazu sollten Sie zur Unterstützung Ihrer Therapie an den in diesem Buch vermittelten Fähigkeiten arbeiten und das Instrumentarium körperlich verankern. Das ist sicherlich eine Sowohl-als-auch- und keine Entweder-oder-Situation: Wichtig sind Therapie *und* diese Selbstregulationsfähigkeiten, nicht entweder das eine oder das andere.

Es besteht kein Grund, das allein anzugehen. Unser Nervensystem ist auf *Co*-Regulation ausgelegt: Wir regulieren einander im Miteinander. Aufgrund unserer Entwicklung sind wir Geschöpfe, die regulierende Unterstützung geben und nehmen müssen: regelmäßig, beständig und aufeinander angewiesen. Wie es in dem alten Barbra-Streisand-Song heißt: „Menschen, die Menschen brauchen, sind die glücklichsten Menschen auf der Welt." Wenn Sie wissen, dass mehr Unterstützung hilfreich für Sie wäre, dann suchen Sie sich welche, räumen Sie ihr eine hohe Prioriät ein und sorgen Sie dafür, dass Ihr Nervensystem die Hilfe erhält, die es braucht. Die Hilfe, die Sie brauchen, die Unterstützung, die Sie verdienen.

8.4 Optimale Aktivierung

Ein gut entwickeltes und gestärktes Body-Mind-Stressentspannungssystem und Vertrauen in Ihre Fähigkeiten zur Selbstregulation sind für Sie etwas äußerst Lohnenswertes: Sie sind ganz hier, stehen engagiert mitten im Leben, fühlen sich verbunden und sicher. Doch Engagement, Verbundenheit und Sicherheit sind nichts Statisches, sondern kontinuierliche Prozesse. Sie sind ein Kontinuum, auf dem wir uns bewegen und uns manchmal mehr, manchmal weniger engagiert, sicher oder verbunden fühlen. Das ist ganz natürlich; so geht es uns allen.

Wir können uns das Spektrum des Engagements, der Verbundenheit, der Sicherheit und der allgemeinen Regulation so vorstellen, dass es in drei Zonen aufgeteilt ist. Es gibt eine mittlere, eine obere und eine untere Zone. Im mittleren Bereich unserer mittleren Zone ist unsere Aktivierung optimal: Wir sind ruhig, aufmerksam, engagiert und optimal reguliert. Auch wenn wir mit unserem Engagement etwas aus diesem Optimums hinausgelangen in einen etwas weiter oben oder unten liegenden Bereich, ist das noch tolerabel, denn wir sind immer noch hoch funktional und weitgehend reguliert: Das sind unsere Zonen der funktionalen Aktivierung. Doch eine Reaktivität, die weit außerhalb dieser mittleren Zone liegt, kann, wenn sie zu weit nach oben geht, in die Hyperaktivität führen oder umgekehrt: Wenn die Reaktivität zu tief in den unteren Bereich geht, weit unter den funktionalen Level, werden wir hypoaktiv.

Fall Sie Ihr Gedächtnis auffrischen möchten: In den Kapiteln 1 und 2 werden Hyper- und Hypoaktivierung näher erläutert.

8.5 Die optimale Zone verlassen

Wir alle verlassen den optimalen Bereich, nicht nur gelegentlich, sondern regelmäßig. Das gehört zum Menschsein dazu und passiert ständig. Doch wir bewegen uns auch aus dem Bereich der funktionalen Aktivierung heraus, wenn die Stressbelastung zu hoch oder zu häufig ist. Doch es gibt eine gute Nachricht: Wir können wieder in den funktionalen und den optimalen Bereich zurückkehren und für Ihr Nervensystem ist jede Rückkehr ein Sieg. Und diese Rückkehr – wenn man über die nötigen Fähigkeiten und Kenntnisse verfügt, um selbst zur Funktionalität und in die optimale Zone zurück zu gelangen – *ist* der Prozess der Resilienz. Wenn man es zudem versteht, gut aus der Hyper- und Hypoaktivierung zurückzukehren, hilft das, die funktionale Zone auszudehnen. Sie können dann leichter Stressbelastungen verarbeiten, die Sie früher überwältigt und weit aus Ihrem funktionalen Bereich herausgeführt und in der Hyper- oder Hypoaktivierung festgehalten hätten. Doch mit zunehmender Übung werden Sie in der Lage sein, wieder zurückzukehren.

Wenn Sie Ihren funktionalen Bereich erweitern, kann das bedeuten, dass Sie in Lebenssphären, in denen Sie bislang nicht „funktionierten", jetzt durchaus funktionieren können. Erinnern Sie sich an Leah? Sie konnte etwas besser damit umgehen, sich zu verirren und von ihrer Gruppe getrennt zu werden, denn sie hatte die Erfahrung gemacht, sich in einer solchen Situation wieder regulieren zu können. Jede weitere Erfahrung des Sich-Regulieren-Könnens führte zu einer Weiterentwicklung ihrer Resilienzpfade – und war diese noch so klein. Sie kam runter von ihrer Stress-Autobahn und wandelte auf ihren neu aufgebauten Resilienzwegen, die ich in Kapitel 1 beschrieben habe. Mit solchen neuen Resilienzwegen erweiterten sich zunehmend ihre funktionalen Zonen – und das jedes Mal, wenn sie sich selbst in die Regulation zurückbringen konnte.

> Wir versuchen nicht, Aktivierungszustände zu vermeiden, sondern wir steigern vielmehr unsere Fähigkeit, wieder aus diesen Zuständen zurückzukehren.

Wenn wir uns außerhalb unserer Zone der funktionalen Aktivierung befinden und es mithilfe unserer Werkzeuge gut verstehen, in unsere funktionale Zone zurückzukehren, dann lernt unser Nervensystem, in seine Fähigkeit zu vertrauen, beim nächsten Mal mit einer ähnlichen Aktivierung zurechtzukommen. Mit der Zeit werden diese Aktivierungserfahrungen zum normalen Funktionsumfang Ihres Systems gehören. Stück für Stück wächst Ihr funktionaler Bereich weiter, während Ihre Fähigkeit zunimmt, *aus einer Aktivierung zurückzukehren.* Verkörperte Stressresilienz ist dann die Regel, nicht die Ausnahme, und Sie sind in der Lage, immer mehr Lebensaspekte wirklich gut zu meistern. Engagiert. Verbunden. Sicher.

8.6 Ein erfülltes Leben

Aktivierung ist zwar Teil eines erfüllten Lebens, aber sie braucht deswegen nicht alle anderen Teile Ihres Lebens zu überschatten. Menschen, die mit extremem Stress gelebt haben, haben oft das Gefühl, dass die Stressreaktivität ihr Leben beherrscht. Wenn wir es vermögen, unsere Aktivierungszustände zu erkennen und zu ihrer Beruhigung beizutragen, kann das wirklich transformierend, enorm stärkend und zutiefst befreiend sein. Handlungsfähigkeit und das Gefühl der Selbstwirksamkeit und der Stressresilienz haben einen extrem positiven Einfluss darauf, wie wir uns selbst und die Welt um uns herum erleben. Innenwelt und Außenwelt werden zu viel einladenderen Orten.

Neu entdeckte Resilienzpfade führen Sie nicht nur zu gesunden Regulationszuständen zurück, sondern helfen Ihnen auch, zu *tun,* was Sie vorher nicht getan haben; zu *sagen,* was Sie vorher nicht sagen konnten und dort zu sein, wo Sie vorher nicht waren. Der Zugang zur Stressresilienz macht die Welt für Sie zu einem viel lebendigeren, einladenderen Ort. Wenn Sie diese neuen, reizvollen Dinge *sein* können, wenn Sie sie *sagen* und *tun* können und gleichzeitig Ihre Erfahrung der Regulation, des Wohlbefindens und der Ruhe spüren, bedeutet das: Sie leben in dieser lebendigen

Welt direkt aus *ihrem Körper* heraus – und stecken nicht „etwas auf Distanz" zu ihm fest, wie James Joyces Mr. Duffy. Wo vorher noch Distanz war, finden wir uns glücklich und ganz nah an der Lebendigkeit, der Zärtlichkeit, der Verbundenheit und den Überraschungen, die das Leben mit sich bringt.

Wenn Sie bei einem Stresstrigger mithilfe von Methoden wieder zum Grundzustand zurückgelangen können, sind Sie damit in der sicheren Obhut Ihrer eigenen kundigen Fürsorge. Ihr gesamtes Body-Mind-System lernt seine Fähigkeiten kennen, sich von Stress zu erholen, ebenso wie seine Resilienzpfade. Unser großartiges komplexes Nervensystem braucht uns weder Hals über Kopf in ständige Stressreaktivität zu treiben, noch muss es sich von unserer evolutionsbedingten Veranlagung davon überzeugen lassen, dass in der Nähe Gefahr lauert. Denn wir haben die Fähigkeit, unser Überlebensgehirn zu beruhigen. Wir können unserem wachsamen Körper Erleichterung verschaffen. Wir können lernen, die Fürsorge, den Schutz und die grundlegende Sicherheit zu erkennen und zu verinnerlichen, die wir brauchen, die jeder Body-Mind braucht – und die jeder Body-Mind verdient.

> Wenn Sie Methoden anwenden können, die Ihnen helfen, aus mit Angst und Überwältigung verbundenem Leid und Stress hinaus- und zum Grundzustand zurückzugelangen, dann sind Sie wieder in der sicheren Obhut Ihrer eigenen kundigen Fürsorge.

Wir können uns mit der Welt in uns verbinden, genauso wie mit der Welt um uns herum. Wir können uns in uns selbst zu Hause und auch mit anderen heimisch fühlen. Und um einen poetischen Abschnitt zu paraphrasieren, der sich mir über viele Jahre ins Ohr geflüstert hat: Wir können uns auf unserem eigenen warmen Schoß niederlassen, in dem Wissen, dass alles in Ordnung ist.

Dank

So vielen Menschen habe ich zu danken! Obwohl dieses Buch eine Autorin hat, haben neben mir Dutzende andere dazu beigetragen, dass es entstehen konnte. Meinen Lehrer*innen, Mentor*innen und Kolleg*innen, die sich ebenfalls dieser wichtigen Arbeit gewidmet, die geforscht, erklärt und selbst erlebt haben, bin ich von Herzen dankbar. Sehr viel verdanke ich großen Denkern wie Levine, van der Kolk und Porges, ohne die ich nicht einmal erfahren hätte, dass ich über dieses Thema arbeiten und forschen kann. Und natürlich dem *Somatic Experiencing Training Institute,* das eine hervorragende therapeutische Ausbildung bietet und so profundes Wissen vermittelt. Danke all jenen, die zu unterstützen ich die Ehre hatte, von denen ich lernen durfte und die mir geholfen haben, diese wissenschaftliche Arbeit zu vertiefen. Den Kolleg*innen und Freund*innen, die diese Kapitel gelesen, ihre Ideen, Einsichten beigesteuert haben und sich interessiert haben für das, was ich geschrieben habe. Besonders danken möchte ich allen Mitarbeiter*innen bei New Harbinger; es sind einfach zu viele, um sie alle namentlich hier zu nennen. Mein besonderer Dank gilt Mel und Manu, meinen Mitreisenden auf diesem Weg; eure Unterstützung war unverzichtbar. Zu guter Letzt ein großes Dankeschön an meinen Mann, der mich ermutigt hat, und natürlich an meine beiden Töchter, die mich jeden Tag inspirieren, weiterzumachen, mehr zu lernen und meinen Beitrag zu leisten.

Literatur

Beard, C. & Amir, N. (2010). „Negative Interpretation Bias Mediates the Effect of Social Anxiety on State Anxiety." *Cognitive Therapy and Research* 34(3): 292–296.

Björkstrand, J., Agren, T., Frick, A., Engman, J., Larsson, E. M., Furmark, T., Fredrikson, M. (2015). „Disruption of Memory Reconsolidation Erases a Fear Memory Trace in the Human Amygdala: An 18-Month Follow-Up." *PLOS ONE* 10(7): e0129393.

Brown, B. (2010). *The Gifts of Imperfection: Let Go of Who You Think You're Supposed to Be and Embrace Who You Are,* narrated by Lauren Fortgang. Audible Studios. Dt. *Die Gaben der Unvollkommenheit: Leben aus vollem Herzen – Lass los, was du glaubst, sein zu müssen, und umarme, was du bist.* Hörbuch, Bielefeld: Kamphausen (2018[7]).

Goodwin, H., Eagleson, C., Mathews A., Yiend, J., Hirsch, C. (2016). „Automaticity of Attentional Bias to Threat in High and Low Worriers." *Cognitive Therapy and Research* 41(3): 479–488. doi:10.1007/s10608-016-9818-5.

Grossi, D., Longarzo M., Quarantelli, M., Salvatore, E., Cavaliere, C., De Luca, P., Trojano, L., Aiello, M. (2017). „Altered Functional Connectivity of Interoception in Illness Anxiety Disorder." *Cortex* 86. 10.1016/j.cortex.2016.10.018.

Gusnard, D. A., Akbudak, E., Shulman, G. L., Raichle, M. E. (2001). „Medial Prefrontal Cortex and Self-Referential Mental Activity: Relation to a Default Mode of Brain Function." *Proceedings of the National Academy of Sciences* 98(7): 4259–4264; doi:10.1073/pnas.071043098.

Heuman, L. (2014). „Don't Believe the Hype." *Tricycle, The Buddhist Review* (October 1), ↗ https://tricycle.org/trikedaily/dont-believe-hype.

Hirsch, C. R. & Mathews, A. (2012). „A Cognitive Model of Pathological Worry." *Behaviour Research and Therapy* 50(10): 636–646. doi:10.1016/j.brat.2012.06.007

Karavidas, M. K., Lehrer, P. M., Vaschillo, E., Vaschillo, B., Marin, H., Buyske, S. ... Hassett, A. (2007). „Preliminary Results of an Open Label Study of Heart Rate Variability Biofeedback for the Treatment of Major Depression." *Applied Psychophysiology and Biofeedback* 32(1): 19–30.

Keltner, D., Kogan, A, Oveis, C., Carr, E. W., Gruber, J., Mauss, I. B., Shallcross, A. (2014). „Vagal Activity Is Quadratically Related to Prosocial Traits, Prosocial Emotions, and Observer Perceptions of Prosociality." *Journal of Personality and Social Psychology* 107(6): 1051–1063.

Khattab, K., Khattab, A. A., Ortak, J., Richardt, G., Bonnemeier, H. (2007). „Iyengar Yoga Increases Cardiac Parasympathetic Nervous Modulation Among Healthy Yoga Practitioners." *Evidence-Based Complementary and Alternative Medicine* 4(4): 511–517.

Lagos, L., Vaschillo, E., Vaschillo, B., Lehrer, P., Bates, M., Pandina, R. (2008). „Heart Rate Variability Biofeedback as a Strategy for Dealing with Competitive Anxiety: A Case Study." *Biofeedback* 36(3): 109.

Lehrer, P. M. & Gevirtz, R. (2014). „Heart Rate Variability Biofeedback: How and Why Does It Work?" *Frontiers in Psychology* 5, 756. doi:10.3389/ fpsyg.2014.00756.

Levine, P. A. (1997). *Waking the Tiger: Healing Trauma: The Innate Capacity to Transform Overwhelming Experiences.* Berkeley, CA: North Atlantic Books. Dt. *Trauma-Heilung: Das Erwachen des Tigers. Unsere Fähigkeit, traumatische Erfahrungen zu transformieren.* Essen: Synthesis (1999[2]).

Levine, P. A. (2010). *In an Unspoken Voice: How the Body Releases Trauma and Restores Goodness.* Berkeley, CA: North Atlantic Books. Dt. *Sprache ohne Worte. Wie unser Körper Trauma verarbeitet und uns in die innere Balance zurückführt.* München: Kösel (2011[9])

Loftus, E. F. & Pickrell, J. E. (1995). „The Formation of False Memories.“ *Psychiatric Annals* 25(12): 720–725.

Loftus, E. F. (2005). „Planting Misinformation in the Human Mind: A 30-Year Investigation of the Malleability of Memory.“ *Learning & Memory* 12(4): 361–366.

Mogg, K., Bradley, B. P., Williams, R., Mathews, A. (1993). „Subliminal Processing of Emotional Information in Anxiety and Depression.“ *Journal of Abnormal Psychology* 102(2): 304.

Netz, Y. & Lidor, R. (2003). „Mood Alterations in Mindful Versus Aerobic Exercise Modes.“ *Journal of Psychology* 137: 405–419. doi: 10.1080/002239 80309600624.

Porges, S. (1996). „Physiological Regulation in High-Risk Infants: A Model for Assessment and Potential Intervention.“ *Development and Psychopathology* 8(1): 43–58. doi:10.1017/S0954579400006969.

Porges, S. [NICABM] (2014). *Trauma 2014 Porges.* [Video File].

Prinsloo, G. E., Rauch, H. L. , Lambert, M. I., Muench, F., Noakes, T. D., Derman, W. E. (2011). „The Effect of Short Duration Heart Rate Variability (HRV) Biofeedback on Cognitive Performance During Laboratory Induced Cognitive Stress.“ *Applied Cognitive Psychology* 25, 792–801. doi: org/10.1002/acp.1750.

Sapolsky, R. M. (2004). *Why Zebras Don't Get Ulcers.* New York: Owl Book / Henry Holt and Co. Dt. *Warum Zebras keine Migräne kriegen. Wie Stress den Menschen krank macht.* München: Piper (1998).

Serpa, J. G., Taylor, S., Tillisch, K. (2014). „Mindfulness-based Stress Reduction (MBSR) Reduces Anxiety, Depression, and Suicidal Ideation in Veterans.“ *Medical Care* 52 Suppl 5. doi:10.1097/MLR.0000000000000202.

Schwerdtfeger, A. R. & Gerteis, A. K. S. (2014). „The Manifold Effects of Positive Affect on Heart Rate Variability in Everyday Life: Distinguishing Within-Person and Between-Person Associations.“ *Health Psychology* 33(9): 1065.

Sherlin, L., Muench, F., Wyckoff, S. (2010). „Respiratory Sinus Arrhythmia Feedback in a Stressed Population Exposed to a Brief Stressor Demonstrated by Quantitative EEG and sLORETA.“ *Applied Psychophysiological Biofeedback* 35: 219–228. doi:10.1007/s10484-010-9132-z.

Siegmund, A., Köster, L., Meves, A. M., Plag, J., Stoy, M., Ströhle, A. (2011). „Stress Hormones During Flooding Therapy and Their Relationship to Therapy Outcome in Patients with Panic Disorder and Agoraphobia.“ *Journal of Psychiatric Research* 45(3): 339–346.

Stang, H. &Treleaven, D. (host and guest) (2018, May 22) „Trauma-Sensitive Mindfulness with David Treleaven“ (Audio Podcast). ↗ https://www.youtube.com/watch?v=CyvnT-MIDl9U.

Steffen, P. R., Austin, T., DeBarros, A., Brown, T. (2017). „The Impact of Resonance Frequency Breathing on Measures of Heart Rate Variability, Blood Pressure, and Mood.“ *Frontiers in Public Health* 5: 222. doi:10.3389/fpubh.2017.00222.

Van der Kolk, B. A. (2014). *The Body Keeps the Score: Brain, Mind, and Body in the Healing of Trauma.* New York: Viking. Dt. *Verkörperter Schrecken. Traumaspuren in Gehirn, Geist und Körper und wie man sie heilen kann.* Probst: Lichtenau (2015).

WELLS, R., OUTHRED, T., HETHERS, J.A., QUINTANA, D.S., KEMP, A.H. (2012). „A Randomized-Controlled Trial of Single-Session Biofeedback Training on Performance Anxiety and Heart Rate Variability in Musicians.“ *PLOS ONE* 7(10). doi:10.1371/journal.pone.0046597.

WYLIE, M.S. (2004). „The Limits of Talk: Bessel van der Kolk Wants to Transform the Treatment of Trauma.“ *Psychotherapy Networker* 28: 30–41.

YOUNG, K.D., PHILLIPS, R., ZOTEV, V., DREVETS, W.C., BODURKA, J. (2014). „Self-Regulation of Amygdala Activity with Real-Time fMRI Neurofeedback in Patients with Depression.“ *Neuropsychopharmacology* 38: S198–S313.

ZOTEV, V., PHILLIPS, R., YOUNG, K.D., DREVETS, W.C., BODURKA, J. (2013). „Prefrontal Control of the Amygdala During Real-Time fMRI Neurofeedback Training of Emotion Regulation.“ *PLOS ONE* 8(11): e79184. doi:10.1371/journal.pone.0079184.

ZUCKER, T.L., SAMUELSON, K.W., MUENCH, F., GREENBERG, M.A., GEVIRTZ, R.N. (2009). „The Effects of Respiratory Sinus Arrhythmia Biofeedback on Heart Rate Variability and Posttraumatic Stress Disorder Symptoms: A Pilot Study.“ *Applied Psychophysiological Biofeedback* 34: 135–143. doi:10.1007/s10484-009-9085-2.

Die Autorinnen

Rebekkah LaDyne (Master of Science), Somatic Experiencing Practitioner (SEP), ist Körpertherapeutin, Wissenschaftlerin, Ausbilderin für Mind-Body-Methoden und Autorin; Mitglied in der *United States Association for Body Psychotherapy.*

Rebekkah LaDyne forschte jahrelang an der Saybrook University auf dem Gebiet der Mind-Body-Medizin. Sie absolvierte eine umfassende Ausbildung am *Somatic Experiencing® Trauma Institute* und kann auf über zwanzig Jahre Arbeit im Bereich des verkörperten Wohlbefindens zurückblicken. Auf der Grundlage dieser umfangreichen Erfahrung entwickelte sie das Mind-Body-Reset-Verfahren (MBR). Rebekkah hat Tausende von Menschen unterstützt, z. B. ihrem eigenen Wellness-Zentrum oder im *Spirit Rock Meditation Center,* wo sie Gruppen unterrichtet. Sie hält aber auch weltweit Workshops und Retreats ab.

Sie ist nicht nur auf eigenen (englischsprachigen) Wellness-CDs, sondern in den USA auch im Radio zu hören. Über ihren YouTube-Kanal erreicht sie viele Menschen und arbeitet weltweit auch online mit Klient*innen. Sie ist in privater Praxis in der San Francisco Bay Area tätig, wo sie mit ihrem Mann und zwei Töchtern lebt.

↗ http://www.rebekkahladyne.com

Die Autorin des Vorworts, **Kathy L. Kain, PhD,** praktiziert und lehrt seit über dreißig Jahren Körperarbeit und Traumabewältigung. Sie ist Senior-Trainerin in Somatic Experiencing® und Expertin für die Integration von Berührung in die praktische Psychotherapie und Traumabewältigung. Außerdem ist sie Spezialistin für somatische Ansätze in der Arbeit mit Entwicklungs- und komplexen Traumata. Sie ist Co-Autorin von *Bindung, Regulation und Resilienz.*

Index